LE TEMPS ET LA DURÉE

DANS LA LITTÉRATURE

AU MOYEN ÂGE ET À LA RENAISSANCE

LE TEMPS ET LA DURÉE

DANS LA LITTÉRATURE

AU MOYEN ÂGE ET À LA RENAISSANCE

Actes du colloque organisé
par le
Centre de Recherche sur la Littérature du Moyen Âge
et de la Renaissance de l'Université de Reims
(Novembre 1984)

publiés sous la direction d'Yvonne BELLENGER

*Ouvrage publié avec le concours du Centre National des Lettres
et de l'Université de Reims*

A.-G. NIZET
1986

ISBN 2-7078-1082-7

AVANT-PROPOS

Voici les Actes du premier colloque organisé par le Centre de Recherche sur la Littérature du Moyen Age et de la Renaissance de l'Université de Reims, les 28, 29, et 30 novembre 1984, dans le cadre des « Journées rémoises 1984 sur le Moyen Age et la Renaissance ». Le sujet choisi, « Le Temps et la durée... » était riche : trop riche pour être traité en trois jours. On a peu parlé du temps grammatical. On a à peine évoqué le temps de l'histoire. On a laissé de côté le temps musical. On n'a guère traité que de littérature, et de littérature presque exclusivement française. Cela, bien entendu, et conformément à la vocation du Centre de Recherche organisateur de la manifestation, limité au Moyen Age et à la Renaissance. C'est dire qu'il reste sur le même sujet la matière d'un ou plusieurs autres colloques.

Nous nous contenterons pour l'instant du nôtre.

J'avais d'abord pensé classer ces Actes par thèmes (le temps de la chronique, le temps romanesque, la temporalité et l'atemporalité, etc.) pour associer médiévistes et seiziémistes dans la publication comme ils l'avaient été dans le colloque, les uns et les autres apparemment très heureux de se trouver ainsi réunis alors que d'ordinaire, leurs chemins se croisent rarement quand il s'agit d'activités intéressantes. Un exemple illustrera cela : je n'ai pas renoncé sans regret à rapprocher l'analyse de Jean Batany, qui montre la relativité des implications temporelles dans la conjugaison (le futur n'est pas

toujours le temps du lendemain, etc.), et celle de Caridad Martinez, qui montre le tragique comme résultat d'une chronologie bouleversée. Ce genre de confrontation était passionnant et pourtant, j'en ai abandonné l'idée.

En relisant l'ensemble des communications, je me suis en effet aperçue que les médiévistes s'attachaient souvent à un temps plus ou moins purifié de la chronologie (voyez les titres : « Temps humain et temps divin... », « Mesure du temps et flou chronologique... »), alors que d'une manière générale les seiziémistes, eux, gardaient plus nettement en vue la notation d'un temps humain vécu, ou pour le moins tel qu'il pourrait sembler avoir été vécu. Différence d'orientation qui n'est sans doute pas le résultat du hasard (qu'on se rappelle les conclusions auxquelles arrivait Georges Poulet dans ses *Études sur le temps humain*) et qui m'a convaincue d'adopter le principe de classement le plus évident et le plus simple, voire simpliste : à propos de « temps », suivre la chronologie ! Le Moyen Age d'abord, la Renaissance ensuite.

Saint Augustin disait savoir ce que c'est que le temps, mais être incapable de s'en expliquer. David Landes, auteur d'un livre superbe *(Revolution in Time)*[1] sur l'histoire de la mesure du temps, plus précisément de l'horlogerie mécanique dont l'invention se situe justement à la charnière de nos deux périodes (à la fin du Moyen Age), observe que de nos jours encore, l'homme moyen pense à peu près comme saint Augustin, mais que l'intelligentsia aurait plutôt tendance à se figurer le contraire : qu'elle ne sait pas ce que c'est que le temps, mais qu'elle se fait fort d'en parler. Au moins dans une certaine mesure, c'est ce qu'illustre notre colloque.

A la vérité, on aurait pu et on aurait dû s'étonner. Pendant trois jours, vivant à la fin du XXe siècle dans un univers où tout se mesure selon le calendrier et selon la pendule, nous avons disserté avec abondance d'un monde où l'appréhension du temps était singulièrement différente de la nôtre, comme si, malgré nos habitudes de vie réglées par la montre à quartz et nos horaires fixes de travail, de repos, de transport, de loisir même, nous conservions tous en notre for intérieur un coin réservé où la nature avait résisté au dressage et d'où, comme le Frère Jean de Rabelais, nous étions prêts à protester que

« les heures sont faites pour l'homme et non l'homme pour les heures »[2]. C'est dans son grand livre sur *Rabelais* que Lucien Febvre opposait le temps vécu au temps-mesure : si le dernier est bien devenu le nôtre, le sentiment du temps subjectif n'a pas disparu — heureusement ! — au point de nous rendre incompréhensible l'univers du Moyen Age ou celui de la Renaissance. D'où, peut-être, la fascination qu'exercent encore ces hommes du XIIe, du XIIIe, du XVIe siècle aux modes de vie et de penser à la fois différents et voisins des nôtres : « Jamais je ne m'assujettis à heures », disait encore Frère Jean. Qui d'entre nous pourrait en dire autant ? Mais qui n'en a rêvé ?

Et semblablement, si les hommes du Moyen Age et de la Renaissance se sentaient moins que nous « assujettis à heures », ne savaient-ils pas qu'en fin de compte, c'est toujours le temps qui gagne ? Après tout, le triomphe du Temps dans le cortège des *Triomphes* de Pétrarque correspond à une conception alors admise de la vie et de la mort. Et cependant, le même Pétrarque qui dit ainsi le triomphe du Temps est celui qui chante à travers tout son *Canzoniere* l'amour plus fort que le temps, la constance plus forte que la durée : défi à la loi de la nature qu'il n'est pas le premier à représenter comme l'effet de la passion amoureuse mais qui apparaît comme l'un des thèmes-clés de la lyrique médiévale dès ses débuts, et notamment en Champagne dans la poésie du comte Thibaut, roi de Navarre, qui fut, grâce à Marie-Geneviève Grossel, l'un des mieux célébrés de ce colloque champenois.

*
*   *

Il m'est agréable de remercier, tant pour l'aide qu'ils m'ont apportée dans l'organisation du colloque que pour celle dont je leur suis redevable pour la publication de ces Actes, le président de l'université de Reims, M. André Laberrigue, ainsi que MM. Claude Fiérobe et Yves Ménager ; M. le Maire de Reims et M. Jean Beaupuy, maire-adjoint chargé des Affaires culturelles ; M. Claude Taittinger, président-directeur général du Champagne Taittinger et éminent connaisseur des œuvres de Thibaut IV de Champagne ; M. Georges Clause, doyen de la Faculté des Lettres de Reims ; M. Jean- François Pernot, mon collègue historien et parfait connaisseur de Reims ; et *last but not least*, ma collègue et amie Danielle Quéruel qui fut véritablement la cheville ouvrière de toute cette affaire et sans qui il n'y aurait eu ni colloque ni Actes.

A mon grand regret, plusieurs manuscrits ne sont pas parvenus à temps pour être imprimés dans ce volume. Il s'agit des textes suivants : « Le temps et l'éternité dans la *Divine Comédie* » de Maria FULVI CITTADINI, « Le temps de la restauration de la paix : du *Lancelot* à l'*Hymne de la Justice* » de Madeleine LE MERRER, « Le temps à la Chambre des Comptes de Paris à la Renaissance » de Jean-François PERNOT.

Y.B.

NOTES

1. David S. LANDES, *Revolution in Time. Clocks and the Making of the Modern World*, Belknap Press-Harvard University Press, Cambridge (Mass. 1983).
2. *Gargantua*, 41.

MOYEN ÂGE

Emmanuèle BAUMGARTNER
(Université de Paris X – Nanterre)

Temps linéaire, temps circulaire et écriture romanesque (XIIᵉ-XIIIᵉ siècles)

Le projet, à tous points de vue ambitieux, de ces quelques pages est de voir comment, de 1150 à 1250 environ, le récit de fiction en langue romane, le « roman », s'essaie à configurer le déroulement du temps humain, qui se confond ici avec le temps chrétien, et comment ces essais, d'une assez grande diversité, disent ce qui est sans doute l'un des enjeux fondamentaux du récit, fictionnel ou non, médiéval ou non : la maîtrise du temps par l'écriture.

Au début ou presque du *Roman de la Rose* de Guillaume de Lorris, le rêveur aperçoit, clouée au mur du Verger de Déduit, donc exclue de ce nouveau paradis terrestre, l'image de Vieillesse. La description qu'il donne de cette allégorie se poursuit par un assez long développement sur la fuite du temps et sur l'incapacité de l'homme à penser le temps, et surtout le temps présent, autrement que dans son devenir. Comment en effet saisir

> *Li tens qui s'en vet nuit et jor*
> *sanz repos prendre et sanz sejor,*
> *et qui de nos se part et emble*
> *si celeement qu'il nos semble*
> *qu'il s'areste adés en un point,*

> *et il ne s'i areste point,*
> *ainz ne fine de trespasser,*
> *que l'en ne peut neïs penser*
> *quel tens ce est qui est presenz. (vv. 361-369).*

Ce développement, dont je n'ai cité que le début, n'a rien de bien original. En ce début du XIIIe siècle, il n'est guère qu'une variation sur un topos dont la « source » la plus obvie, pour le Moyen Age, est sans doute la célébre méditation de saint Augustin sur le temps au livre XI des *Confessions*. On pourrait donc ne voir dans ce passage qu'une digression plus ou moins bien venue, destinée à étoffer le portrait de Vieillesse. A tort, je pense. Guillaume de Lorris exclut d'emblée Vieillesse, c'est-à-dire le devenir du temps, du verger où il va entreprendre la quête, inachevée, de la Rose. Or de cette exclusion apparemment justifiée — du point de vue courtois, Vieillesse est un vice comme Haine, Pauvreté etc. — la sanction n'est autre que la mort du récit. A la fin ou presque du roman, l'amant rejeté, dont la voix se confond alors avec celle du narrateur, se compare au paysan qui sème la graine de blé, la regarde germer et croître puis assiste, impuissant, à la mort de sa récolte, soudain ravagée par une « male nue »[1]. Qu'est-ce à dire sinon que le rêveur-narrateur constate, à ce stade de sa narration, qu'il ne pourra lui non plus mener le récit à son terme, cueillir la rose et faire fructifier la graine enclose en ses pétales, qu'il s'avoue donc incapable de saturer et de clôturer le temps qu'il a dès le début exclu, faute de pouvoir le penser et le représenter ? Aveu d'impuissance qui signale, en ce début du XIIIe siècle, le défi lancé par le récit romanesque à la refiguration du temps et l'échec qui semble définitivement le guetter.

*
* *

Mais il faut maintenant revenir au commencement, aux premières manifestations, vers le milieu du XIIe siècle, du « roman » soit de récits en langue vernaculaire que leurs auteurs présentent souvent comme la « translation », c'est-à-dire la réécriture dans un nouvel espace-temps, la chrétienté occidentale, de textes latins. Or, ce n'est sans doute pas un hasard si ces récits, les romans de *Thèbes, Enéas, Troie,* les différentes versions du *Roman d'Alexandre* et le roman de *Brut* de Wace sont tout ensemble des textes qui se donnent à lire comme textes historiques, comme la mise en mémoire du temps passé, et qui semblent à priori évacuer le problème de la représentation du temps. Qu'il s'agisse en effet du déroulement de la guerre de Troie, des aventures d'Enée, des conquêtes d'Alexandre ou de la succession des rois bretons, ces récits reprennent une chronologie que leur donnent la tradition et leurs sources directes. A l'intérieur de ce cadre préétabli et imposé, s'exprime cependant, de manière à la fois diverse et complémentaire, l'intention manifeste de saturer le temps, de faire coïncider au plus juste l'histoire racontée avec un fragment clos, si je peux ainsi m'exprimer, du temps de l'histoire.

Je note ainsi :

— la présence constante, au début de ces récits, d'un mythe d'origine. Ce mythe raconte très généralement la « faute originelle », celle qui enclenche l'histoire et la relation qui en est faite (history and story), et qui en justifie également la clôture. Ainsi de l'histoire d'Œdipe, qui engendre dans *Thèbes* (mais non dans la *Thébaïde* de Stace) le récit de la guerre entre Etéocle et Polynice, et qui explique la fin tragique des héros :

> *Contre Nature furent né,*
> *pour ce leur fu si destiné*
> *que plains furent de felonie;*
> *bien ne porent fere en lor vie.*
> *Pour Dieu, seignor, prenez i cure,*
> *ne faites rien contre Nature*
> *que n'en veingniez a itel fin*
> *com furent cil dont ci defin. (vv. 10555-10562).*

Ainsi du jugement de Pâris, absent de l'*Enéide* , qui « explique » dans l'*Enéas* la chute de Troie et « génère » la fuite d'Enée[2]. Ainsi de l'expédition de Jason dans le *Roman de Troie,* qui raconte dans un premier temps la conquête de la Toison d'Or, la lutte originelle de la barbarie et de la civilisation, la victoire du héros sur les géants et, dans un second

temps, dit la cause « historique » de l'hostilité des Grecs contre les Troyens[3]. Ainsi du soupçon de bâtardise qui pèse sur
la naissance d'Alexandre et qui explique peut-être la fragilité de ses conquêtes... Dans tous les cas, et à défaut de pouvoir inventer une origine absolue — la Genèse est écrite une
fois pour toutes et par Dieu lui-même — le récit français
invente ce que l'on pourrait appeler une origine « étiologique »,
qui justifie le point de départ choisi, comme le déroulement
du récit, qui masque, autant que faire se peut, l'arbitraire
scandaleux de tout incipit ;
— la tendance à clôturer le temps, le plus souvent par la mort
des héros. Ainsi pour Alexandre, pour Etéocle et Polynice,
pour les chefs grecs du roman de Troie, Ulysse périssant le
dernier sous les coups de son fils bâtard, Télégonus le bien
nommé. Ainsi d'Enée, achevant sa destinée avec son établis-
sement en Italie. La clôture, cependant, n'est jamais acquise :
le dernier descendant de Brutus le Troyen n'est autre en effet
qu'Arthur dont Wace rapporte non la mort mais le départ pour
l'Ile d'Avalon[4], cette île où le soleil « s'avale » pour renaître
chaque matin à l'Orient...
— la tendance de tous ces textes à dilater à l'extrême le temps
romanesque, à créer en somme une durée propre au récit en
insérant de très longues descriptions qui, entre autres fonctions, marquent de grandes haltes dans le devenir du temps ;
— l'horreur, elle aussi constante, du début *in medias res*,
pourtant recommandé par les Arts poétiques, et la réorganisation systématique du récit, par rapport à la source, selon
l'ordre chronologique[5].

Il n'en reste pas moins que le type de représentation du
temps qu'ont choisi ces romans, et la chronologie continue
qu'ils élaborent ne permettent de configurer ni la clôture, toujours à venir, du temps de l'histoire, ni l'origine absolue, dont
l'énoncé appartient à l'Histoire sainte. Sans m'engager trop
loin dans ce domaine complexe, je voudrais cependant mettre en relation cette tentative de dire la genèse, qui me semble à l'œuvre dans ces textes et le fait qu'ils ont été, au début
du XIIIe siècle, mis en prose et intégrés à une compilation d'histoire universelle, l'*Histoire ancienne jusqu'à César*, dont le
premier chapitre est, enfin, le récit primordial de la Genèse...[6]

*
*   *

Les données du problème diffèrent notamment lorsque
l'on considère les récits en vers fondés sur la matière de Bre-
tagne, soit, pour la deuxième moitié du XIIe siècle, les *Lais*
de Marie de France, les *romans de Tristan* et l'œuvre de Chrétien de Troyes. Je ne m'occuperai ici ni des récits brefs que
sont les *Lais* ni de la matière du *Tristan*. En effet, le type de
structure, le récit biographique, adopté par les auteurs du
Tristan n'apporte rien de neuf à ce stade de l'analyse[7]. Quant
aux récits brefs de Marie, ils nécissitent une approche différente. En revanche, dans notre perspective de travail, l'exemple clé est l'œuvre de Chrétien, tant pour les solutions qu'elle
propose de la représentation du temps que pour l'influence
qu'elle a exercée sur le déroulement ultérieur du roman
breton.

Chrétien, on le sait, situe l'ensemble de ses romans dans
l'espace-temps arthurien. Dès *Erec et Enide*, le récit s'installe
en effet sans aucun préavis dans cet univers et débute le plus
souvent à la cour du roi, un jour de grande fête. Quant au protagoniste, Erec, Yvain, Lancelot, il entre également en texte
sans que rien soit dit de ses origines ni de son devenir/de sa
mort à venir, lorsque s'achève le roman. En fait, cet espace-
temps a, devait avoir, pour le lecteur-auditeur du XIIe siècle,
un référent littéraire immédiat, d'ailleurs explicité dans
le *Conte du Graal* et dans une moindre mesure dans *Erec*[8] :
la chronique du règne d'Arthur (et de ses ancêtres) par Wace.
Le *Brut* fournit ainsi à Chrétien le cadre temporel préexistant
au récit et lui assure un point d'ancrage. Tout se passe alors
comme si les récits de Chrétien suspendaient le temps arthurien tel que l'a déroulé, raconté Wace en un point du temps
qui reste d'ailleurs non précisé, puis dilataient aux dimensions
de l'œuvre, d'*Erec et Enide* au *Conte du Graal*, un moment
ainsi privilégié du règne/du temps mais dont la durée comme
les limites restent incertaines. Un temps toujours présent,
« présentifié », qui n'a ni début ni fin, ni passé ni futur.

L'arrêt du temps historique (comme on parle d'arrêt sur
l'image dans le déroulement syntagmatique d'un film) puis la
longue halte temporelle que constitue alors la fiction de Chré-

tien par rapport à la chronique de Wace, sont d'ailleurs matériellement configurés dans un manuscrit tel que le manuscrit
B.N. fr. 1450. Le copiste-éditeur de ce recueil complexe a en
effet interrompu la transcription du *Brut* aux vv. 9787-9798
qui annoncent une période dépourvue d'aventures donc de
durée. Il a alors inséré, en les adoptant à son propos[9], les
romans de Chrétien dans l'ordre suivant : *Erec et Enide, Perceval*, suivi de la *Première Continuation, Cligès, Yvain* et le
Chevalier de la Charette. Puis, reprenant le déroulement normal du temps, il a achevé la transcription du récit de Wace.

En adoptant ce type d'espace-temps, définitivement
enchâssé dans un temps linéaire mais qui lui est totalement
hétérogène, Chrétien puis ses imitateurs du XIIIe siècle renon-
cent ainsi, à la différence des auteurs des romans antiques,
à se situer dans un quelconque devenir. Aucun récit arthurien en vers, mis à part les *Continuations du Conte du Graal*,
et ceci est tout à fait significatif[10], ne prend la suite d'un autre
récit arthurien. L'auteur de roman arthurien ne *raconte*
jamais. Comme le disent assez souvent les prologues, il
reconte[11]. Il conte pour sa part, à son tour, une histoire qui
va, bien sûr, se dérouler de façon linéaire mais qui, simultanément, se love, occupe un espace circulaire plutôt qu'elle
ne jalonne un parcours dans cette bulle matricielle, dilatable
à l'infini, grosse de tous les récits existants et de tous les récits
possibles que devient l'espace arthurien à partir d'*Erec et
Enide*.

A l'image de l'auteur du *Chevalier à l'épée* qui annonce
le récit d'une des nombreuses aventures de Gauvain, personnage trop négligé par Chrétien, lui semble-t-il, puis qui ajoute :

> *l'en en doit Chrétien de Troies,*
> *ce m'est vis, par raison blasmer,*
> *qui sot dou roi Artu conter,*
> *de sa cort et de sa mesniee*
> *qui tant fu loee et prisiee,*
> *et qui les fez des autres conte*
> *et onques de lui ne tint conte.*
> *Trop ert preudom a oblïer ;*
> *por ce me plest a reconter*
> *une aventure tot premier*
> *qui avint au bon chevalier*[12]

tout écrivain peut ainsi susciter cet éternel retour du récit, tenter à son tour d'épuiser l'éternel présent, la parenthèse sans fin, sans limites assignables, ouverte par Chrétien dans le devenir du temps[13].

Or, s'il semble bien que les écrivains du XIII⁰ siècle aient adopté d'enthousiasme la solution facile offerte par Chrétien, privilégiant par ailleurs/simultanément, Gauvain, héros type de l'aventure discontinue,fragmentaire, du flirt à répétition ne débouchant jamais sur une *love-story*, l'écrivain champenois paraît avoir pris vite conscience des limites qu'impose cet espace-temps à la création romanesque.

Au plan littéraire, il signifie en effet, le passage, toujours possible, du « renouvellement » au ressassement. Ce que n'évitent pas toujours les épigones du XIII⁰ siècle. Il signifie d'autre part l'incapacité, incapacité déjà constatée pour Guillaume de Lorris, du récit de fiction à donner une représentation totale du temps humain, à se fixer, à l'image du temps chrétien, un commencement et une fin. Or les preuves sont inscrites dans l'œuvre elle-même que Chrétien a pris acte de cette incapacité et a cherché les moyens d'y remédier. En tout premier lieu, signer son œuvre Chrétien, n'est-ce pas déclarer que l'œuvre produite (et à venir, puisqu'il s'agit du prologue du roman initial, *Erec et Enide*) doit être co-extensive au temps, qu'elle durera

> *tan con durra crestïantez,*
> *de ce s'est Crestïens vantez...*(vv.25-26)?

On sait également que le roman de *Cligès,* qui fait précéder l'histoire du héros de celle de ses parents,qui lance un pont entre l'Orient byzantin et l'Occident chrétien, témoigne d'une première tentative pour dilater l'espace-temps, déplacer les bornes arthuriennes, comme le fit jadis Alexandre[14]. Inutile de rappeler enfin comment s'ébauche, du *Chevalier au Lion* au *Chevalier de la Charette,* une technique de l'entrelacement dont la finalité est déjà[15] de créer du continu, de mettre ensemble les durées éparses et fragmentaires des récits arthuriens. Mais c'est dans le dernier roman, le *Perceval,* et à partir de lui que se tente enfin l'impossible aventure du Graal que je définirai ici comme l'inscription d'un temps linéaire, originé et clos, dans l'éternel retour du cycle.

*

*   *

Avec le *Conte du Graal,* Chrétien introduit dans le récit arthurien deux motifs nouveaux, les enfances du héros (où se perçoit peut-être l'influence du *Tristan*) et le Graal. Ces motifs, telle est mon hypothèse, sont complémentaires et leur apparition est liée à la réflexion sur la représentation du temps.

Le *Conte du Graal* réinvente d'abord, à travers le flashback que constitue le discours de la mère de Perceval sur l'histoire du père et la fin du règne d'Uterpendragon, un temps passé, inscrit dans l'histoire (repris à Wace) et antérieur au temps arthurien qu'utilisent de façon récurrente les romans antèrieurs. Les enfances du héros s'insèrent, elles, dans le temps traditionnel et atemporel de la *reverdie,*

> *Ce fu au tans qu'arbre florissent,*
> *fueillent boschaige, pré verdissent,*
> *et cil oisel an lor latin*
> *dolcemant chantent au matin* (vv. 69-72)

analogue au temps cyclique, liturgique, par lequel débutaient *Erec* et *Yvain.*

Si toutefois l'histoire de Perceval, à la différence de celles des autres héros de Chrétien, reçoit ici un semblant d'origine, d'inscription dans un passé, et prend place dans le devenir du temps par le biais du motif des enfances puis du discours de la mère, elle reste encore inachevée, en raison même de l'inachèvement du récit. Quant à l'histoire du Graal, elle reste elle aussi, dans le texte de Chrétien, à l'état de fragment. Il suffira de rappeler ici la scène clé du roman, celle où le Graal apparaît au héros dans le château du Roi Pêcheur. Le déplacement dans l'espace, à la fois linéaire et récurrent, du Graal qui passe et *trespasse* devant Perceval, qui dilate au maximum sa présence, son temps présent, est en effet impuissant à provoquer la double question que devrait poser le héros sur l'objet qui le fascine : d'où vient-il et où va-t-il ? Quel est son passé, quel est son futur ? Double question à laquelle les *Continuations* en vers du *Conte du Graal* mais surtout les romans en prose du Graal se sont efforcés de répondre. En inventant précisément un passé et un futur du Graal et en les liant, simultanément, à l'origine et au devenir du royaume arthurien et de sa chevalerie.

Des tentatives successives que sont, à partir du début du XIIIe siècle, la « trilogie » en prose attribuée à Robert de Boron, le *Perlesvaus* puis le cycle du *Lancelot-Graal,* je ne considérerai ici que ce dernier ensemble parce qu'il me paraît constituer la réponse, sinon définitive, du moins la plus élaborée et la plus complexe.

Par les étapes de sa production et, dans une certaine mesure, par son mode même d'écriture, le *Lancelot-Graal* retrouve d'abord, perfectionne et amplifie la démarche de Chrétien dans le *Conte du Graal.* Le récit central, écrit en premier, le *Lancelot en prose,* inscrit pour l'essentiel l'histoire chevaleresque et sentimentale de son héros dans l'espace-temps arthurien, qu'il emprunte bien entendu aux romans précédents. Mais cet espace-temps dont chaque roman arthurien en vers s'approprie en quelque sorte une parcelle qui jamais n'interfère avec une autre[16], est ici parcouru, quadrillé, exploré dans sa totalité — du moins le récit veut-il en donner l'illusion — au gré des aventures à la fois distinctes et relatées les unes aux autres (on reconnaît là la technique de l'entrelacement) du héros et des autres chevaliers de la Table Ronde. Aux fragments proposés par les récits en vers, aux failles qu'ils laissent subsister, succède l'unité, enfin reconstituée, d'un puzzle.

D'autre part, le temps arthurien, le temps présent des aventures de Lancelot etc., est de nouveau perçu (comme dans le ms. B.N. fr. 1450) comme un entre-temps, c'est-à-dire comme un vrai temps présent, pris entre un passé dont il est l'aboutissement et un futur qu'il annonce. Les toutes premières lignes du récit nous apprennent ainsi que Lancelot a été appelé en baptême Galaad, que ce nom de Lancelot n'est donc qu'un surnom masquant le nom essentiel de Galaad. D'emblée le récit est porteur, s'ouvre sur la filiation à venir, au plan « charnel », de Lancelot à son fils Galaad, au plan textuel, du *Lancelot en prose* à la *Quête du Saint Graal,* achevée par Galaad, au plan « idéologique », de la chevalerie « terrienne » à la chevalerie « célestielle ».

Le texte enfin s'enracine dans le passé autant qu'il se projette dans un futur. Lancelot découvre ainsi, de proche en proche si je puis dire, d'aventure en aventure, de tombe en tombe, qu'il descend par son père, le roi Ban, de Joseph d'Arimathie tandis que le texte nous révèle que sa mère est issue de la sainte lignée de David... L'histoire de Lancelot, son incarnation, est ainsi référée au temps de la Passion, temps où entrent simultanément dans l'histoire, évangélique ou apocryphe, Joseph d'Arimathie, le premier chevalier chrétien, selon les textes du Graal, et le Graal, relique de cette même Passion. Triple naissance, triple origine que commentent à loisir deux textes postérieurement composés, l'*Estoire del Saint Graal* et l'*Estoire Merlin* qui d'autre part, saturant le temps en amont du temps arthurien, rapportent le triple transfert, la triple *translation*, du lignage, de la relique, de l'ordre de chevalerie, de l'Orient de la Passion à l'Occident arthurien. Quant au temps futur, il est doublement énoncé et clos, au plan céleste par la *Quête du Graal*, au plan terrestre par la *Mort le roi Artu*, récit sur lequel s'achève le cycle du *Lancelot-Graal*, l'histoire conjointe du Graal, du royaume, de la chevalerie.

L'ensemble du cycle peut ainsi être considéré comme un espace narratif dans lequel la « rencontre », inventée par Chrétien, du Graal et du royaume d'Arthur, donne enfin au récit arthurien un point d'ancrage extra-textuel, à la fois historique et sacré, la Passion du Christ, et une fin elle aussi extra-textuelle puisqu'elle excède aussi bien les pouvoirs du langage humain que l'espace-temps dévolu aux mortels : à la fin de la *Quête*, la vision des secrets du Graal, accordée à Galaad, reste ineffable ; au terme de la *Mort Artu*, Morgain vient emmener son frère dans l'île d'Avalon, l'île de l'éternel printemps, là où le temps échappe à toute histoire, à tout récit.

*

*   *

Subsiste cependant ce que l'on pourrait interpréter comme une faille. Si le *Lancelot-Graal* en effet (et déjà la « trilogie » attribuée à Robert de Boron) paraît effectuer sans faute le parcours du temps et de l'espace et s'achever là où s'achève tout récit, aux bornes du mystère, à la mort du temps, il se contente toutefois d'une origine certes prestigieuse mais « décalée » par rapport à l'origine du temps chrétien. Le cycle du *Lancelot-Graal* débute en effet, comme tous les récits en prose du Graal, à la Passion du Christ. Il y a, à ce décalage, une explication immédiate : le Graal, protagoniste du récit, ne naît, n'acquiert qu'à la Passion son statut de relique. De même pour Joseph d'Arimathie qui lui aussi n'apparaît, dans les Evangiles cette fois[17], qu'à la Passion.

Les choses me semblent cependant plus complexes. D'une part, comme j'ai essayé de le montrer ailleurs[18], si le cycle du *Lancelot-Graal* tend à se constituer sur le modèle de l'Ecriture sainte, il n'en ménage pas moins avec constance son autonomie par rapport à ce modèle. La distance qu'il maintient ainsi entre le temps chrétien et son temps propre, cette durée de trente-trois ans qui est aussi la durée des aventures dans le *Lancelot en prose*[19], pourrait être lue comme l'espace que crée, occupe et revendique le texte romanesque, le lieu où se déploie la création littéraire.

On peut enfin hasarder, puisqu'aussi bien l'aventure est la règle du jeu lorsqu'on pénètre dans l'univers arthurien, une dernière hypothèse, articulée sur la légende de l'Arbre de Vie et des trois fuseaux, telle que la rapporte la *Quête du Graal*.

Dans la Nef qu'a construite Salomon et que la voix divine destine à Galaad, ultime descendant, selon la *Quête*, du lignage de Salomon[20], le chevalier élu et ses compagnons, Perceval et Bohort, découvrent trois fuseaux fichés dans les montants d'un lit, reliés entre eux, et respectivement blanc, vert et rouge.

Ces trois fuseaux proviennent des trois *muances* successives de l'arbre planté par Eve et lui-même issu du rameau qu'elle a arraché à l'Arbre de Vie et emporté avec elle du Paradis sur la terre. D'abord blanc, à l'image de l'innocence originelle d'Adam et d'Eve, l'arbre est devenu vert lorsque sous son ombrage Adam a connu Eve et engendré Abel, puis rouge, lorsque, toujours au même lieu, Abel a été assassiné par Caïn. Meurtre qui préfigure, selon la *Quête* (mais aussi selon l'exégèse patristique), la Passion du Christ, la mort sanglante et tout ensemble salvatrice, qui seule permet à l'humanité d'être rachetée, de retrouver, à la fin des temps, sa pureté originelle et, avec elle, le pouvoir de contempler Dieu, face à face.

En se couchant sur le lit, à l'ombre croisée des trois fuseaux, et sur l'ordre de la voix divine, en y dormant d'un sommeil initiatique avant d'aborder à Sarras, lieu de la révélation du Graal, Galaad apparaît ainsi dans la *Quête* comme le « maître » des trois fuseaux. C'est-à-dire comme le maître d'un temps à la fois incarné, linéaire et successif où les pères engendrent des fils, où la mort succède à la naissance, mais aussi cyclique, où la mort vermeille permet seule le retour à un temps blanc, stérile et suspendu jusqu'au vert de l'incarnation[21].

Faisant du fils de Lancelot, du chevalier aux armes blanches croisées de vermeil celui qui achève la quête du Graal, qui reparcourt l'espace jusqu'en Orient, là où le cycle a commencé, et qui voit alors dans le saint Vase, telle est la révélation qui lui est accordée, le secret de l'origine, de l'*acommençaille*, le texte arthurien se donne enfin le héros qui emblématise son ambition : configurer un espace-temps sans reste, circulaire et embrassant tout le cycle, dans lequel chaque texte à venir[22] puisse désormais s'incarner et trouver son point d'ancrage et sa limite. Semer le Narcisse blanc dans l'herbe toujours verte de la Fontaine d'Amour afin qu'y renaisse indéfiniment, « *en sa belle jeunesse, en sa première fleur* », la Rose vermeille du désir.

Textes cités et/ou utilisés.

BENOÎT DE SAINTE-MAURE, *Le Roman de Troie*, éd. Constans, 5 vol *SATF*.

CHRÉTIEN DE TROYES, *Erec et Enide*, éd. M. Roques ; *Cligès, éd. A. Micha ; Le Chevalier de la Charette*, éd. M. Roques ; *Le Chevalier au Lion*, éd. M. Roques ; *Le Conte du Graal*, éd. F. Lecoy ; *CFMA*.

GUILLAUME DE LORRIS, *Le Roman de la Rose*, éd. F. Lecoy, *CFMA*.

Lancelot, roman en prose du XIIIe siècle, éd. A. Micha, 9 vol. Droz.

MARIE DE FRANCE, *Lais*, éd. J. Rychner, *CFMA*.

La Queste del Saint Graal, éd. A. Pauphilet, *CFMA*.

ROBERT DE BORON, *Le Roman du Graal*, éd. B. Cerquiglini, 10/18, 1981.

Le Roman d'Alexandre, Version d'Alexandre de Paris, éd. E.C. Armstrong, D.L. Buffum, vol. 2. Princeton-Paris,1937.

Le Roman d'Enéas, éd. Salverda de Grave, 2 vol. *CFMA*.

Le Roman de Thèbes, éd. G. Raynaud de Lage, 2 vol. *CFMA*.

THOMAS, *Les fragments du Roman de Tristan*, éd. B.H. Wind, *TLF*.

WACE, *Le Roman de Brut*, éd. I. Arnold, 2 vol. *SATF*.

NOTES

1. *Ed. cit.* vv. 3931-3942.

2. Comme le souligne J. Monfrin dans son article : « Les *translations* vernaculaires de Virgile au Moyen Age » in *Lectures médiévales de Virgile* (Collection de l'École française de Rome, 1985) p. 189-249, la présence liminaire de l'histoire de Pâris n'est pas une invention de l'auteur de l'*Enéas* mais remonte sans doute à l'*Excidium Troiae*, texte « sûrement antérieur au IXᵉ siècle ».

3. Une première expédition, suivie d'une première destruction de Troie, est en effet menée contre Laomédon, roi de Troie, qui a refusé d'accueillir les Argonautes dans son royaume.

4. *Ed. cit.* vv. 13275 et sq. Au XIIIᵉ siècle, le finale de la *Mort le Roi Artu* reprend et orchestre le motif de la disparition du roi en Avalon bien que les tombes d'Arthur et de Guenièvre aient été officiellement « inventées » dès 1193 par les moines de l'abbaye de Glastonbury.

5. L'exemple topique est ici l'*Enéas* qui reproduit, à la différence de l'*Enéide*, l'ordre chronologique des événements, chute de Troie, fuite d'Enée, arrivée à Carthage, etc. mais dans le cas du *Roman d'Enéas* comme de celui de *Troie*, la réorganisation est déjà effectuée au niveau de la source latine, *Excidium Troiae* ou *Compilation de Darès*. Ce qui atteste l'ancienneté de cette tendance qui, au reste, se manifeste dès l'Antiquité classique avec la formation, par exemple, des grands cycles homériques.

6. Voir sur l'insertion des romans antiques dans *l'Histoire ancienne jusqu'à César*, G. RAYNAUD DE LAGE, « Les romans antiques dans l'Histoire ancienne jusqu'à César », dans *Les premiers romans français*, Droz, 1976 et dans le même recueil, sur l'insertion de l'histoire bretonne, *L'Historia Britonum source de l'Histoire ancienne jusqu'à César*.

7. La structure biographique du *Tristan*, l'importance donnée, notamment, aux « enfances » du héros, à l'histoire de ses parents, a dû cependant influencer la structure du *Cligès* et est peut-être à l'origine de ce motif des « enfances » qui se retrouvent au moins, au XIIᵉ siècle, dans le *Lanzelet* et dans le *Conte du Graal*, avant d'envahir, au XIIIᵉ siècle, le roman arthurien en prose.

8. Voir dans *Erec* (vv. 1760-1770) l'allusion que fait Arthur au règne d'Uterpendragon et la continuité temporelle et idéologique qu'il établit entre son père et lui et, dans le *Conte du Graal*, le discours de la mère de Perceval (vv. 405 et sq.) qui renvoie à la période catastrophique qui a suivi la mort d'Uterpendragon.

9. Ce manuscrit, comme le mode d'insertion qu'il pratique des œuvres de Chrétien, a été bien souvent décrit, notamment par A. Micha dans *La tradition manuscrite des romans de Chrétien de Troyes*, Droz, 1939, pp. 35-37. Voir également pour une étude détaillée l'article à paraître de Lori WALTERS, *Le rôle du scribe dans l'organisation des manuscrits des romans de Chrétien de Troyes*.

10. Selon mon hypothèse en effet, le motif du Graal est ce qui donne la possibilité au roman arthurien de s'inventer un devenir, de s'inscrire progressivement dans un temps linéaire.

11. « *Reconter* » est déjà l'activité à laquelle se livre le groupe des chevaliers que met en scène le début d'*Yvain* : *li un recontoient noveles/li autre parloient d'Amors* (vv. 12-13). Voir aussi MARIE DE FRANCE, *Prologue* des *Lais*, vv.47-48 : *m'entremis des lais assembler/par rime faire et reconter*. Je sais bien que, selon les manuscrits considérés, *reconter* alterne avec *raconter*. Il n'empêche que *reconter* fait série dans les textes des prologues avec des termes comme *retraire, renoveler, controuver*, etc. qui évoquent d'une certaine manière la pratique de la *contrafacture*, la réécriture et le décalage qu'elle instaure entre le texte source et le nouveau texte.

12. Éd. E.C. Armstrong, Baltimore, 1900, vv. 18-28.

13. Circularité que marque souvent le récit en débutant et en s'achevant à la cour d'Arthur, à la Table Ronde, elle-même métaphore textuelle de cette circularité du récit.

14. Sur la confusion, à mon avis très significative, entre les *bornes Hercule, Arcu* et les *bornes Artu*, voir R. WEEKS, « Bornes Artu » dans les *Mélanges Picot*, t. I, pp. 209-213.

15. On peut y voir aussi, avec M.-L. OLLIER *(Le Roman courtois : manifestation du dire créateur* dans *La lecture sociocritique du texte romanesque*, Montréal, 1975, p. 175-188) la volonté de Chrétien de ne donner à la littérature d'autre référent qu'elle-même, de lui conférer le « même prestige », la « même *auctoritas* » qu'à la littérature latine.

16. A l'exception déjà signalée du roman d'*Yvain* qui met un bref instant (vv. 3696-3709) en corrélation deux espaces narratifs par ailleurs distincts : les aventures d'Yvain et la quête de Guenièvre par Gauvain, dans le *Lancelot*. En revanche, si le *Conte du Graal* raconte bien à loisir, à partir du v. 4786, les aventures de Gauvain, il ne détaille pas les aventures (parallèles ?) d'une durée de cinq ans de Perceval, qui sont évacuées en 21 vers du récit. A l'image du héros qui, « *ce conte l'estoire/a si perdue la memoire* etc. vv. 6008-9), le récit a lui aussi « oublié » de raconter les aventures ; à la différence du *Lancelot en prose* qui fait semblant de tout relater des aventures parallèles de ses personnages.

17. Joseph d'Arimathie, rappelons-le, apparaît dans les quatre *Evangiles* puis joue au Moyen Age un rôle très important dans l'*Evangile* (apocryphe) *de Nicodème* avant de devenir l'un des personnages clés des romans du Graal puisque c'est lui qui « invente » le Graal et devient le premier chevalier chrétien, le fondateur donc de l'ordre de chevalerie.

18. Voir mon article sur *L'écriture romanesque et son modèle scripturaire : écriture et réécriture du Graal,* dans les Actes du colloque sur l'*Imitation* (Rencontres de l'École du Louvre, 1984).

19. Selon le texte édité par E. Kennedy : (*Lancelot do Lac*, Oxford, Clarendon Press, 1980, p. 357) les aventures arthuriennes doivent durer 1690 semaines soit 32 ans et demi. Ce qui met en parallèle ce temps des aventures avec la durée de la vie du Christ, les 6 mois restants pouvant être la durée impartie à cette fin des temps aventureux qu'est la *Quête du Graal*.

20. Cf. le texte de la *Quête* (éd. cit. p. 225) : « *Salemons, li derreains chevaliers de ton lignage se reposera en cest lit que tu as fet, et savra noveles de toi* ». Pour un commentaire de ce passage, du glissement qu'il établit du Christ à Galaad, voir E. BAUMGARTNER, *L'Arbre et le Pain, essai sur la Quête du saint Graal*, Paris, *SEDES*, 1981, p. 91 et sq.

21. Pour une étude plus détaillée de la légende de l'Arbre de Vie et de la symbolique des trois fuseaux, voir E. BAUMGARTNER, *L'Arbre et le Pain, ouvr. cit.* p. 131-141.

22. Il est en effet remarquable que les romans arthuriens en prose postérieurs, le *Tristan en prose, Guiron le Courtois,* le cycle (incomplet) dit *Post-Vulgate* s'inscrivent explicitement dans l'espace-temps cerné par le *Lancelot-Graal,* retrouvent donc, du point de vue qui nous occupe, la démarche qui a été celle du roman arthurien en vers après Chrétien. Tout se passe comme si le cercle de la Table Ronde (des romans qu'elle engendre) tendait ainsi à se dilater aux dimensions mêmes du monde textuel qu'a suscité cette Table dont les Bretons, selon Wace, disaient déjà *mainte fable…* Deux couples de rimes, *Table/fable,* inauguré par Wace, et *Reonde/monde,* orchestré par l'ensemble du roman arthurien (cf. E. BAUMGARTNER, *Jeux de rimes et de roman arthurien* dans *Romania,* 1982, pp. 550-560), quatre mots que l'on peut combiner de douze façons à la fois différentes et fondamentalement identiques, signifieraient ainsi l'enjeu essentiel du roman arthurien : énoncer la fable, la fiction créative d'un monde circulaire et clos, à l'image de la Table Ronde.

Jean BATANY
(Université d'Avignon)

Temporalité et conduites typiques :
le futur « généralisant »
dans quelques « revues d'états »
(XIIe-XIIIe siècles)

Mathieu de Vendôme semble très fier d'offrir à ses élèves, dans son *Ars versificatoria* écrite vers 1170[1], des modèles rédigés par lui-même pour la description des types sociolittéraires : un pape, un empereur, un parasite, une belle femme, etc. Portraits bien insipides à nos yeux, pourtant, et qui n'ont guère influencé la littérature du temps... Pourquoi ? D'abord, peut-être, pour leur monotonie : une suite d'énoncés indépendants, peu développés, et au présent de généralité. Les grands stylistes de l'époque, en latin comme en langue vulgaire, ont eu heureusement plus d'imagination littéraire que leur brave *magister* aux idées bien courtes.

Mathieu suivait pourtant une idée à la mode à son époque, en présentant une galerie de *types* formant l'armature de la vie sociale : il s'intégrait presque à la lignée des moralistes qui, pendant cinq siècles, ont passé en revue les « estats du monde », les catégories de la société[2], en esquissant pour chacune d'elles un portrait qui, au singulier ou au pluriel[3], a une valeur collective. Généralement, ces auteurs n'ont pas la

technique rigoureuse de Mathieu pour bâtir de petites phra-
ses claires et incivises et pour pratiquer des artifices comme
celui des « vers rapportés » (impossibles en français, il est vrai).
Mais, dans la confusion parfois brouillonne de leurs exposés,
ils évitent souvent l'affreuse monotonie du rhéteur d'Orléans ;
et un de leurs procédés de variation est l'emploi du futur au
lieu du présent : l'évêque ou le chevalier *fait* ceci, *fera* cela...

Sauf erreur, l'emploi de ce procédé n'a pas été systémati-
quement dépouillé, et il est un peu marginalisé dans les études sur l'emploi des temps[4]. Il est vrai qu'il s'agit plutôt d'un
cas-limite que d'un ensemble d'exemples facile à délimiter.
Je me bornerai ici à une ébauche de recherche, à partir de
dépouillements assez grossiers de quelques « revues d'états »
entre 1140 et 1280[5]. J'espère donner à d'autres l'envie d'aller
plus loin.

Partons d'une définition très générale, inspirée de
Weinrich[6] : le futur est la modalité sous laquelle un procès est
énoncé à titre d'information anticipée, c'est-à-dire avant qu'il
puisse théoriquement être perçu par l'énonciateur dans sa réalisation effective. Une valeur tellement simple qu'un classement détaillé semble d'abord difficile... Je voulais exclure, en
principe, tous les futurs qui ne servent pas à nos moralistes,
d'une façon ou d'une autre, à présenter la conduite et la destinée d'un type social. Mais il reste, dépouillements faits, bien
des cas marginaux, et des catégories qui chevauchent ou sont
difficiles à mettre en ordre.

Essayons tout de même : 1) D'abord, à part, les futurs qui
se réfèrent à la situation d'énonciation plus qu'au contenu de
l'énoncé, touchant ainsi aux emplois « métalinguistiques ». 2)
Les futurs présentant une information directe, apparemment
non soumise à condition, depuis les fins dernières jusqu'à
l'actualité politique. 3) Les futurs négatifs en *ne... ja,* qui
excluent une conduite possible du champ de l'attente. 4) Les
futurs corrélatifs, dont l'énonciation est soumise à celle d'une
hypothèse, dans diverses perspectives. 5) Enfin, la place du
futur dans le récit qui décrit la conduite habituelle d'un personnage typique, transition entre le système hypothétique et
le diagnostic scientifique ou le déploiement de l'imagination
romanesque.

*
*   *

Il ne faut sans doute pas opposer trop nettement futur d'énoncé et futur d'énonciation ; voyons-le sur trois exemples. Dans la *Hierarchia Alani*[7], Alain de Lille veut essentiellement expliquer le système constitué par les neuf choeurs des anges, mais il y insère, en s'inspirant (de loin) du pseudo-Denys, un parallèle entre cette hiérarchie céleste et la hiérarchie terrestre des « états ». La nature et la fonction des choeurs angéliques sont pour lui assez nettement établies pour qu'il les décrive au présent : « Seraphin *est* supereminens celestium spirituum collegium », etc. ; mais chaque fois qu'il met en parallèle avec un de ces *ordines* surnaturels un *ordo* qu'il tente de définir dans la société des hommes, il emploie le futur : « De hoc ordine *erunt* viri contemplativi… », en face des Séraphins, et ainsi de suite, y compris même les anti-groupes diaboliques constitués en ce monde par les « mauvais » de chaque catégorie, pour lesquels Alain emploie plutôt *conventus* que *ordo* : « de istorum conventu *erunt* praelati et principes terrae qui non observant ordinem justitiae ». En principe, il s'agit d'énonciation : le *doctor universalis* distingue entre une donnée théologique établie, indiscutable, pour le monde céleste, et une construction qui reste à établir par les énonciateurs de la doctrine, pour le niveau terrestre ; il anticipe, pour ainsi dire, sur la rédaction définitive de quelque nouvelle *Hiérarchie ecclésiastique*. Mais le sujet du verbe n'est pas l'auteur, ce sont les personnages considérés ; si bien qu'ils semblent déterminer eux-mêmes leur classement par leur conduite[8].

Voilà qui éclaire peut-être certains exemples isolés chez nos moralistes. Par exemple, au v. 773 du *Besant de Dieu*[9], Guillaume Le Clerc, qui vient d'énoncer clairement son intention de parler des princes en général (« Si vous dirai des plus puissanz… », etc.), cite un exemple typique, imaginaire et non emprunté à l'expérience historique, avec le futur *iert* du verbe *être* : « Or iert un reis de grant puissance / ou en Allemagne ou en France… / ou un quens d'une riche marche ». Il s'agit d'une hypothèse (avec variantes, trait déjà caractéristique du

« récit typique ») proposée aux auditeurs, et le futur se réfère
à la situation d'énonciation : à partir de cette phrase, l'auditeur devra se placer dans le cas où un tel prince existe — et
la suite est au présent de généralité. Mais le sujet est bien le
prince, qui commence sa conduite par un acte constitutif : il
assume son rôle.

Même lorsque le sujet n'est pas à la troisième personne,
l'usage de certaines périphrases peut faire qu'il ne se réfère
pas nettement à la situation d'énonciation. Guiot de Provins[10],
parlant des Cisterciens en général, dit qu'on a tiré de cet ordre
(en violation de la distinction entre « séculiers » et « réguliers »)
un cardinal : « Ja ne verrez si desloial ! ». Dans ce vers, on
reconnaît un procédé classique de l'ancien français : mettre
en scène l'attitude perceptive du public, dans le cadre d'une
hypothèse générale, pour comparer à ses expériences habi-
tuelles un fait extraordinaire. Le résultat est une périphrase
voisine d'un simple superlatif, mais qui permet ici de placer
dans une perspective d'avenir, négativement, la peinture d'un
type ne répondant pas à sa fonction, ce qui aboutit finalement
au même effet d'exclusion idéologique que d'autres tournu-
res négatives en *ja* que nous verrons plus loin.

Les cas où le verbe au futur dénote la situation d'énonciation ou de réception nous amènent donc progressivement
à ceux où il dénote les procès à décrire.

*

* *

Souvent, ces procès semblent présentés directement, à
titre d'information anticipée, sans être soumis explicitement
à un système de corrélation. Les cas les plus clairs, et les plus
fréquents à cette époque, sont ceux qui se réfèrent aux « fins
dernières » : les types sociaux considérés *seront* égaux devant
la mort, du riche au pauvre ; leurs bons représentants *seront*
récompensés, les mauvais *seront* condamnés. Cet emploi du
futur est abondant chez Etienne de Fougères (vers 1170), dans
d'autres sermons en vers comme le *Roman des Romans,* et,
au siècle suivant, dans les poèmes de Rutebeuf inspirés par

les Croisades, où il interpelle les « princes », les « chevaliers »,
etc., en leur demandant ce qu'ils *diront* au jour du Jugement
après avoir négligé le sort de la Terre Sainte. Cas faciles à comprendre, apparemment hors de mon propos, mais qui ont peut-
être un lien profond avec les exemples que nous verrons
ensuite, un lien qui contribue à l'originalité des XIIe-XIIIe siècles dans l'emploi du futur « généralisant ».

Il n'est évidemment pas nécessaire de citer les nombreux
passages où nos moralistes emploient le futur pour présenter
l'égalité de tous les « états » devant la mort[11], la punition
des méchants au Jugement Dernier, ou la récompense des
bons. Mais on peut souligner le lien étroit qui est souvent établi entre la conduite future en cette vie, et la destinée dans
l'autre, qui en apparaît comme la continuation[12]. Le destin lié
à un rôle social comporte à la fois des conséquences temporelles et des conséquences éternelles, et il peut même arriver
que l'auteur désigne paradoxalement les secondes avant les
premières, par exemple Etienne de Fougères parlant de l'évêque qui donne le mauvais exemple : « ja ne verra Dé en la face
/ ne ja d'omme n'en avra grace / que li poples suivra sa
trace »[13]. C'est une menace, bien sûr, mais c'est aussi la description d'un rôle qui échoue à être reconnu comme statut dès
ici-bas, à « avoir grace » auprès des hommes, parce que son
mauvais fonctionnement ne peut que s'étendre par contagion.

L'échec ou le succès sur le plan temporel peuvent donc
être évoqués au futur, dans le même esprit. Le trésor rassemblé par des puissants sera détruit par quelque catastrophe
météorologique : « quant il l'avrat mioz compassé, / tort un
bestenc, tost ert passé »[14]. Le moine dont la conduite n'est pas
conforme à son rôle doit s'attendre à ne pas être reconnu
comme tel : « Vins enaigris, ki te berra ? / Cointes cloistriers,
ki te kerra ? ki kerra toi sans vanité / quant folement parler
t'orra ? »[15].

Parfois, l'auteur constate simplement, comme une conséquence logique de l'esprit dans lequel le rôle est assumé,
la conduite manifestement fautive qui ne peut pas ne pas en
résulter : les chanoines devraient (« deüssent », irréel) donner
leur superflu aux pauvres ; mais, en fait, « il verront le cuer
partir / au povre, de male aventure / de grant fain et de grant

froidure »[16]. Dans ce cas, l'ironie de l'auteur peut exclure grammaticalement le responsable du procès, grâce au passif, mais la culpabilité n'en est que plus évidente. L'archevêque a donné un évêché à un mauvais clerc bien « pistonné » ; le mal est sans remède, car « il n'en serrad fait altre election »[17]. Le fonctionnement aberrant des machines sociales qui dévient leur programme est anticipé avec le pessimisme de notre « science-fiction » la plus catastrophiste, la perspective (implicite ou explicite) du Jugement Dernier, inséparable des processus temporels, suffisant à réserver au loin le « happy end » sans lequel la lecture de ces futurs serait insoutenable.

Au XIIIe siècle, chez Rutebeuf, on trouve même une interprétation plus « moderne » de l'avenir temporel : il ne s'agit plus alors d'une perspective générale sur la conduite des catégories visées, mais d'une prévision d'actualité sur des événements politiques ou anecdotiques dont l'évolution est liée à l'attitude prise par ces catégories. Par exemple, l'envahissement des villes par les nouveaux ordres religieux est évoqué, par une phrase sarcastique de Rutebeuf, à propos des Guillelmites : « De Paris sont un poi ensus [à l'écart] ; s'approcheront de plus en plus ! »[18]. Ce sont surtout les perspectives d'avenir de la Terre Sainte qui entraînent ce procédé : les chevaliers d'aujourd'hui « leront [laisseront] aus Beduïns / maintenir la Terre Absolue »[19] ; Rutebeuf demande au Roi quand cette terre pourra être récupérée, s'il la laisse perdre[20], et reproche directement aux barons qu'elle va être prise aux Chrétiens pendant leur vie[21]. La responsabilité des « états » se trouve ainsi engagée dans des processus extrêmement concrets.

Sans doute, notre goût pour le classement logique rangerait cette série d'emplois dans les futurs à valeur normale, comme, du reste, les « futurs de fins dernières » que j'ai cités plus haut ; tandis que les exemples que j'ai cités dans l'intervalle seraient des « futurs expansifs », de type « gnomique » ou « habituel »[22]. Mais, j'ai occulté cette opposition parce qu'elle fausserait la compréhension des textes en cause : pour nos moralistes, il s'agit toujours de prévisions, portant sur un ensemble continu, et permettant de vérifier le jugement qu'ils portent sur la conduite morale des représentants d'un type social.

*

* *

Mais des prévisions aussi affirmatives sont évidemment dangereuses, et il est plus naturel de prévoir « ce qui ne se passera pas » que « ce qui se passera ». Dans la « polyphonie » du discours (comme dit O. Ducrot), l'emploi argumentatif le plus fort du futur est celui qui évoque, pour l'exclure, une prévision que l'adversaire est supposé émettre. Et l'exclusion n'est efficace que si elle porte sur la totalité de l'avenir, ce que l'ancien français rend par *ja...ne*.

Ce tour est donc fréquent dans les « revues d'états », et il peut servir, exceptionnellement, à énoncer les malheurs inhérents à une situation sociale : ainsi quand Etienne de Fougères décrit les misères du paysan, donnant tout son froment à son seigneur et réduit à manger de l'ivraie : « Ne mengera ja de bon pain [...] la droe remeint au vilain »[23]. Mais la plupart du temps, il s'agit de caractériser une catégorie par son renoncement à accomplir son devoir : le riche ne pense qu'à acquérir des biens, « ja ne pensera més aillors »[24] ; les Grandmontins ne savent pas s'arracher à l'emprise de leurs frères lais, « ja nul servise n'i feront / fors teil con li conver vorront »[25] ; les chevaliers d'aujourd'hui refusent de mouiller leurs vaisseaux pour aller outre-mer, « ja n'iert lor ancres aencrez / en mer por les neis rafreschir »[26] ; et le pasteur mercenaire, auquel s'adresse le Reclus, ne sera affecté par aucun des malheurs de ses ouailles, pourvu qu'il garde son bénéfice : « ja n'avras duel sauve te mers ! »[27].

Ici encore, il est possible à l'auteur de neutraliser plus ou moins le rôle du responsable en l'écartant de la position de sujet, par des périphrases ou un passif. Ainsi dans le *Roman des Romans*, à propos des évêques du temps présent[28] : pas question qu'ils fassent des miracles, « ja n'en orrez un miracle avenir » ; et quand ils distribuent les dignités, « ja nul sainz hom n'i serrad apelez ». Cette façon d'employer le passif est peut-être assez révélatrice d'une tendance profonde dans ce genre de futurs : l'activité du personnage peut s'y trouver noyée dans un cadre extérieur, dont il est plus facile d'imposer la forme à l'imagination des lecteurs. Ce futur négatif contrôle particulièrement bien le jugement du moraliste, parce que l'action du personnage typifié, en principe volontaire et donc imprévisible, tend à s'y réduire à une mécanique secondaire dont le fonctionnement déviant peut n'être, à la limite, qu'une présence nécessaire pour mettre en valeur la normalité des « saints hommes ».

*
*   *

Cependant, cette mécanique doit être mise en route par des moteurs plus ou moins spécifiques, c'est-à-dire qu'un énoncé sur le rôle prévu d'un type social tend presque toujours à lier sa formulation à l'énonciation préalable d'une circonstance à partir de laquelle on raisonne, ce qui donne plus de force à l'argumentation en suggérant l'illusion d'un enchaînement causal. Le futur de généralisation typologique tend donc à s'insérer dans un système hypothétique, parfois à titre de protase, mais plus souvent dans l'apodose (du reste, tout futur n'est-il pas plus ou moins une apodose ?).

Le système hypothétique, au fond, est un effrayant acte d'autorité du locuteur, qui tend à faire admettre comme un lien nécessaire entre deux énoncés celui qu'il établit entre deux énonciations. Mais cette toute-puissance acquise par le logos figure peut-être déjà, sous la forme dictatoriale d'une sorte d'interdiction, à l'arrière-plan des propositions en *ne ...ja,* ce tour traduisible par notre « pas question que... », dont le double emploi (pour prévoir et pour interdire) témoigne encore aujourd'hui de l'inévitable polysémie, ou plutôt de l'inévitable ambiguïté des énoncés sur l'avenir, peu capables de distinguer entre le droit et le fait comme le font les énoncés sur le passé. Comment ne pas avoir l'air de poser ou de supprimer les devoirs et les droits, quand on détient la formulation du futur ?

Il en résulte un vertige que certains auteurs ont résolu en ramenant leur puissance de la transcendance du logos à l'immanence de l'action, c'est-à-dire, pratiquement, en transposant leur rôle moteur de la position de sujet d'énonciation à celle de sujet d'énoncé : ils placent leur *je* au centre de leurs systèmes hypothétiques. Pour démontrer sa puissance, l'énonciateur s'engage lui-même dans l'avenir ; le metteur en scène passe de l'autre côté de la caméra.

Par-delà Juvénal, peu exhibitionniste, c'est évidemment Horace que retrouvent alors, d'une certaine façon, Nigel de Longchamps et Guiot de Provins. Mais Horace, dans sa première ode par exemple, admettait son propre choix d'une façon de vivre comme acquis au départ, et ne le remettait pas en cause au futur. Au contraire, pour l'âne Burnellus, auquel Nigel prête sa personne d'énonciateur en le faisant longuement discourir, l'ouverture d'un choix sur des avenirs différents est possible : tout au moins le choix entre les divers ordres religieux, une fois posée au départ la vocation monastique[29]. Le phénomène capital de la dissémination d'une même fonction sociale entre des institutions parallèles, dont le moment essentiel se situe vers 1100, quand éclate la pluralité de ces « ordres », a peut-être joué un rôle dans la construction d'une attitude de « réserve de choix » vis-à-vis de l'avenir.

Mais chez Nigel, le choix prêté à l'énonciateur n'est qu'un jeu de déguisement : Burnellus est le support d'une image stéréotypée de chaque institution où il imagine d'entrer. « Si je veux devenir moine noir à Cluny, on me donnera des oeufs et des fèves noires au sel, on me fera lever de mon lit au milieu de la nuit... » Ces futurs de 1re personne sont évidemment la transposition narrative d'une série d'« on-dit » au présent : tout le monde sait qu'à Cluny on mange des fèves noires et qu'on se lève au milieu de la nuit pour chanter l'office. Du reste, après avoir soigneusement respecté cette forme narrative d'engagement personnel à propos des Templiers, des Hospitaliers, des moines noirs, des moines blancs, des Grandmontins et des Chartreux, Burnellus l'oublie ensuite à propos des chanoines noirs, des Prémontrés, des chanoines séculiers, des moniales et des Gilbertins, dont il décrit la vie simplement au présent et à la 3e personne du pluriel. Ce n'est pas la peine qu'il essaye tous les déguisements pour prouver ses capacités de Frégoli ; la démonstration expérimentale de ses jugements, faite sur six cas en assumant le rôle de l'intérieur, est évidemment valable pour les cinq autres.

La fiction romanesque du *Speculum stultorum* a donc prêté provisoirement le rôle de généralisation typologique à des futurs de prévision « normaux » — car le lecteur peut imaginer, à ce moment, que le roman lui présentera ensuite un « moniage » de l'âne, comme on voit ailleurs celui du loup ou du renard[30]. Mais la situation est différente dans les œuvres morales non romancées, même lorsque (comme la *Bible Guiot*) elles s'inspirent de Nigel. L'engagement personnel de l'auteur au futur n'intervient guère alors dans la revue des « états » que sous des formes négatives, opposant l'attitude de l'auteur, si jamais il se trouvait dans une situation (la protase est souvent mal explicitée) semblable à celle du personnage qu'il critique. Le français moderne tendrait alors, à la première personne, à employer le futur du passé, ou du moins à souligner la valeur de généralité par un mot comme *toujours*. C'est pourtant au futur ordinaire qu'Etienne de Fougères, évoquant ces femmes qui prétendent ne tromper leur mari que pour se venger de lui, déclare qu'il renoncera toujours (je suis obligé d'ajouter ce mot !) à obtenir sa revanche, plutôt que de se déshonorer pour se venger : « ainz lairei ge tot mon chalenge / que ma honte a vengence prenge »[31]. L'ancien français semble assumer ici pleinement le sens littéral temporel de *ainz que* (« avant que »), bien que l'effet de sens visé dans ce cas soit la notion de préférence et non celle de succession : mais cette notion de préférence n'est saisie qu'à travers une temporalité.

Dans un tel cas, le futur s'est inséré là où nous ne pourrions plus guère l'employer sans une précision qui le généraliserait. Il serait plus acceptable vis-à-vis de notre usage actuel dans un passage assez comparable de Guiot de Provins, refusant d'imaginer qu'il puisse participer à la dangereuse activité guerrière des Templiers : « ja por pris ne por hardement / ne serai, se Dieu plaist, ocis »[32]. Comme dans l'exemple précédent du *Livre des Manières*, l'auteur insère dans sa propre conduite, définie par lui, le refus d'imiter la conduite habituelle d'un type de personnage ; mais, cette fois, il ne s'agit pas d'une déclaration de principe morale, indépendante de l'adhésion à un groupe social ; ce que Guiot envisage, c'est sa profession éventuelle à l'ordre du Temple, et c'est elle qu'il refuse, rejetant (au nom d'une vieille distinction idéologique allègrement renversée par saint Bernard) l'activité fondamentale des Templiers hors de son modèle de conduite personnel : « mais il se combattront sans moi ! »[33].

Cette dernière phrase nous paraît sans doute, à première lecture, s'insérer sans difficulté dans les emplois « normaux » du futur : Guiot abandonne les Templiers à un avenir périlleux... Mais, en fait, on y voit comment l'auteur, en se désolidarisant de l'activité qu'il décrit, place celle-ci dans une perspective temporelle qui n'est pas spécifiquement future : hors de la sphère de celui qui le constatera, les éléments du « futur » préalables à cette constatation comprennent aussi bien un présent mal connu pour le moment, mais qui sera récupéré ensuite pour une analyse objective. Cette analyse reposera sur la construction préalable d'un cadre de l'expérimentation, et cette construction (la protase) peut être une constatation valable dès le moment de l'énonciation, caractère que le français (à la différence du latin) impose à toutes les protases en « si » (« se » en a.fr.), puisqu'il y interdit le futur. Ainsi, dans l'énumération de 44 questions dont le Reclus de Molliens accable le prêtre, aux strophes LX à LXVI du *Roman de Carité*, sur le modèle :

> *Ki sera mous, se tu ies dur ? (...)*
> *Ki dira bien,se tu mal dis ? (...)*
> *Ki parlera, se tu te tais ? (...)*
> *Ki plantera, se tu destruis ?*[34]

Dans ce cas, l'interpellation transforme le futur en un appel à la responsabilité : le destinataire peut encore changer les conséquences, mais, en fait, elles sont constatables dans l'expérience actuelle.

Ailleurs, la protase prend la forme d'une subordonnée temporelle, et reporte tout le système dans le futur ; mais c'est le futur d'une constatation ultérieure, dans un système de causalité dont d'autres exemples sont déjà connus. La femme adultère, condamnée par son mari à vivre en bête dans une étable, vient nécessairement à résipiscence : « Dès qu'el bevra l'aive a la seille / et vestira la povre peille / donc sera il molt grant merveille / si autrement ne se conseille »[35].

Parfois, l'auditeur est incité à provoquer lui-même les conditions de l'expérimentation, la protase se trouvant alors au subjonctif volitif ou à l'impératif. Juvénal disait déjà du Grec famélique qu'il était prêt à faire n'importe quoi sur commande : « in caelum, jusseris, ibit »[36]. D'après le *Roman des Romans,* il suffit d'apporter de l'or à la Curie romaine pour y gagner son procès : « S'i port od sei alcun rouge denier, mielz en porrad sa besoigne espleitier ! »[37]. L'auditeur est invité à une expérience imaginaire contrôlant le jugement du moraliste, et sa liberté de contrôle serait bien diminuée si l'apodose était au présent de l'indicatif ou au futur du passé ; le futur révèle ainsi le fond de sa valeur argumentative : il soumet mieux l'expérience à la liberté fictive de cet auditeur — c'est-à-dire, au fond, à la toute-puissance du locuteur.

Les systèmes hypothétiques de généralisation typologique posent des problèmes complexes, sur lesquels j'espère revenir à une autre occasion (en ne me limitant pas à ceux qui comportent un futur). Mais ils tendent à engendrer autre chose qu'eux-mêmes. Explicites ou implicites, ils peuvent être le point de départ de ce que j'appellerai le « récit typique ». Un récit qui se dégage de l'unicité des événements, caractéristique de l'Histoire ou du roman, pour représenter au contraire la conduite ordinaire d'un certain type humain, ou l'aventure qui arrive souvent dans une circonstance donnée de la vie sociale, en précisant, au besoin, les variantes possibles du déroulement des événements. Le chef-d'œuvre de ce procédé littéraire est postérieur à l'époque ou je me place : c'est *Les XV Joies de Mariage,* où l'essentiel des récits est au présent, mais débouche quelquefois sur des futurs, en particulier à la fin des chapitres, mais parfois au milieu, comme dans la *Première Joie*[38].

Chez les moralistes des XIIe-XIIIe siècles, les choses sont plus complexes : le futur peut intervenir dès le début du récit, et celui-ci peut être simplement ébauché, ou mélangé à des considérations morales abstraites. Mais, de toute façon, le futur projette dans l'avenir, pour que le lecteur s'attende à l'y rencontrer, le résultat généralisé d'une série d'expériences passées de l'auteur. On peut arriver ainsi à de véritables portaits narratifs, comme celui de l'ouvrier agricole paresseux dans le *Besant de Dieu*[39] :

> *Quant un, por foïr ou por batre,*
> *Deit prendre treis deniers ou quatre,*
> *Petit f(e)ra si l'em nel gaite,*
> *Et, s(e) il a chose sustraite,*
> *Volentiers le consentira :*
> *Jamès a prestre nel dira ;*
> *Ainceis li est a vis, por veir,*
> *Que s(e) il puet du riche aveir,*
> *Coment que seit, n'est pas pecché.*
> *Cestui a dïable acrochié*
> *Qui bon overer est de ses mains*
> *E puis ovre la meité mains*
> *Que son loer ne li condone,*
> *A tierce dit que il est none*
> *E a none qu(e) il est nuit,*
> *E si tost com il puet s'en fuit.*

Le futur nous met à peu près ici dans la perspective d'une
sorte de « mode d'emploi des ouvriers à l'usage des patrons »
(« si l'em nel gaite » = « si on ne le surveille pas » !), comparable à ce que l'on trouve dans des manuels de conversation[40],
des recettes médicales ou certains textes juridiques : la description peut recourir d'emblée au futur parce qu'elle précise
ou justifie une prescription, donc, par définition, une conduite
sur laquelle on anticipe ; si l'on continue au présent, c'est que
l'on ramène la prescription à l'imitation d'un modèle existant
au moment de l'énonciation.

Mais bien souvent, chez nos moralistes (comme plus tard
dans les *Quinze Joies*) toute idée de recette pratique disparaît : la description n'est plus la base d'une prescription, mais
d'un jugement moral : le présent domine donc naturellement
dans le récit typique, et pourtant on voit parfois survenir le
futur. Ainsi dans deux passages du *Mariage des filles du diable*, texte anglo-normand du ms. Rawlinson, qui peignent « la
journée du mauvais bailli » et « la journée de la femme
coquette », pourrait-on dire[41] : le futur y domine, en alternance avec quelques présents : « et quant se avera bien reposé
[...] / dunke mettra une coyfe blaunche / puis lacera l'un et
l'autre maunche... » Dans le *Livre des Manières*[42], au début
du récit typique mettant en scène le marchand ou le chan-
geur malhonnête, on pourrait penser à une mise en garde du

public, à une leçon de méfiance : « Il vous vendra pour dix livres quatre marcs qui vaudront à peine sept livres, un muid d'ivraie pour un muid d'avoine, des draps de bourre pour des draps de laine, il se parjurera huit ou neuf fois ». Mais la suite est la prévision d'une punition : le malhonnête n'en « jouira » pas, car il « se verra » souvent excommunier, et « que fera-t-il » à sa mort, quand il ne pourra rendre ce qu'il a volé ? Le jugement moral se confirme ainsi peu à peu par la leçon de l'expérience et par le jugement institutionnel, voire surnaturel.

C'est donc finalement un jeu argumentatif qui explique la place du futur dans le récit typologique, et c'est à partir de cette idée qu'on pourrait chercher à préciser le rôle de la variation entre le futur et le présent : l'argumentation morale doit s'appuyer sur la distinction de deux niveaux pseudo-temporels, même si cette distinction ne peut pas s'analyser exactement de la même manière d'un texte à l'autre. Au reste, n'y a-t-il pas quelque chose d'analogue dans le cas du récit historique ou romanesque, où la distinction du plan du passé simple et de celui de l'imparfait s'explique finalement par des valeurs argumentatives ? Il n'est pas question de proposer une homologie superficielle entre les deux types de récit, en disant par exemple que le présent du récit typologique correspond à l'imparfait du récit historico-romanesque, et le futur du premier au passé simple de l'autre : ce serait simpliste ; mais on peut suggérer une homologie plus profonde entre les deux types d'opposition, sans en faire coïncider les pôles. Il va de soi qu'il faudrait, pour vérifier cette hypothèse, une étude très sérieuse sur un choix de textes très large.

Très large, mais de quelle étendue chronologique ? Même si on veut se borner à un inventaire des emplois du futur typologique, sans s'aventurer à une théorie générale des temps dans les diverses formes de récit, on se heurte au choix entre « grammaire universelle », « grammaire européenne », « synchronie large » et « synchronie étroite ». Notre colloque s'interroge, en principe, sur l'originalité du Moyen Age dans sa façon de penser le temps. Mais le futur apparaît, dans la description d'un personnage typique, à travers toute la tradition littéraire occidentale, depuis Platon[43] jusqu'à Pierre

Daninos[44]. De bout en bout de cette longue histoire, les moralistes ont tendu à faire du futur l'espace de contrôle de leurs
jugements, l'espace où les jugements de valeur peuvent prendre la forme de jugements de réalité à travers une expérimentation programmée à laquelle participe fictivement le lecteur, et dont le simple présent ne permettrait pas bien d'exprimer les étapes, parce qu'il semblerait tout considérer comme
acquis à la fois. Mais cet espace de contrôle de leurs jugements,
les moralistes des XIIe et XIIIè siècles l'ont-ils vu d'une façon
vraiment originale ? Nous ne pouvons aujourd'hui qu'entre-
voir quelques aspects de cette originalité : la continuité qui
englobe dans un même espace futur les constatations de
l'expérience quotidienne, les prévisions sur l'avenir temporel et le jugement surnaturel final ; la difficulté du lecteur
médiéval à abstraire des modèles moraux à partir du récit historique ou romanesque au passé, ce qui oblige le clerc à lui
proposer des modèles typologiques au futur ; le goût pour la
déduction morale à partir des taxinomies sociales, qui fait
apparaître plus facilement les visions d'avenir dans des cadres
conventionnels. Mais tout cela mériterait une recherche
approfondie dont je n'ai pu proposer aujourd'hui que quelques balbutiements.

NOTES

1. Textes dans E. FARAL, *Les arts poétiques du XIIe et du XIIIe siècle*, Paris, 1923, pp. 121-132.

2. Voir sur ce thème littéraire (qui s'élargit en « formation discursive ») mes deux mises au point dans *Europe*, n° 654, octobre 1983, p. 120-129 (« La charpente médiévale du discours social ») et dans le *Dictionnaire des littératures en langue française* publ. sous la dir. de J.-P. de Beaumarchais *et al.*, tome I, Paris, 1984, pp. 774-776.

3. Sur le choix entre singulier et pluriel, et plus généralement entre degrés de détermination, dans la peinture des types sociaux, voir mon article : « Normes, types et individus : la présentation des modèles sociaux au XIIe siècle », dans *Littérature et société au Moyen Age*, actes du coll. des 5-6 mai 1978 p.p. D. Buschinger, Amiens, 1978, pp. 177-200.

4. Il n'apparaît pas très franchement, par exemple, chez R. MARTIN, *Temps et aspect*, Paris 1971 (voir cependant pp. 404-405), chez H. STEN, *Les temps du verbe fini en fr. mod.*, Copenhague, 1953, ou chez P. IMBS, *L'emploi des temps verbaux en fr. mod.*, Paris, 1960. Pour M. WILMET, voir *infra* note 22.

5. Principalement (textes français) : ETIENNE DE FOUGERES, *Le livre des manières*, éd. R.A. Lodge, Genève, 1979 ; *Deux poèmes moraux anglofrançais* (le *Roman des Romans* et le sermon en vers « Oyez, Seignur... »), éd. F.J. Tanquerey, Paris, 1922 ; la *Bible*, dans les *Oeuvres de Guiot de Provins*, éd. J. Orr, Manchester, 1915 ; GUILLAUME LE CLERC de Normandie, *Le besant de Dieu*, éd. P. Ruelle, Bruxelles, 1973 ; LE RECLUS DE MOLLIENS, *Li Romans de Carité*, éd. A. G. Van Hamel, Paris 1885 ; RUTEBEUF, *Oeuvres complètes*, éd. E. Faral et J. Bastin, Paris, t.I, 1959 ; *Comment le diable maria ses IX filles...*, éd. P. Meyer, « Notice du ms. Rawlinson poetry 241 », *Romania*, XXIX, 1900, pp. 61-72.

6. Harald WEINRICH, *Le temps*, le récit et le commentaire, tr. fr. de Michèle Lacoste, Paris, 1973. Du point de vue où je me place ici, il m'est difficile d'admettre les termes de Weinrich opposant « temps narratifs » (tous du passé) et « temps commentatifs » (présent, passé composé et futur) : comme on le verra ici, ce second groupe peut s'employer chez des récits, ceux du genre « typologique », le premier groupe étant réservé à un type particulier de narration, le récit historique ou le pseudo-historique (épopée, conte, roman...).

7. Texte dans M.Th. d'ALVERNY, *Alain de Lille, textes inédits, avec une introduction...*, Paris, 1965, pp. 219-235.

8. On peut comparer cet emploi du futur du verbe « être » à la 3e pl. à celui d'Aristote (*Rhétorique*, II, XIV, 1), disant, après avoir décrit le caractère des jeunes gens et celui des vieillards, que les adultes « seront au milieu » entre ces deux modèles ; mais ce futur d'Aristote est plus purement « métalinguistique », il ne situe dans l'avenir que l'activité de rédaction des usagers du traité, tandis que celui d'Alain de Lille est plus ambigu.

9. Ed. citée (*supra* note 5), pp. 91-92.

10. Ed. citée (*supra* note 5), vers 1310, p. 50.

11. Par ex. *Livre des Manières*, v. 125 : « Plus n'en avra povre ne riche » (la surface de la tombe) ; sermon « Oyez, seignur », vv. 1081-1092 ; etc.

12. Voir par ex. *Carité*, str. LI : « Se povre te truevent benin / donc troveras tu Dieu benigne » ; *Livre des Manières*, vv. 181-184, 393-396, 957-960.

13. *Livre des Manières*, vv. 338-340. Il y a ici une protase (« Se il bien dit et il mal face »), mais j'ai préféré grouper ici les « futurs de fins dernières » et ne pas y revenir à propos des systèmes hypothétiques.

14. *Ibid.*, vv. 47-48.

15. « Vin tourné, qui te boira ? moine coquet , qui voudra recourir à toi ? qui recourra à toi sans perdre son temps, quand il t'entendra bavarder bêtement ? » (*Carité*, CXL, p. 75).

16. Rutebeuf, *Estat du monde*, vv. 56-58, éd. citée p. 385.

17. *Roman des Romans*, v. 404.

18. *Les ordres de Paris*, vv. 166-167 ; éd. de Rutebeuf p. 329.

19. *Complainte d'Outremer*, vv. 160-161 ; *ibid.* p. 449.

20. *Nouvelle complainte d'Outremer*, vv. 94 ; *ibid.* p. 500.

21. « qui a vos tenz nos iert tolue » ; *ibid.* vv. 110 p. 501.

22. Expressions employées par Marc Wilmet, *Le système de l'indicatif en moyen français*, Genève 1970, pp. 167-169. Les observations de cet ouvrage sur l'ensemble des emplois « expansifs » du futur sont très intéressantes, mais, comme il est fondé uniquement sur le dépouillement de pièces de théâtre, il ne rencontre pas les problèmes que posent nos textes moraux.

23. *Livre des Manières*, v. 689.

24. *Besant de Dieu*, v. 882.

25. *Bible* de Guiot de Provins, vv. 1555-1556.

26. Rutebeuf, *Nouvelle complainte d'Outremer*, vv. 336-337, p. 508.

27. *Roman de Carité*, str. CXXV.

28. *Roman des Romans*, vv. 448 et 462.

29. Nigel de Longchamps, *Speculum Stultorum*, éd. J.H. Mozley et R.R. Raymo, Berkeley 1960, vers 2051-2464, pp. 76-86.

30. Voir mon étude : « Les *Moniages* et la satire des moines aux XIe et XIIe s. », dans *Les chansons de geste du cycle de Guillaume d'Orange*, III : Les Moniages, Guibourc, Hommage à J. Frappier, Paris, 1983, pp. 209-237.

31. *Livre des Manières*, vv. 1011-1012.

32. *Bible* de Guiot de Provins, vv. 1721-1722 (repris vv. 1738-9).

33. *Ibid.*, V. 1788.

34. *Roman de Carité*, strophes LX à LXVI, éd. citée p. 33 à 36.

35. *Livre des Manières*, v. 865-868.

36. Juvenal, Satire III, vers 78. Le même auteur offrait aussi aux moralistes du Moyen Age des modèles de « récit typique » avec prédominance du futur, comme le tableau du riche bousculant la foule dans les rues de Rome (sat. III, 239-244) et celui de la femme superstitieuse recourant aux pratiques magiques (sat. VI, 522-529 ; cf. aussi 582-585 pour la superstitieuse pauvre).

37. *Roman des Romans*, v. 367-368.

38. *Les XV Joies de Mariage*, éd. J. Rychner, Genève-Paris 1963, p. 10 « puis vendra l'autre nuit, qu'elle se couchera... »

39. *Besant de Dieu,* v. 1121-1136, éd. citée p. 100 (ce passage se trouve aussi dans mon manuel *Français médiéval* (Paris 1972, 3ᵉ éd. 1981), p. 178-180, avec commentaire des *XV Joies.*

40. Voir les rapprochements faits par J. Rychner dans l'introduction de son édition, p. XXVII-XXIX, avec la *Manière de langage* ; il ne semble pas avoir pensé aux textes médicaux et juridiques.

41. Ed. P. Meyer (*supra,* note 5), vers 473-498 et 541-590. Sur le « récit typique » à futurs chez Juvénal, cf. *supra* note 36.

42. *Livre des Manières,* vers 913-932 (voir aussi vers 821).

43. Surtout *République,* VIII, 547-569 (éd. Chambry, *Œuvres,* tome VIII-2, p. 10-46).

44. *Carnets du Major Thompson,* Paris, 1954, par ex. ch. VII, p. 97 : « Au bout d'une heure, un Anglais dont vous venez de faire la connaissance vous invitera », etc.

Régine COLLIOT
(Université d'Aix-en-Provence)

Durée, moments, temps romanesques, d'après quelques intrigues des XIIe et XIIIe siècles.

Le temps médiéval, tel qu'il est noté dans les romans, épopées et nouvelles, échappe à l'exactitude chronologique, ainsi que l'a rappelé Jacques Ribard dans l'intéressant chapitre qu'il vient de consacrer à la symbolique du Temps[1] dans son récent ouvrage *Le Moyen Age, Littérature et Symbolisme* : du moins est-ce le cas presque général. Le temps des récits médiévaux est donc dominé par la relativité et par la subjectivité du conteur, sa sensibilité narrative. De nombreux exemples nous permettront d'illustrer ce premier constat. Nous nous bornerons à étudier quelques expressions narratives du temps dans certaines œuvres romanesques et à relever quelques procédés techniques concrétisant la temporalité.

C'est l'aspect de durée que nous aborderons en premier lieu. La durée des intrigues, très variable, n'est nullement proportionnée à la longueur des œuvres : l'histoire de la *Berte aus grans piés* d'Adenet le Roi[2] se déroule en une dizaine d'années environ, l'œuvre ne compte qu'un peu plus de 3 400 vers ; celle du *Mériadeuc*, dit aussi *Le Chevalier aux deux épées*[3], ne dure qu'une année à peine, mais elle est narrée en plus de 12 000 vers. C'est dire l'élasticité de ce temps narratif. Comment le déroulement déconcertant des deux récits est-il possible ? L'intrigue du *Mériadeuc* est bourrée d'incidents divers, disons qu'elle est foisonnante en faits et tournée vers l'action extérieure : l'analyse, la confidence y ont petite part. L'intrigue de *Berte* est beaucoup plus intériorisée et, parce que l'héroïne est une femme, beaucoup moins riche en incidents guerriers : à un stade où l'examen intime demeure bref, la durée dépend des actes accomplis plus que des intentions ou des pensées.

En fait, le conteur médiéval opère déjà un découpage de son temps : il éclaire à plein certains moments, capitaux à ses yeux, du récit, et alors ces moments sont étirés outre mesure ; au contraire, il fait entrer dans l'ombre des tranches de vie entières de ses personnages, auxquelles il refuse l'existence. Ainsi l'épisode de la forêt dans *Berte aus grans piés*[4], épisode capital, est relaté en plus de 600 vers et rempli d'incidents (il occupe dans le réel trois nuits et deux jours), tandis que les huit années d'exil de l'héroïne dans la maison du Voyer sont brièvement évoquées et en partie passées sous silence ; pour Adenet, certaines périodes peu utiles à l'action peuvent être occultées.

Donnons dans le *Mériadeuc* l'exemple d'une seule nuit, bourrée de faits et d'impressions, qui occupe 300 vers : c'est celle vécue par la pucelle Lore de Caradigan dans la « Gaste Capelle »[5], lieu maudit et terrifiant : la pucelle y pénètre seule pour une épreuve, elle se cache derrière l'autel avec son cheval, voit venir un chevalier porteur d'un mort, assiste à l'ensevelissement du mort ceint d'une épée, entend le discours d'adieu et les prédictions faites au sujet de l'épée par le compagnon du défunt, puis la clameur de deuil des amis du mort, qui veulent envahir la chapelle, elle les voit renvoyer par le fidèle du mort, se cache à nouveau derrière l'autel ; restée seule, elle déterre le cadavre, lui prend son épée, l'ensevelit à nouveau, dépose sur l'autel des « pastures » (des entraves pour cheval), objet merveilleux que le roi Ris lui avait ordonné d'y placer, reprend sur cet autel un morceau d'étoffe précieuse qui constituera la preuve de sa visite, adresse un dernier discours au mort... Tel est le récit détaillé de cette nuit « comble » : sa durée correspond à une expérience courageuse

qui valorise la jeune fille. Il en est de même pour les trois longues nuits vécues par Berte aux grands pieds dans la forêt du
Mans, les incidents y sont multipliés, elle échappe à la mort
machinée par ses assassins, elle rencontre des brigands qui
veulent la violer et s'entretuent, puis un ours gigantesque
qu'elle évite par un miracle, puis un ermite, puis Simon le
Voyer qui va la recueillir ; elle subit plusieurs orages et tempêtes, et formule enfin son vœu d'anonymat qui va influer
sur sa destinée pendant huit ans. Dans ces deux exemples, une
période très courte est démesurément étendue par la multi-
plicité des faits et, de manière exceptionnelle, par l'intensité
de la vie intérieure.

C'est ainsi que le narrateur « meuble » le temps.

Le temps décrit peut se présenter aussi sous un aspect
répétitif : un moment du temps revient, parallèle à un épisode vécu successivement par plusieurs héros. Dans le roman
arthurien du *Laurin*[6], une demoiselle, Jagonce, et ses pucel-
les attendent à trois heures de l'après-midi, chaque jour, les
chevaliers errants qui se présentent et qu'elles invitent à leur
banquet : c'est l'heure fatidique. Baudemagu, puis Laurin
seront ainsi conviés, non sans avoir au préalable l'un et l'autre
dormi trois jours et trois nuits à la Fontaine du Sommeil ; le
conteur joue avec le temps : l'épisode appartient en partie au
temps à éclipse (le sommeil imposé) qui échappe aux héros,
et au temps répétitif puisqu'ils vivent le même moment l'un
après l'autre. Enfin le temps est mystificateur : Laurin croit
n'avoir dormi qu'un jour complet et non pas trois : « Il s'apensa
que li sollaus ert la ou il estoit quant il fu descenduz entre lui
et Baudemagus et bien sot que il ot dormi un jour et une nuit
et de plus n'en sot il le compte »[7].

Signalons que ce temps aboli est poussé à l'extrême dans
le conte médiéval folklorique de *l'Oiseau d'Eternité* où un
jeune moine dort cent ans après avoir, entendu chanter un
oiseau merveilleux dans la forêt proche[8].

Le temps « recommencé » est souvent proposé au public
par le conteur médiéval : ce procédé devait susciter une sorte
d'envoûtement pour l'auditoire. Plusieurs héros abordent successivement des épreuves identiques. A la cour d'Arthur, dans
le *Mériadeuc*, de très nombreux candidats essayent de « des-

chaindre » l'épée que Lore de Caradigan porte à la taille : sans
succès[9]. Ou bien la même cour voit arriver un chevalier gravement blessé porté en litière, suivi, l'un après l'autre, de neuf
autres « navrés » dans neuf litières [10]. Et dans la suite du récit,
d'autres blessés se présenteront selon le même cérémonial :
ces reprises du temps ne sont pas répétitions superflues ; elles
possèdent une valeur poétique certaine, une valeur d'emprise.

Le temps « parallèle » peut être aussi utilisé avec art : ainsi
dans *La Châtelaine de Vergi*[11], la nuit d'amour du chevalier
et de la Châtelaine est doublée par la nuit d'attente et de guet
du duc de Bourgogne, qui, dans une attitude de semi-voyeur,
laisse s'écouler les heures nocturnes jusqu'à l'aube qui lui
ramènera le Chevalier, lui prouvant ainsi qu'il n'est pas amoureux de la Duchesse son épouse :

> *« Ilueques s'est issi tenu*
> *Toute la nuit, endementiers*
> *Que la dame et li chevaliers*
> *Dedenz la chambre en un lit furent*
> *Et sanz dormir ensamble jurent. »*

Fréquemment dans les idylles courtoises, les héros vivent
parallèlement le temps, unis, alors qu'ils sont séparés, par le
même souvenir amoureux. Ainsi Pierre et Maguelonne[12] pendant près de trois années d'épreuves : « Demourant donc
Pierre en la court du Soudan de Babillonne [...] avoit tousjours
son cueur en Maguelonne car il ne sçavoit a quelle fin estoit
devenue. » Ainsi Aucassin et Nicolette écartés l'un de l'autre
par les Sarrazins : l'écoulement du temps qui accable les
amants est conçu alors comme une épreuve morale qui con-
ditionne leur bonheur futur, ainsi que l'avait bien vu Jean-
Charles Payen dans son article « Le Bonheur dans la littérature française aux XIIe et XIIIe siècles »[13]. Le temps perdu pour
le bonheur immédiat n'est, en ce cas, pas inutile ; le présent
doit être sacrifié au futur. Le présent douloureux est la condition, souvent voulue par Dieu, de la félicité amoureuse définitive. La joie d'Amour sans fin ne saurait être immédiate :
elle se mérite par la séparation et les retards. Alors la pesanteur du temps est rendue par l'analyse que les héros pratiquent
de leur douleur.

Le temps peut être vécu, aussi, parallèlement par des

ennemis : ainsi huit années s'écoulent pour Berte aus grans piés dans une position humble, mais sereinement supportée, pendant que les traîtres qui l'ont évincée vivent dans un triomphe insolent, mais plein d'inquiétude. Cette double tranche de vie est décrite dans un contraste artistique réussi par Adenet le Roi.

La notion du temps parallèle nous conduit à un des aspects mythiques de son expression : la Roue de la Fortune. Le temps imparti à l'homme est cyclique : il se base sur l'alternance obligatoire des heurs et malheurs ; tous les humains passent par ces alternatives, suivant le mouvement de la roue qui les entraîne ; cette vision du sort est particulièrement nette dans l'aventure de Berte et de ses ennemis, placés tantôt au sommet, tantôt au bas de la roue, emportés par un mouvement à la fois parallèle et inverse du temps. Jean de Meung a longuement décrit ces alternatives des destinées dans *Le Roman de la Rose*.

En fait, l'attente, c'est-à-dire la perception douloureuse de l'écoulement du temps, est subie dans la littérature médiévale par un grand nombre de personnages : c'est même un état psychologique (lié peut-être à la réalité sociale) qui est particulièrement exploité par les conteurs ; depuis la Mal Mariée des *Lais* de Marie de France ou des *Chansons de Toile* qui passe sa vie à attendre l'homme qui viendra la délivrer d'une existence terne et sans amour, jusqu'à l'attente tragique d'Yseut par Tristan mourant, l'homme ou la femme qui se consume loin de l'être espéré en vain est un type romanesque extrêmement fréquent. Dans le *Chevalier aux Deux Epées*, Lore de Caradigan attend le retour de Mériadeuc depuis le premier épisode du récit jusqu'aux derniers vers de l'œuvre. L'attente développe toujours l'anxiété, ainsi que l'éprouve Lancelot dans *Le Chevalier de la Charette* :

> « *Mes trop li demore la nuiz*
> *Et li jorz li a plus duré*
> *A ce qu'il i a enduré*
> *Que cent autre ou c'uns anz entiers.* »[14]

La valeur toute relative du temps est ici mentionnée. Cependant les personnages qui se confient entièrement à la Providence et sont des manières de saints éliminent cette anxiété : ainsi Berte aux grands pieds ne souffre nullement de passer huit ans dans une position humiliée. Le mystique ne souffre pas du temps. Il ne connaît pas l'impatience.

Abordons la perception globale du temps chez les conteurs médiévaux, spécialement ceux des gestes épiques. Le conteur, on le sait, se présente comme omniscient. Il connaît et fait connaître non seulement le passé et le présent de sa narration, mais aussi l'avenir de ses héros : d'où un certain nombre de procédés spécifiques bien connus, les annonces, les anticipations, les prédictions qui installent une vision très haute et pour ainsi dire panoramique des destinées ; le conteur vit dans le temps global, concomitant et divin. Il rapproche des moments très éloignés de la vie, il annonce à l'avance trahisons et catastrophes, tout en laissant ses personnages dérouler jour après jour leur destin. Ainsi dans *Raoul de Cambrai*[15], l'auditeur sait très tôt que le sympathique Bernier est un danger mortel pour Raoul : « Elle ne sait pas, la noble Comtesse, quel funeste compagnon elle a donné à son fils ! », avertit le poète à propos d'Aélis, mère de Raoul. Et plus loin, Aélis s'écrie : « Raoul, c'est lui qui te tuera, j'en suis sûre, je te le prédis ». Si c'est plutôt le malheur qui est annoncé (il y en a de nombreux exemples aussi dans *La Chanson de Roland*), c'est parfois une issue heureuse qu'on entrevoit : ainsi le public sait très tôt grâce à Adenet que Berte sera, en dépit des obstacles, la mère du grand Charlemagne.

Le temps futur connu à l'avance pose le problème : comment échapper à la destinée ? Le conteur sait l'avenir, mais il ne résout rien. La prémonition existe pour le personnage lui-même : ainsi le Chevalier-Oiseau d'*Yonec*, dans les *Lais* de Marie de France, sait qu'il est destiné à mourir par son amour et qu'il ne peut éluder sa fin tragique[16]. Cependant il ne s'y dérobe pas. Ce n'est plus seulement le public qui est averti, mais le héros lui-même. Ou bien celui-ci est la proie d'intuitions surprenantes : ainsi Mériadeuc à la Gaste Capelle se saisit brusquement et sans raison des « pastures » déposés par Lore qui lui serviront à enchaîner plus tard le Roux du Val Périlleux ; mais sur le moment il ne sait pourquoi il agit ainsi[17].

Très souvent le héros mis en présence du contenu de son avenir (je pense au motif de l'Epitaphe Arthurienne, à Lan-

celot par exemple levant la dalle de sa tombe dans le cime-
tière irréel de *La Charette*) passe indifférent et muet ; il ne
fait aucun commentaire devant cet avenir dévoilé, alors qu'il
devrait savoir qu'il le concerne, puisque seul le héros prédes-
tiné a la possibilité de lire l'épitaphe ; curieusement il n'utilise pas le futur qu'une puissance surnaturelle lui fait
connaître.

Mais il nous faut parler des « moments », fragments de
temps euphoriques. Pour les personnages médiévaux le temps
s'arrête parfois, leur permettant simple réflexion, ou absence
d'eux-mêmes, ou, plus subtilement, conscience que le moment
qu'ils vivent est privilégié : dans le *Mériadeuc*, nous voyons
à plusieurs reprises le roi Arthur (le roi statique de la tradition celtique) baisser la tête et réfléchir sombrement, soit
parce que la cour est sans aventure, soit parce que la situation le préoccupe ; le roi Ris d'Outre-Ombre, son ennemi, se
présente dans la même posture de méditation attentive.
Arthur apparaît aussi absent de lui-même quand Perceval
vient le trouver à son banquet. Pour ces rois, il s'agit d'expec-
tative, d'attention extrême au futur, et en effet l'aventure
se déclenchera, presque suscitée par leur concentration men-
tale. D'autres héros goûtent un moment privilégié dans une
perception active : Gauvain dans le *Mériadeuc* part au petit
matin, seul dans la fraîcheur d'une aube dont il savoure les
délices — chants d'oiseaux, soleil levant, herbe et campagne
reverdies — (c'est le thème de l'aube, moment de la reprise
de la vie et des envols vers l'action) jusqu'à l'instant où par
une originalité du conteur, cette belle aube s'avère au contraire piège de mort, car Gauvain rencontre le féroce Brien
des Illes qui le laisse agonisant au pied d'un arbre splendide[18].
Le thème classique de l'aube est ici inversé, c'est l'heure du
malheur, mais aussi du destin, car Gauvain, guéri, se lancera
dans une poursuite vengeresse contre Brien. De même le repos
de Mériadeuc dans une verte prairie arrosée d'une « fontaine »
va lui faire découvrir l'épée sanglante qui lui donnera la clef
de son identité.

Donc le conteur médiéval isole tableaux et scènes qui sont
moments déterminants du destin et il juxtapose dans sa composition des fragments d'existence ; les personnages échap-

pent parfois pendant des années au récit : nous ne savons
presque rien des cinq années vécues par Perceval avant sa
pénitence du Vendredi-Saint. Ce sont les temps morts de
l'action. Adenet le Roi ne s'intéresse dans la vie de Berte aux
grands pieds qu'aux sommets tragiques qui forment les mail-
lons de la trame folklorique : substitution, enlèvement, tentative de meurtre, confusion des traîtres ; ces moments sont
illustrés par des scènes orientées vers un paroxysme : par
exemple le moment où Blanchefleur, mère de Berte, découvre les pieds d'Aliste, la fausse reine, mettant au jour du même
coup toute la trahison : c'est l'*akmè*, selon le terme grec, du
drame. *Raoul de Cambrai* offre la même composition, faite
de fragments d'action intenses alternant avec des périodes de
vie quasi occultées et des situations de compromis. L'incen-
die du moutier d'Origny est conté dans toute son horreur ; on
sait peu de chose de la longue vie conjugale de Bernier et de
Béatrix. L'épopée de Raoul de Cambrai qui multiplie les anticipations épiques et les entrelacements des temps offre par
ailleurs un exemple symptomatique de « temps global » épique.

C'est souvent l'amour qui confère un caractère d'intensité exceptionnel au moment vécu parfois jusqu'à l'extase,
c'est-à-dire jusqu'à l'abolition du temps : l'état d'absence au
monde où plonge Perceval contemplant les gouttes de sang
sur la neige est bien connu[19]. La même sentation de l'exceptionnel est éprouvée par le Chevalier dans *La Châtelaine de
Vergi* : le jeune homme s'abandonne à une analyse lyrique et
assez rare en goûtant cette nuit amoureuse qui se « perd » dans
le temps :

> « *Tant li plest la vie qu'il maine,*
> *Que se nuis devenoit semaine*
> *Et semaine devenoit mois,*
> *Et mois uns ans, et uns ans trois*
> *Et troi an vint, et vint an cent,*
> *Quant vendroit au definement,*
> *Si voudroit il qu'il anuitast*
> *Cele nuit, ainz qu'il ajornast.*
> *Et en itel pensé estoit*
> *Icil que li dus atendoit.* »[20]

Un moment privilégié célèbre est l'unique nuit d'amour de

Guenièvre et de Lancelot dans *Le Chevalier de la Charette* de Chrétien de Troyes : le conteur a insisté sur le caractère isolé de cette nuit, qui ne recommencera pas dans le récit[21]. L'exception dans le temps valorise en ce cas le bonheur flamboyant, lui retire toute banalité en ne l'installant pas dans le quotidien : on sait qu'au contraire la longue liaison de Tristan et Yseult connaîtra des phases de lassitude, après l'épisode du Morois par exemple.

Relisons le commentaire de Chrétien de Troyes sur la nuit d'amour de Lancelot :

> « ... *Il lor avint sanz mantir*
> *Une joie et une mervoille*
> *Tel c'onques ancor sa paroille*
> *Ne fu oïe ne seüe...*
> *Molt ot de joie et de deduit*
> *Lanceloz, tote cele nuit.*
> *Mes li jorz vient qui molt li grieve...*
> *Au lever fu il droiz martirs.* »[22]

On a signalé depuis longtemps que si l'aube marque le départ pour l'action, le soir invite au contraire le chevalier à chercher un asile, un gîte, qui lui permettra de ne pas passer dangereusement la nuit au dehors, nuit consacrée au sommeil la plupart du temps et donc échappant à la durée ; cependant, les nuits « à la belle étoile » sont nombreuses aussi bien dans le *Mériadeuc* que dans le *Laurin*. Même les dames peuvent y être exposées : dans ce cas on dresse des tentes, quand on en possède, on choisit la proximité d'une « fontaine », les sergents rapportent quelque venaison ; à défaut de « pavillons » on accumule branchages et herbes fraîches[23]. Certains romans décrivent des chevauchées nocturnes qui débouchent sur le fantastique ; ainsi celle de Laurin et de ses amis pendant laquelle, sous un clair de lune étrange, les chevaliers assistent à la grande lutte entre les guerriers rouges et les guerriers blancs, qui ne sont que des fantômes, cavaliers du Mal et du Bien : « La lune estoit levée assez tost après, par quoi on voit plus cler en l'air [...] Il ont veü du bois issir une friente de chevaus et une froisseïs si grant que il sambloit bien que il fussent mil chevaliers ». Après la minuit, combattants et chevaus s'évanouissent[24]. Autre nuit fantastique, celle vécue par

la pucelle de Caradigan, « nuit épaisse » où elle rencontre successivement orage, lions, ours, éclairs, arbres déracinés, hommes noirs jouant avec la tête d'un mort, nuit où « elle ne peut
même pas distinguer les oreilles de sa mule » :

> « *Et la nuis fu laide et tourblée*
> *Et espesse si a merveilles*
> *K'ele ne pot neis les oreilles*
> *De sa mule très bien coisir.* »[25]

Certes les nuits « amoureuses » des *Lais* et romans sont d'une
autre nature, accompagnées parfois du chant du rossignol (*Le
Laostic* de Marie de France) ou celles vécues par Tristan et
Yseult au bord de la source où Marc les épie : mais elles appartiennent au temps de la répétition, répétition éphémère car
elles éveillent la jalousie des maris, qui y mettent fin.

Quant à l'heure du couchant, elle marque bien souvent
déjà l'entrée dans le fantastique : on citera dans le *Laurin* ces
couchers de soleil abordés successivement par Laurin et Baudemagu, où ils croient voir dans l'éloignement un château
qu'ils comptent atteindre bientôt et qui s'éloigne à mesure
qu'ils s'en approchent ; dans la lueur du crépuscule, se dessine le château inaccessible ; c'est l'heure des mirages où le
temps normal perd sa solidité, ainsi que l'espace : « Il ont
esgardé de loin, quar li jours estoit biaus et clers, et virent un
chastel a merveilles haut, ce leur sambla, et bien sambloit, que
il touchast aus nues [...] Il ont chevauchié jusques a la nuit,
et com plus aloient, mains l'aprochoient »[26].

Jacques Ribard a mis en évidence la valeur symbolique,
et donc matériellement fausse bien souvent, des datations :
heures de prime, de none, de vêpres. J'y ajouterai le temps
imparti à la convalescence des héros gravement blessés dans
le *Mériadeuc* : huit jours pour les soins de grande urgence
(Dieu a créé le monde en six jours, l'homme, ce microcosme,
se répare en huit jours), trois semaines pour la guérison définitive, cela quelles que soient les blessures et les héros. Il s'agit
là d'une convention du temps. On pourrait dire aussi qu'on
entre dans le temps irréel quand on aborde l'âge des grands
personnages médiévaux : le temps n'a pas d'emprise sur eux ;
plus ils sont célèbres, moins ils sont atteints par les dégâts de
l'âge. Chacun sait que le vieux Charlemagne se bat comme un

jeune homme ; sa verdeur est sujet de discussion émerveillée chez les païens ; mais plus surprenant est le cas des grandes figures arthuriennes de *La Mort Artur*[27] dont le nombre d'années est chiffré par le conteur (92 pour Arthur, 76 pour Gauvain, 56 pour Lancelot, 50 pour Guenièvre) et qui sont toujours aussi séduisants et forts, aussi passionnés également ; le jongleur semble s'en étonner lui-même, comme le prouvent quelques réflexions naïves.

La méditation romantique sur l'écoulement du temps, sur le « temps perdu », si fréquente chez les poètes du XIXe siècle, se présente rarement dans les œuvres médiévales ; il faudra attendre le XVe siècle pour trouver exprimée avec intensité cette perception de la fuite inutile du temps, donc de la vie ; certes les Mal Mariées qui voient passer leur jeunesse sans amour et sans bonheur signalent et déplorent déjà au XIIe siècle le gâchis des années perdues à jamais ; ainsi se lamente l'héroïne d'*Yonec,* prisonnière de son vieux mari : « Je ne peux même pas me rendre à l'église et entendre l'office divin.Si seulement je pouvais voir des gens et aller me divertir avec eux ! »[28]. Mais il s'agit ici d'une vue égotiste du temps plutôt que d'une vision philosophique générale comme chez Villon ou Charles d'Orléans à la fin du Moyen Age.

Le temps médiéval est traité par les conteurs selon une technique subjective, parfois mystique, qui n'est pas identique dans toutes les œuvres, même si l'on peut relever des constantes. Le tempérament du narrateur entre en jeu, sa sensibilité, sa propre vision du déroulement de la vie et de la destinée. Mais toujours, le conteur néglige le découpage mathématique du temps pour lui substituer un agencement plus souple et plus poétique des existences héroïques.

Toutes ces observations conduisent à penser que le temps médiéval est plus illimité que limité, plus cyclique qu'unique. Tel il apparaît déjà incarné dans les deux belles mosaïques récemment découvertes dans les fouilles de l'Arles romaine dirigées par J.-M. Rouquette, conservateur du Musée Réattu : le Temps y est figuré non comme un vieillard armé de la faux, mais comme un beau jeune prince dans la force de l'âge, couronné de feuillages verdoyants, porteur d'une longue canne dorée qui lui sert de sceptre, entouré des médaillons des quatre saisons : c'est bien l'Aiôn opposé au Kronos. Tel il devait continuer à hanter inconsciemment à travers les siècles, les esprits médiévaux.

NOTES

1. Jacques RIBARD, *Le Moyen Age, Littérature et Symbolisme*, Collection Essais, Champion, Paris, 1984. « La Symbolique du Temps » pp. 114-133.

2. ADENET LE ROI, *Berte as grans piés*, édition critique par Albert Henry, Droz, Genève, 1982.

3. *Mériadeuc*, ou « *Li Chevaliers as deus espées* », Altfranzösischer Abenteuerroman, publié par Wendelin Foerster, Halle, 1877, réédition Editions Rodopi, Amsterdam, 1966.

4. *Berte as grans piés, op. cit.*, vv. 518-654 :

> « *Tant k'en un bois s'envinrent haut et grant et plenier*
> *C'est la forest dou Mans, ç'ai oÿ tesmoignier* »

Puis vv. 705-1186.

5. *Li Chevaliers as deus espées, op. cit.*, vv. 645-935.

6. *Le Roman de Laurin, fils de Marques le Sénéchal*, edited by Lewis Thorpe, Cambridge, 1958. Lignes 7259-7333, et lignes 7615-7660.

7. *Op. cit*, ligne 7612.

8. Paul SEBILLOT, *le Folkore de France*, Paris, 1904 et Roger DEVIGNE, *Le Légendaire des provinces françaises*, Paris, 1950.

9. *Li Chevaliers as deus espées, op. cit.* L'épreuve commence au vers 1289, s'achève au vers 1472 : se présentent successivement Keu, Yvain, Dodiniel, puis 20 000 chevaliers anonymes.

10. *Chevaliers as deus espées*, v. 1902 :

> « *Et une litière menoient*
> *Couverte d'i vermeil samit,*
> *S'erent doi palefroi petit*
> *Atelé devant et deriers.*
> *Dedens gisoit uns chevaliers*
> *Ki navrés ert d'un tronc de lance.* » (vv. 1907)

Puis du vers 1920 au vers 2080 les neuf autres litières défilent.

11. *La Chastelaine de Vergi*, poème du XIIIᵉ siècle, édité par Gaston Raynaud ; 3ᵉ édition revue par Lucien Foulet, Paris, 1921, vv. 419-434. Et vv. 461-465.

12. *L'Ystoire du vaillant chevalier Pierre, filz du Conte de Provence et de la Belle Maguelonne*. Texte du manucrit S IV 2 de la Landesbibliotek de Cobourg (XVe siècle) édité par Régine Colliot, Editions CUER MA. *Sénéfiance* n° 4, Aix-en-Provence et Paris, 1977. Chap. XXIX, p. 45. Voir aussi p. 44. « Et Maguelonne demeura moult triste et doulente et se mist au genoulx devant l'autel de Sainct Pierre en priant Dieu et le prince des apostres qu'il le voulsist conduyre a saulvement entre ses amis s'il estoit vif et s'il estoit mort, qu'il voulsist avoir mercy de luy. »

13. Jean-Charles PAYEN, « Le Bonheur dans la littérature française aux XIIe et XIIIe siècles » in *Romanistische Zeitschrift für Literaturgeschichte ; Cahier d'Histoire des Littératures Romanes*, Année 1980, pp. 11-12.

14. Chrétien de Troyes, *Romans*, Tome III, *Le Chevalier de la Charette*, édité par Mario Roques, Paris, 1967, vv. 4536-4569.

15. *Raoul de Cambrai*, chanson de geste du XIIIe siècle renouvelée par Paul TUFFREAU. Paris, 1924, p. 24 et p. 46. De même, p. 201, quand Gerri le Sor et Bernier partent pour Compostelle, Béatrix pleure : « Son cœur lui dit qu'elle ne reverra plus ni l'un ni l'autre dans cette vie mortelle. » Voir *Raoul de Cambrai*, chanson de geste publiée par P. MEYER et A. LONGNON, Paris 1882 :

> « *Miex li venist, ce saichiés par verté,*
> *q'il li eüst le chief del bu sevré,*
> *Car puis l'ocist a duel et a vilté.* » (vv. 389-391)

16. Marie de France, *Les Lais*, publié par Jean Rychner, Paris, 1978.

> « *Si ceo avient cum jeo vus di*
> *E nus seium issi trahi,*
> *Ne m'en puis mie departir*
> *Que mei n'en estuce murir.* » Yonec (vv. 207-210).

17. *Chevaliers as deus espées*, op. cit., vv. 7458-7465.

18. *Chevaliers as deus espées*, op. cit., vv. 2635-2740 et 2741-3060.

19. Chrétien de Troyes, *Perceval le Gallois ou le Conte du Graal*, mis en français moderne par Lucien FOULET, Paris, 1974. Voir tout le chapitre VII, pp. 96 à 104.

20. *Châtelaine de Vergi*, op. cit., vv. 453-465.

21. *Chevalier de la Charette*, op. cit., vv. 4716-4718 :

> « *Au departir a sploié*
> *A la chanbre, et fet tot autel*
> *Con s'il fust devant un autel.* »

22. *Op. cit.*, vv. 4676-4689.

23. *Chevaliers as deus espées*, op. cit., vv. 8815-8844.

24. *Roman de Laurin*, op. cit., p. 211, lignes 8740-8750.

25. *Chevaliers as deus espées*, op. cit., vv. 646-649.

26. *Roman de Laurin*, op. cit., p. 210, lignes 8700 à 8705.

27. *Chevaliers as deus espées*, op. cit., pour la guérison du Roi Ris, v. 2306-2311 et de Gauvain, v. 2378-2383, et 3447-3449. Pour l'âge des héros

Bernard GUIDOT
(Université de Nancy-II)

Mesure du temps et flou chronologique dans quelques chansons de geste du XIIIᵉ siècle

« Perdre son temps » est une hantise de notre siècle. La course effrénée dans l'existence conduit l'homme moderne à effleurer la vie pour se précipiter au-devant de la mort. Comme l'a montré J. Le Goff, le Moyen Age ignore cette perversion destructrice. Les hommes, alors, vivent au rythme du monde, leur cœur bat à l'unisson de la nature, dans une harmonie spontanée, vivante, sans distorsion particulière. R. Delort a complété ces vues en soulignant que « ce n'est que sur la fin du Moyen Age que commença à se produire... la grande mutation intellectuelle, l'avènement définitif des heures égales entre elles, déterminées par rapport au temps universel...[1] ». Nous n'en sommes pas là au début du XIIIᵉ siècle, période dans laquelle nous avons choisi quatre œuvres du Cycle de Guillaume d'Orange[2] et pas davantage dans le dernier quart du XIIIᵉ quand sont rédigées les *Enfances Garin de Monglane*[3].

Compte tenu de la mentalité de l'époque et du caractère spécifique de la chanson de geste qui, au XIIIᵉ siècle comme aux origines, reste un art de suggestion et de simplicité prenantes, nous pouvons nous interroger sur les rapports qui existent entre la temporalité et ce type de création littéraire[4].

Comment les trouvères ressentent-ils le temps qui s'écoule ?
Comment l'apprécient-ils ? De quelle manière l'utilisent-ils
dans leurs récits et quel rôle lui réservent-ils ? Le rapide bilan
que nous allons dresser devrait nous conduire à proposer des
explications reposant sur l'état d'esprit des créateurs et la
fixité des structures mentales héritées de la tradition, ainsi
que des interprétations qui mettront en évidence la valeur
représentative, voire symbolique, de certaines notations
temporelles.

*

*   *

Tenter d'apporter les premiers éléments de réponses aux
questions que pose notre sujet, équivaut à distinguer d'abord
temps réel et temps du récit et à se demander si ce dernier
se fonde sur des conceptions saines et se caractérise par la
cohérence[5].

Les différentes mentions des grandes fêtes religieuses semblent autant de jalons apparemment sûrs. A priori, il est séduisant d'établir un parallèle avec les romans courtois où la réunion de la Cour autour du roi le jour de la Pentecôte constitue
fréquemment le thème liminaire. En fait, les exemples rassemblés dans nos œuvres prouvent simplement que dans la
société épique, fondamentalement religieuse, les grandes
dates de l'année chrétienne sont des repères commodes, d'un
usage spontané, mais dépourvus de signification réelle pour
ce qui est de la chronologie[6]. D'ailleurs, les poètes préfèrent
nettement les fêtes qui se situent à la belle saison — Pâques
et la Pentecôte — et négligent à peu près totalement Noël.
Dans la *Mort Aymeri de Narbonne,* l'arrivée à la Cour de Gautier de Termes, véritable incarnation du Destin, se situe à la
Pentecôte (vv. 23-24) mais cet ancrage temporel n'a pas plus
de valeur signifiante que la mention de Pâques, dans le *Siège
de Barbastre,* comme jour choisi par Aymeri pour léguer son
fief à son neveu (vv. 7386-7389) ou, à plusieurs reprises, celles de Pâques et de la Pentecôte dans les *Enfances Vivien*[7].
D'intérêt limité, la mention des fêtes religieuses est une simple intrusion formulaire dans le registre épique.

Examinés du point de vue du temps, nos textes révèlent d'importantes zones d'ombre qui caractérisent en particulier les récits de déplacements et de voyages[8]. Nous ne surprenons pas toujours les trouvères en flagrant délit d'erreurs manifestes, mais ils pèchent fréquemment par omission. Le *Siège de Barbastre* fournit des indications réduites, mais plausibles, pour la jonction Barbastre-Cordres[9], mais aussi pour le voyage de l'armée française d'Orléans à Narbonne[10]. Celui des troupes chrétiennes de Narbonne à Barbastre autorise même le rassemblement de renseignements chronologiques qui s'approchent d'un semblant de jalonnement, quoique des inconnues subsistent[11]. Le poète des *Enfances Guillaume* est d'une discrétion absolue sur la durée des voyages qu'il mentionne, ainsi pour ceux de l'émir Thiébaut[12]. La *Mort Aymeri de Narbonne* préconise une technique rigoureusement identique :

> *Tant a au soir et au matin erré*
> *A granz jornees et a malvès ostés,*
> *Qu'il est venuz a Loon la cité.*   (vv. 498-500)

Le récit des autres déplacements, relativement nombreux, est parfaitement conforme à cette loi du silence. L'attitude du trouvère des *Enfances Vivien* a oscillé entre deux tendances qui, finalement, aboutissent à un résultat voisin, sinon comparable. Pour quelques voyages, le texte fournit des notations chronologiques fragmentaires, isolées. Nous ignorons ainsi la durée du trajet entre Salindrez et Luiserne, mais nous savons que Vivien et ses marchands ont passé une nuit en mer (*B 1*, vv. 1541-1543). Le voyage des armées du roi en direction de Luiserne est jalonné par quelques précisions temporelles sans conséquences réelles sur le développement de l'intrigue : une halte d'une nuit à Orléans (vv. 3355-3357), puis huit jours se passent entre le départ des bords de la Quasse et la rencontre avec Robert de Sézile (vv. 3370-371). D'un autre côté, certains trajets sont mentionnés sans que le poète ait jamais éprouvé la nécessité de préciser leur ampleur chronologique[13]. La narration alors survole allégrement la réalité, le temps épique devient impalpable, totalement irréductible au temps réel. Dans le dernier quart du XIIIe siècle, les *Enfances Garin de Monglane* accentuent encore cette imprécision. Lorsque les

complices d'Ostrisse laissent s'éloigner la duchesse Flore,
l'œuvre dit simplement :

Tant alla la duchoise que prez fu d'avesprer (v. 455)

et deux vers anodins accompagnent Garin qui se rend de la
petite ville en Acquittaine :

Des ores s'en va Garin a le chiere hardie ;
Par devers Acquittaine a sa voye accueillie.

(vv. 4553-4554)

Le texte contient d'autres détails isolés mais insuffisants pour
que soit établie une continuité chronologique fondée sur une
progression narrative qui serait planifiée. Les brisures temporelles sont aussi irrégulières que constantes. Une telle dispersion , une telle précarité documentaire, conduisent logiquement à s'interroger sur la possibilité d'établir une chronologie interne dans les chansons de geste du treizième siècle.

*
* *

En fait, les relevés effectués, les vérifications et confrontations auxquelles nous nous sommes livré nous ont permis
de mettre en évidence ce que nous avons été tenté d'appeler
un cadre temporel à géométrie variable. A certains moments
nous sommes obligé d'évaluer grossièrement le temps qui
passe en nous référant à la durée supposée des événements,
mais parfois aussi l'abondance trompeuse de notations sans
conséquence ne saurait dissimuler la parfaite inanité de leur
apport narratif.

Il est à peine nécessaire de mentionner une collection
d'expressions à valeur circonstancielle qui foisonnent dans une
grande partie de nos textes. Elles se signalent à la fois par de
nombreuses occurrences et par l'insignifiance temporelle[14].
Aucun de ces compléments n'aide à la constitution d'un chronologie interne qui soit susceptible de satisfaire notre sens logique. Il s'agit d'illusion formulaire et d'insouciance narrative.

D'un autre côté, des narrations chiffrées, apparemment
plus séduisantes, conduisent elles aussi à une déception sensible car elles ne sont pas, dans le récit, relayées par d'autres

indications qui confirmeraient une certaine planification des réalités temporelles. Le trouvère raconte en se fiant à une inspiration changeante et non contrôlée, il crée « à sauts et à gambades » : dans le *Siège de Barbastre*, Girart se souvient que les Sarrasins entourent la forteresse depuis quinze jours (vv. 1885-1886), lors du conflit entre le roi et la geste, Louis reste huit jours sans reparler de la rupture[15]. Dans les *Enfances Guillaume*, la garnison de Narbonne n'a pas mangé depuis trois jours (vv. 2034-2035, 2123), Elisant a perdu son père deux mois auparavant (v. 3382). Certaines indications de la *Mort Aymeri de Narbonne* sont dignes de confiance, parce que le texte de l'œuvre ne les infirme pas, mais elles constituent un cadre chronologique d'une souplesse extrême, sans continuité et sans cohérence : on sait ainsi que l'espion sarrasin séjourne un mois à Narbonne[16] et que l'agonie d'Aymeri se prolonge durant quatre jours (vv. 203-4, 464-5, 599-601). *Les Enfances Vivien* offrent nombre de détails, certes jamais démentis ultérieurement, mais sans conséquence aucune sur le plan narratif : Robert de Sezile serait resté de douze à quinze jours à Luiserne (vv. 3388-3390), Vivien demeure deux ans auprès de son père dans la même cité (vv. 4734). Mais les trouvères étant totalement dépourvus du sens de la prévision temporelle, leur récit ne pouvait manquer de contenir des disharmonies et des contradictions internes.

Sans être fondamentalement gênants pour une lecture cursive, certains désaccords temporels notoires illustrent ce que nous appelons « flou chronologique » et heurtent nos conceptions modernes qui répugnent à cette élasticité déconcertante, allant de pair, dans la chanson de geste, même au XIIIe siècle, avec la présentation des paysages et des constructions humaines dont la simplicité, la sobriété, ne seraient pas désavouées par les auteurs dramatiques de l'âge classique[17].

L'action du *Siège de Barbastre* commence à Narbonne, le jour de la Pentecôte, ainsi que l'affirme le vers 6, repris en substance par les vers 47-48. Lorsque les messagers d'Aymeri, à la recherche du roi Louis, finissent par le retrouver à Orléans, on leur déclare qu'il doit se faire couronner le lendemain, jour de Pentecôte (vv. 3629-3630). Or la chanson n'hésite pas à préciser non plus, quelques vers plus loin, que nous sommes vendredi et que, donc, le lendemain, jour de Pentecôte, est un samedi (v. 3633-4, 3636-7). Si l'on peut, à la rigueur, admettre que « Pentecoste », dans une acception élargie, signifie « vigile de Pentecôte », en revanche, le désaccord est clair avec les vers 6 et 47-48, car il est certain qu'une année ne s'est pas écoulée depuis le début de l'œuvre. L'une, au moins, des notations chronologiques est inexacte.

La mention répétée de la fête de Pâques peut déboucher sur une imperfection narrative. Ainsi, les *Enfances Vivien* placent ce jour-là l'arrivée du messager de Garin à Anseüne :

> *A Anseüne vint a I jor de Pasques*
> *En son palais a trove dame Huistasse.*   (vv. 149-150)

Ce point du récit est en contradiction probable avec un passage subséquent. Dame Uistace, désespérée à l'idée du sacrifice de Vivien, s'adresse passionnément à celui-ci en imaginant la tristesse de Pâques sans lui :

> « *Or vendra Pasques une feste par ci*
> *Cil damoisel sont chaucie et vesti...*
> *Ne vous verrai ne aler ne venir* ».   (vv. 411-412, 416)

L'incohérence chronologique est certaine si la comtesse fait allusion à une cérémonie proche — ses propos ne l'interdisent pas — ; au contraire, elle disparaît si la mère de Vivien songe à un jour de Pâques simplement situé dans l'avenir. La solution n'est pas impossible.

La conciliation des données temporelles est souvent délicate à l'intérieur d'un seul manuscrit. A l'évidence, elle l'est bien davantage d'une copie à l'autre : les manuscrits B1, A2, D, C[18] sont d'accord pour dire que le marchand Godefroi est revenu peu de temps après le retour de Mabile et Vivien, mais ils divergent quant au moment précis que chacun d'entre eux s'efforce d'indiquer. Quelques jours ? Quinze jours ? Un mois ?[19]. A cet égard, nos textes du XIIIe siècle restent proches du *Roland* d'Oxford à propos duquel M.Th. de Medeiros, parlant de « brouillages chronologiques » et notant des contradictions d'ordre temporel entre certaines laisses, a pu écrire que « la liberté vis-à-vis de notre exigence chronologique peut aller... jusqu'à ignorer toute temporalité »[20].

Le trouvère des *Enfances Garin de Monglane* ne s'est pas

démarqué des procédés mis en œuvre par ses prédécesseurs. Il est peu soucieux d'une bonne corrélation entre les allusions aux différentes fêtes liturgiques. Le texte dit d'abord que le siège de Rochemont par les troupes de Thierry a duré trois mois, ce qui conduit les événements aux environs de la Saint-Jean[21]. Aussitôt après la chute du château, le roi lombard se rend sous les murs d'Acquittaine (vv. 800-803). Pourtant le récit place la bataille pour la conquête de la ville « droit aprez Pasques ou joly mois d'avril » (vv. 818-820, 824-825). La prise d'Acquittaine permet à Thierry de rester dans la région jusqu'à la Saint-Jean (vv. 998-9). Cette fois, si la cohérence chronologique est possible avec les renseignements fournis par les vers 818-820, elle est exclue si l'on se souvient du contenu des vers 661-663. La même chanson recèle une autre inconséquence temporelle à peu près certaine, due à une accumulation, d'ailleurs inutile pour la progression du récit, de renseignements relatifs à l'âge de personnages : Garin commence à s'instruire vers six ans (vv. 531-533), Gérin et Anthiaume vivent jusqu'à quinze ans au service du sénéchal Gaudin (vv. 1247-1248). Deux autres passages ne concordent pas avec ces renseignements : les vers 1581-83 affirment que Gérin et Anthiaume avaient un an quand leur mère fut contrainte de les quitter, mais au moment où Savary est fait prisonnier par les Lombards, ils seraient âgés de sept ans (vv. 960-961). La conciliation de ces éléments temporels n'est possible que si le roi Thierry a mis six ans pour venger sa fille. Ce n'est guère plausible.

Ainsi, à la différence de ce que l'on peut aisément constater dans le roman en prose à la suite d'Alexandre Micha[22], établir une chronologie interne pour une chanson de geste reste, au treizième siècle, une gageure. A cet égard nous ne pouvons souscrire à l'opinion de Mme L.D. Wolfgang qui décrète[23], à propos du *Roland* d'Oxford, qu'il existe une chronologie interne « précise, fondamentale et organique ». C'est une illusion pure et simple. Même en ce qui concerne l'épisode de Baligant, l'organisation temporelle de la *Chanson de Roland* n'est pas évidente, puisque C. Segre situe la nouvelle bataille un jour après celle de Roncevaux et A. Burger deux jours[24]. De ce point de vue, le genre épique n'a pas évolué au

XIII⁰ siècle. La progression temporelle reste instinctive, dépourvue de prévision réfléchie, souvent constituée de bribes de renseignements qui nous réduisent aux conjectures. Il s'agit pour un esprit moderne d'un rythme temporel déconcertant et balbutiant.

*

*   *

Dans une dernière étape, nous souhaitons nous interroger sur les causes de ce statut qui est réservé au temps dans la chanson de geste depuis les origines, pour tenter de proposer quelques explications et suggestions.

Il est certain que le monde littéraire a sa propre réalité, que chaque œuvre possède ses règles de fonctionnement et la conception du temps ne saurait échapper à cette originalité fondamentale[25]. Les poètes n'éprouvent à son encontre aucune espèce de hantise. De ce point de vue leur état d'esprit peut être caractérisé par l'insouciance et même par un soupçon de désinvolture. Alors, certaines facilités temporelles s'expliquent par des habitudes de langage et de pensée que nos créateurs épiques, au XIII⁰ siècle, n'éprouvent pas le besoin de bousculer. On l'a constaté, l'insertion périodique des grandes fêtes religieuses dans le récit relève de ce type de pesanteur[26], ainsi d'ailleurs que la référence bien connue au mois de mai. Elle ne garantit aucun ancrage chronologique solide mais constitue un procédé de rapprochement de thèmes et de valeurs, un point de convergence et de focalisation, familier et séduisant pour l'esprit médiéval, satisfaisant pour le lecteur moderne. La mention du mois de mai, qu'il s'agisse de la *Mort Aymeri de Narbonne* ou des *Enfances Garin de Monglane,* n'est qu'un écho, marqué au coin de la banalité formulaire, d'une longue tradition bien connue qui, dans la Geste, remonte au *Charroi de Nîmes* et à la *Prise d'Orange*. Mai associe au renouveau de la nature le bonheur ou la nostalgie de protagonistes, émus par un sentiment amoureux ou le pressentiment d'événements extraordinaires qui vont peser sur leur destin. L'apparition du mois de mai dans la narration continue d'être dépourvue de tout intérêt temporel mais elle est lourde d'affectivité et libère l'imagination.

Art sans complications inutiles, la chanson de geste offre parfois des passages où des notations chiffrées se répondent en parallèles lancinants. Les prendre au pied de la lettre serait une erreur. Elles ont, comme dans le *Departement des Fils Aymeri*, un rôle essentiellement structural :

> *Uit jors sejornent deleiz le duc Naimmon,*
> *Au nuevime s'an part et o lui seu bairon...*
> *Uit jors durerent les noces voireman*
> *Et a nuevime, sans nul aresteman,*
> *S'an part dus Bueves et sa fame assimant...*

> (vv. 3274-5, 3397-9)

Leur martèlement, faussement précis, souligne vigoureusement la similitude qui signale la destinée des deux Aymerides et illustre déjà, d'une certaine manière, ce que nous pourrions appeler la séduisante rondeur des nombres dont d'autres exemples montrent mieux encore les puissants attraits.

L'examen des textes auquel nous nous sommes livré fait ainsi apparaître le retour curieux de la période d'un an. Celle-ci trahit surtout un pouvoir de suggestion. Cette durée équivaut simplement à une longue séquence narrative et doit être accueillie avec réserve et scepticisme. Si l'on en croit Hunaut le Breton, lors de son retour dans le Narbonnais, il y a un an que Beuves et ses fils ont été emmenés à Barbastre (vv. 3444-5). Le même messager s'appuiera sur les mêmes données temporelles peu après, devant Louis. Pourtant jamais le récit des événements qui se sont déroulés à Barbastre n'a laissé l'impression d'une telle durée. Dans les *Enfances Guillaume*, quand le héros envisage une absence d'un an, c'est encore un recours à une donnée arrondie, comme le serait à nos yeux la mention de « sept ans » ou de« cent ans » pour une longue période. La signification est bel et bien d'ordre affectif. Pour la *Mort Aymeri de Narbonne*, c'est toute la structure narrative qui repose sur cette période, prévue au départ, qui sépare la terrible prédiction du Juif Saolin et son accomplissement. Cette sorte de respect du trouvère pour une manière d'unité de temps laisse une vive impression, pourtant aucune confirmation sérieuse n'est venue corroborer l'indication initiale,

simplement rappelée au moment opportun. En fait, la fata-
lité est étroitement associée à la limitation temporelle. D'instinct, le trouvère situe toute l'efficacité littéraire dans l'ordre
de l'imaginaire.

L'âge du protagoniste dans les *Enfances Vivien* est une
autre image de l'attrait que certains nombres peuvent exercer sur l'esprit des poètes. Les renseignements glanés au fil
du texte sont nombreux mais, rassemblés, ils ne s'organisent
pas en un réseau cohérent[27]. Le neveu de Guillaume aurait
entre sept et quinze ans, mais le lecteur parvient à cette dernière donnée surtout grâce à des recoupements effectués dans
le récit car, formulairement, c'est très fréquemment le chiffre « sept » qui est mis en avant[28]. Cette propension à recourir, dans des contextes précis différents, à la même donnée
mathématique, conduit à des disharmonies évidentes pour le
lecteur moderne épris de logique mais qui, apparemment, ne
créaient aucune gêne au treizième siècle. La dispersion des
notations dissimulait les inconséquences et permettait à
l'esprit d'être satisfait par le retour périodique du chiffre sept
bénéficiant d'implicites références mentales valorisantes[29]. Le
procédé dans les *Enfances Vivien*, confine au tourbillon d'un
kaléidoscope et prouve que pour certains trouvères, tel ou tel
élément numérique est surtout porteur de connotations culturelles, diffuses et implicites.

En toute simplicité, l'art épique combine parfois stylisa-
tion, valeur symbolique et charge affective. Il n'est pas sûr
que le trouvère montre simplement son incapacité à maîtri-
ser les problèmes se rapportant au temps quand il évoque à
sa manière, grâce à Clarion de Vaudune, la célébre légende
de la mort de Mahomet :

> « *Je ne pris Mahomet deus deniers monneez*
> *Que truies l'ont mengié deus mil anz a pasé* ».
>
> (*SB*, vv. 1360-1)

D'une manière suggestive, l'indication « deus mil anz a pasé »
vient compléter dans l'esprit du transfuge sarrasin l'habituelle
vision dépréciative du dieu. Le grossissement épique tient lieu
de chronologie et, au travers de cette approximation hardie,
traduit tout le mépris du nouveau converti. La tension hyperbolique du nombre est en soi signifiante.

Cette charge affective et symbolique peut être liée à l'inconscient du trouvère. C'est sans doute de cette manière qu'il faut interpréter un curieux passage du manuscrit B1 des *Enfances Vivien* où se télescopent la mort de Charlemagne à Aix-La-Chapelle[30], le couronnement de Louis par Guillaume, sans doute à Paris, et le départ d'Uistace pour Luiserne en compagnie de mille chevaliers (vv. 419-33). Etrange superposition chronologique ! La simultanéité des deux premiers événements surprend déjà, car la tradition, depuis le *Couronnement de Louis,* affirme que Charles est présent quand son fils reçoit la couronne, mais le tassement temporel qui réunit les trois épisodes a pour première conséquence de valoriser l'initiative chevaleresque de dame Uistace, vraiment digne de la geste[31]. La construction littéraire prône l'irrespect de la chronologie mais, grâce à cette concomitance et à cette osmose événementielles, un personnage gagne ses lettres de noblesse.

La mention des moments de la journée épique relève aussi de la technique du flou chronologique et illustre la permanence des structures mentales, dans la mesure où les exemples recensés montrent que, quelle que soit la péripétie envisagée, les auteurs ne semblent aucunement rechercher l'originalité et la précision. Déjà évidentes pour le roman[32], les incertitudes des renseignements chronologiques s'expliquent dans nos textes par des tendances manifestes. Les notations qui fourniraient un semblant d'exactitude horaire sont en très nette minorité et largement dominées par celles qui se rapportent à des moments privilégiés de la journée[33]. Leur choix, imposé par les trouvères avec une belle constance, est dicté par des associations mentales déterminantes : le point du jour est le moment où l'énergie redouble, où l'espoir renaît, où les sentiments s'affermissent et s'épanouissent ; le crépuscule favorise la préparation psychologique d'exploits futurs[34], les demi-teintes et la nostalgie ; la nuit, quant à elle, facilite les grandes décisions, apaise les inquiétudes, cultive la sérénité et la paix intérieure. En l'occurrence, le temps, dans sa conception la plus stricte, est une préoccupation secondaire car l'œuvre littéraire se libère de la réalité mesurée pour se calquer sur le rythme intérieur des individus. A cet égard l'imprécision est plutôt positive car, fondée sur une vision simple, saine, elle rassure, évite l'insolite et ne freine pas l'essor de l'imagination.

*
* *

En matière de temps et par rapport à leurs devanciers, les trouvères épiques du XIIIe siècle ne font preuve d'aucune originalité particulière, sans doute parce que l'évolution qui a touché le genre a d'abord été d'ordre thématique et que la technique narrative est surtout caractérisée par la permanence. Le mode d'insertion du temps dans le récit, la place et le rôle qui sont réservés à cette notion, nous déconcertent au plus haut point. Leur appréciation littéraire est délicate car nous ne sommes jamais certains de comprendre le langage utilisé. Nous ne devons pas accorder une importance excessive aux chriffres et aux nombres. Ils ne possèdent aucunement cette plénitude rassurante, cette précision et ce pouvoir de fixation que nous leur attribuons maintenant. Le lecteur s'habitue à un monde mouvant, aux zones imprécises, aux silences, et aussi au décalage possible, sinon probable, entre le texte et la signification que le créateur lui attribuait. Il convient de ne pas serrer les œuvres de trop près pour les contraindre à exprimer ce qu'elles ne disent pas ; d'autant que le choix des indications chronologiques est dû à des considérations culturelles, affectives, plus souvent qu'à des nécessités de rigueur et d'organisation. Certes, dans nos conceptions modernes, le cadre temporel est un des éléments les plus fermes du récit mais, pour la chanson de geste, nous devons renoncer à de trop grandes exigences et faire preuve de modestie, car en ce qui concerne le temps, il est bon de confesser nos incertitudes et d'avouer que, dans une large mesure, nous pressentons, nous interprétons et nous ne sommes sûrs de rien.

NOTES

1. R. DELORT, *Le Moyen Age. Histoire illustrée de la vie quotienne*, Lausanne, Edita SA, 1972, p. 66.

2. *Le Siège de Barbastre*, édit. J.L. Perrier, Paris, 1926, *les Enfances Guillaume*, édit. P. Henry, Paris, 1935, la *Mort Aymeri de Narbonne*, édit. J. Couraye du Parc, Paris, 1884, les *Enfances Vivien*, édit. C. Wahlund et H. von Feilitzen, Uppsala et Paris, 1895.

3. Les *Enfances Garin de Monglane*, édit. J.M. Paquette, Poitiers, thèse de 3e cycle dactyl., 1968. Nous faisons le point sur l'épineuse question de la date de création des œuvres dans notre thèse de Doctorat d'Etat soutenue à Aix-en-Provence en 1983. On peut se reporter à nos « Considérations préliminaires sur les datations épiques », pp XV-XXXII. de l'exemplaire dactylographié. Notre travail sera prochainement publié aux Editions de Provence.

4. Voir D.P. SCHENCK, « Les relations spatio-temporelles dans la chanson de geste », *VIII Congreso de la société Rencesvals*, Pamplona, 1981, p. 451.

5. Voir E. BAUMGARTNER, « Quelques remarques sur l'espace et le temps dans *Raoul de Cambrai* », in *La Chanson de Geste et le mythe carolingien*, 1982, II, p. 1011-19, mais aussi P. RUELLE, « Temps grammatical et temps réel dans la *Chanson de Roland* », in *Mélanges Ch.Th. Gossen*, Berne, Liège, 1976, p. 777-792 et J.-Ch. PAYEN, « L'espace et le temps dans le *Roman de la Rose* », in *Etudes A. Lanly*, Nancy, 1980, p. 287-299.

6. Voir J. LE GOFF, « Au Moyen Age : temps de l'Église et temps du marchand », in *Pour un autre Moyen Age*, Paris, 1977, p. 56.

7. Pentecôte : naissance de Vivien (*EV, B1*, vers 822-24) ; Pâques : Guillaume arrive auprès d'Aymeri et sa femme (*EV, B2*, vers 109, XV-XVII et 109, XXVIII. XXIX, p. 47) ; Vivien veut équiper des « soldoiers » (*EV, B1*, vers 1097-98) ; il demande à son père la permission de se rendre à Orange (*EV, C*, vers 4740-43). Il arrive même que deux émirs exposent leurs projets en se référant à la Saint-Jean. (*SB*, vers 437 et 466-67).

8. A ce sujet voir B. GUIDOT, « Le thème du voyage dans les *Enfances Guillaume* », in *Senefiance n° 2*, Aix, 1976, p. 365-380.

9. Par bateau, les Sarrasins effectuent en 4 jours le déplacement (vers 1507, 1509-10) ; même durée pour le voyage retour, toujours par voie maritime (vers 1671-72).

10. Un seul arrêt est mentionné : une nuit à Angers (vers 3894, 3897-98). Dans un contexte différent, le petit groupe conduit par Hunaut le Breton ne veut passer qu'une nuit à Narbonne avant de solliciter l'aide de Louis (vers 3590-92, 3601, 3603-04).

11. Quatre jours sont nécessaires pour que les voyageurs parviennent « juque au port » ; on ignore lequel (vers 4032-35). Les Français passent une nuit à Pampelune après leur victoire, puis mettent quatre jours pour se rendre de la cité jusqu'à la rivière Carante (vers 4068-71). Une nuit au bord de la Carante (vers 4081-82), le déplacement jusqu'à Barbastre étant de durée indéterminée (vers 4653-54). Un peu plus tard, Louis déclare que les chré-

tiens sont entrés en Espagne depuis un mois (vers 6382-83). La notation n'est pas contradictoire avec les quinze jours nécessaires à Clarion de Vaudune pour accomplir le déplacement de Barbastre à Narbonne (vers 3400). Cela ne s'oppose pas non plus à la chronologie indiquée pour une partie du voyage retour : huit jours des cols pyrénéens jusqu'au fief d'Aymeri (vers 7308-10).

12. Voyage de sa capitale sarrasine à Narbonne (vers 285-286) et de retour de Narbonne à Orange (vers 1618-21).

13. Le voyage d'Uistace de Paris à Luiserne (*EV, B1*, vers 435, *D*, vers 435-39), et divers déplacements effectués par plusieurs protagonistes dans différentes directions, ainsi, de Luiserne à Salindrez pour les messagers de Vivien (*B1*, vers 1697-1700), de Salindrez à Paris, puis de Paris à Montlaon pour Godefroi et Mabile (*B1*, vers 2446-49, 2454-55. Voir aussi *C*, vers 2620-21), d'Anseüne à Orange pour Vivien (*C*, vers 4786-88), d'Orange à Anseüne pour Guillaume et Vivien (*D*, vers 5029-30, 5084).

14. Ainsi dans les *Enfances Guillaume*, « un jor », « mie longement », « an petit d'oure », « l'autre soir » (vers 34-35, 755, 779-80, 904, 2693, 2737-38, 2900, 3217) dans la *Mort Aymeri de Narbonne*, « un diemenche au soir », « ier tote jor », « ainz que fust semaine conplie » (vers 26-27, 655-57, 1579, 1593-94, 2232-34, 2362-63, 2365-66, 2457-58, 2468, 2518, 4097, 4144-47), ou encore, dans les *Enfances Garin de Monglane*, « le jour », « a celle matinée », « en ce temporal » (vers 896-97, 1157-58, 1907-09, 1911, 1980-83, 2049-50 ; vers 1110-12, 2490-92 ; vers 2448-49. Voir aussi les vers 276-77, 1772-73, 3443-44, 4410-11, 4475-76, 4530-32, 5007-08).

15. *SB*, vers 3779-83. Guibert met onze jours pour rassembler une armée (vers 3772-74) ; les noces de Girart et Malatrie dureraient cinq jours selon un passage, quinze jours d'après un autre (vers 7267, 7287-88). Le poète n'attribue pas d'importance réelle à ce type de précision : la renonciation comique d'Hernaut à ses bonnes résolutions se situerait deux mois après son serment, selon les vers 3196-97, mais trois si l'on en croit les vers 3542-43.

16. *MA*, vers 248.49 et 563. A noter que le poète a conscience de la durée relative des nuits selon l'époque de l'année : « en été, elles sont courtes », dit-il au vers 3408.

17. Pour les espaces naturels et les décors humains, voir notre thèse pp. 904-48.

18. Cette désignation des copies est maintenant traditionnelle, depuis les travaux de J. FRAPPIER, *Les Chansons de Geste du Cycle de Guillaume d'Orange*, Paris, 1955, I, p. 42 et M. TYSSENS, *La Geste de Guillaume d'Orange dans les manuscrits cycliques*, Paris, 1967, p. 41.

19. *EV*, vers 801.02 (*B1, A2, C, D*). De même, après la victoire définitive dans Luiserne, les indications chiffrées fournies par trois copies sont en désaccord entre elles pour ce qui touche au séjour des Français : 6, 3 ou 8 jours (*EV*, vers 4598-99, *B1, D, A1*).

20. « Temps de l'histoire, temps du récit dans la *Chanson de Roland* », in *Le Moyen Age*, 88, 1982, p. 17.

21. *EGa*, vers 661-63. Le siège durerait jusqu'à Noël, n'était la ruse du roi lombard. Aux vers 596-98, la chanson dit que Thierry a rassemblé ses troupes au mois de mai (à Pavie). Cette notation laisse une possibilité d'accord avec les vers 661-63, mais se trouve en nette contradiction avec les vers 818-20.

22. *Lancelot,* trad. 1983, I, p. 20 : « A travers l'écheveau des péripéties du protagoniste entremêlées avec celles des comparses, malgré les incessants va-et-vient de personnages dont les chemins se croisent, la chronologie qui donne une apparence de chronique à ces fictions est toujours respectée ». La situation est loin d'être toujours aussi claire dans les romans en vers. On pourra se reporter à l'article de J.G. GOUTTEBROZE « Sur l'étendue chronologique du premier mouvement du *Conte du Graal* (vers 69 à 4602) », in *Le Moyen Age,* 82, 1976, pp. 5-24. L'auteur croit pouvoir s'opposer aux analyses de L. Foulet et J. Frappier (L'action s'étendrait sur une période de onze ou quinze jours et non de quarante) et prétend attribuer à la durée du roman une valeur symbolique.

23. Voir son article « *Les sept jours de la Chanson de Roland* », in *VIII Congreso de la Société Rencesvals,* 1981, p. 562.

24. Se reporter à A. BURGER, « *Hier* ou *avant-hier* ? Un point de la chronologie interne de la *Chanson de Roland* », in *Orbis Mediaevalis, Mélanges... R.R. Bezzola,* 1978, pp. 23-27.

25. Certaines remarques émises par Ph. Ménard à propos des romans de Chrétien de Troyes conservent toute leur portée dans la chanson de geste, ainsi : « Le temps, comme l'espace, ...subit une élaboration, si l'on veut, une sorte de déformation », « Le temps et la durée dans les romans de Chrétien de Troyes », in *Le Moyen Age,* 73, 1967, p. 399.

26. Dans le roman, J. Ribard aperçoit des « connotations symboliques » quand le texte recourt à certaines fêtes religieuses (Pentecôte et Ascension), « L'interprétation symbolique des œuvres littéraires médiévales », in *Marche Romane,* 29, 1979, p. 13.

27. A la lecture, l'âge imprécis de Vivien n'est pas un élément d'embarras. Les incompatibilités numériques n'apparaissent qu'à la suite d'un examen sélectif impliquant des confrontations minutieuses.

28. Les contrôles nécessaires auxquels nous avons procédé ont été effectués manuscrit par manuscrit (et singulièrement à partir de *B1, C,* et *B2*). Ils sont révélateurs de l'état d'esprit des poètes particulièrement attirés par le chiffre sept, ainsi lorsque Vivien arrive chez Mabile, celle-ci déclare que son mari est parti depuis sept ans (*B1,* vers 739-42, 759-62, texte très comparable dans *C, D, A2,*) et elle le répète dans *B1,* vers 772-74 (texte comparable dans *A2*). Pour l'âge de Vivien — sa détermination et ses conséquences sur le récit —, voir notre thèse p. 959-61 et notes 851, 852, 853, p. 1364.

29. Voir « La *Chanson de Roland* : aspects symboliques », in *VIII Congreso de la Société Rencesvals,* Pamplona, 1981, p. 405-07.

30. A ce sujet, lire J. SUBRÉNAT « Sur la mort de l'empereur Charles », in *Charlemagne et l'épopée romane,* Liège, 1978, I, pp. 205-13.

31. Rappelons que dame Uistace a pris la tête de l'expédition qui doit arracher son mari à la captivité sarrasine.

32. Dans son article déjà cité, p. 379, Ph. Ménard met en évidence la grande imprécision de la valeur indicative (*supra,* n. 25) de l'heure : « Elle marque seulement un moment approximatif dans la durée confuse du jour ».

33. Pour un examen précis de tous les exemples rencontrés, voir notre thèse p. 961-63 et notes 866 à 885, p. 1365-67.

34. On ne saurait oublier que, dans les chansons de geste, le temps est d'abord celui de l'action, ce qui n'empêche pas la nécessité de retours sur soi. Chrétien de Troyes avait déjà compris cette obligation salutaire. Voir A MICHA, « Temps et conscience chez Chrétien de Troyes », in *Mélanges offerts à P. Le Gentil,* Paris, 1973, p. 553-60.

ERRATA

P.117, I.8.
LIRE: qui ne peut être que systématique

P.118,3ème ligne avant la fin.
LIRE: et il y aurait une

P.120,3ème paragraphe, I.4.
LIRE: par nature

P.121,11ème I. avant la fin.
LIRE: adverbes de temps

P.121,à la suite de la 6ème ligne avant la fin.
AJOUTER LES MOTS: s'enfermer dans le présent,
mais replacer celui-ci dans sa
perspective et

P.122,I.16.
LIRE: la lecture, l'écriture, la grammaire

ERRATA

P.117, l.8.
LIRE: qui ne peut être que systématique

P.118,3ème l.avant la fin.
LIRE: et il y aurait une

P.120,3ème paragraphe, l.4.
LIRE: par nature

P.121,11ème l.avant la fin.
LIRE: adverbes de temps

P.121,à la suite de la 6ème ligne avant la fin.
AJOUTER LES MOTS: s'enfermer dans le présent,
mais replacer celui-ci dans sa
perspective et

P.122, l.16.
LIRE: la lecture, l'écriture, la grammaire

Marie-Geneviève GROSSEL
(Château-Thierry)

Le Temps dans la chanson de trouvère : l'exemple de Thibaut de Champagne[1]

On caractérise le plus souvent la chanson de trouvère par son aspect intemporel. Le Temps y apparaît doublement absent : aucune trace des événements quotidiens qui permettraient d'établir la chronologie d'une œuvre poétique, le reflet de l'Histoire. L'exemple le plus fameux de cette a-temporalité reste Gace Brulé, sur l'époque duquel on n'a pas encore fini de s'interroger. Si donc l'Histoire n'a guère sa place dans les chansons, l'écoulement du temps ne disparaît pas moins : on voit bien le trouvère évoquer la « douce saison florie », ou, au contraire, les rigueurs de l'hiver qui ne peut refroidir le cœur brûlant des amants courtois. Les trouvères nous affirment à l'envi que leur amour dure depuis longtemps, si longtemps, « depuis l'enfance »... et puis c'est tout. Impossible, en général, de connaître l'âge de celui qui chante, la durée de ses amours.

Pourtant cette impression première gagne à être nuancée ; si, comme le dit J.-C. Payen pour les troubadours[2], le temps qu'évoque la chanson courtoise est effectivement un « temps imaginaire », chacun des grands poètes a su en varier subtilement la construction.

Contrairement à Gace Brulé, les événements de la vie du puissant comte de Champagne nous sont bien connus ; mais, disons-le tout de suite, l'Histoire est quasi absente de son

œuvre. Seuls, les chansons de croisade et un serventois religieux sont susceptibles de quelque datation. Néanmoins, les
critiques sont assez divisés sur une date précise pour nous
empêcher de nous précipiter sur ces aubaines historiques, dans
l'espoir d'y voir le temps se faire politique. Dans le serventois, notamment, le poète attaque de manière générale des
catégories d'individus et non certains ennemis personnels
nommément visés, comme le genre le lui aurait permis. Lorsque l'on considère l'ampleur de l'attaque dont Thibaut fut
l'objet, les pamphlets qui circulèrent sur son compte, cette
abstention est notable : Thibault ne prit jamais le droit de
réponse, au contraire, il choisit le mépris — prétendument
souverain.

Cette remarque nous amène à considérer maintenant le
temps personnel, dans sa succession : le poète a-t-il pratiqué,
entre sa vie d'être inscrit dans la durée et sa poésie, une coupure aussi nette qu'il l'avait fait entre sa vie publique et sa
production satirique ?

Cette question suscite immédiatement une première objec-
tion : la « jeunesse » de celui qui dit *Je* est un *topos* universellement respecté dans la lyrique courtoise. Il y a cependant de
remarquables exceptions et je ne prendrai qu'un seul exemple pour le montrer. Il s'agit d'un descort de Gautier de
Dargies[3]. Thibaut avait des raisons de connaître ce poète qui
vivait encore en 1236 et qui comptait parmi les amis de Gace
Brulé, or Thibaut a une connaissance intime de l'œuvre de
Gace. Voici cette chanson de Gautier de Dargies, dans la traduction de Paulin Paris[4] :

> *J'ai souvent fait des chansons enjouées ; maintenant,
> je change de ton, puisque ma dame a cru devoir m'affli-
> ger de ses reproches. Elle m'a rappelé que j'étais sur le
> retour et que la neige de mes cheveux me défendait de
> rien espérer d'elle. Mais si le temps a passé sur moi, il
> ne l'a pas oubliée, tout en lui laissant la grâce et la viva-
> cité du jeune âge.*
>
> *Elle a le teint frais et les joues vermeilles, mais, enfin,
> comme moi, elle a vu bien des jours.*
>
> *[...] Elle a trop parlé de mon âge, ce qui n'est point
> courtois. Elle est, elle-même, belle depuis longtemps.
> Mais coule toujours l'Oise et ce qu'on a tant possédé, il
> coûte de le perdre...*

Une seule des chansons de Thibaut de Champagne semble, comme le descort précédent, évoquer l'épuisement d'une longue durée ; c'est la chanson 9 de l'édition Wallensköld, qui traite, de manière originale, comme l'a souligné J. Frappier[5], le thème de la « départie d'amour ». Cet adieu sonne d'un ton si définitif que La Ravalière[6] d'abord, puis P. Tarbé[7], en firent la conclusion de l'œuvre, l'ultime témoignage du poète. Naturellement, nous ignorons quand elle fut composée. De plus, Thibaut s'est prétendu « guéri » d'amour dans deux autres poèmes, le débat 48, où Amour en personne vient le tancer de son renoncement ; le poète s'avoue coupable et promet de réparer ses torts. Dans le débat 49, c'est Philippe de Nanteuil qui attaque le trouvère, silencieux par absence d'amour et Philippe de conclure :

> *Et bien sachiez que mes mains en vaudrïez,*
> *S'Amors s'estoit si tost de vos partie.* (v. 8 et 9)

Comme ce débat est adressé au « Sire de Champagne et de Brie », nous pouvons le situer avant l'accession de Thibaut au trône de Navarre, en 1234 : Thibaut avait alors moins de trente-trois ans et il se prétendait revenu de tout sentiment.

Pour en revenir à la chanson 9, quelle qu'en soit la date, dès l'exorde, nous pouvons noter l'insistance avec laquelle le poète traite le temps écoulé :

> *Tant ai amors servies longuement*
> *Que dès or mès ne m'en doit nus reprendre*
> *Se je m'en part.* (vv. 1 à 3)

L'abverbe « tant » est habituellement réservé à l'expression de l'intensité « aimer tant », « souffrir tant », mais, ici, adjoint à « longuement », il marque bien plutôt l'épaisseur objective du temps écoulé. Le parfait « ai servies » va déboucher sur un futur qui nous est présenté comme celui de la vieillesse toute proche, avec son « désormais » et son appel à Dieu :

> *... Or a Dieu les conmant.* (v. 3)

Derrière le lieu-commun de la « folle jeunesse » :

> *Qu'en ne doit pas touz joz folie enprendre,* (v. 4)

se glisse la constation désabusée que la « saison » d'amour est bien finie :

> *Car chascuns tens doit sa seson atendre.* (v. 8)

Mais sitôt qu'apparaît le « désormais » qui met le point final
aux folles années, l'affirmation « A Dieu les conmant » ramène
l'idée de la mort ; les troubadours ne virent-ils pas dans *Amors*
et dans *Mors* une racine commune, précédée pour le premier
d'un a- privatif qui permettait ainsi d'interpréter le sentiment
comme « une sorte d'équivalent hiéroglyphique d'immortalité »[8] ? L'amant abandonne alors la folie d'Amour et se
retrouve à « *Mors* » ; il se tourne donc vers la religion :

> *Or me gart Deus et d'amor et d'amer*
> *Fors de Celi cui on doit aourer...*   (v. 41-42)

« Adieu » a bien repris son sens étymologique : partie de Dieu,
l'âme pèlerine à nouveau vers son point de départ. Les « toujours » amoureux disparaissent dans la chanson au profit de
vérités du sens commun, marque de la loi humaine soumise
au devenir :

> *On me tendroit dès or mès por enfant...*   (v. 7)

Pourtant « faire enfance » est une formule dotée d'une certaine ambivalence, car Thibaut l'emploie souvent en des contextes où elle n'est pas si péjorative :

> *... ançois m'avient*
> *Si conme a l'enfant, bien le sai,*
> *Qui a la branche se soustient*
> *Et entor l'arbre va et vient*
> *Ne ja amont ne montera ;*
> *Ensi mes cuers foloiant va.*   (chanson 58, v. 35 à 40)

Dans la chanson 9, cependant, l'ex-amant se veut lucide, il
s'applique à se détacher des biens qu'il doit quitter pour songer à la « grant soudée », la récompense qu'accorde Dieu à qui
l'aime, c'est-à-dire le salut.

La chanson consacrée à l'amour paraît donc bien ce qui
fait oublier le caractère transitoire de la vie, la fugacité du
temps ; si meurt l'amour, revient la mort.

Tous les « ne... plus » viennent alors clore le thème du
temps : c'est la maturité et la « guérison », enfin obtenue,
prend un autre visage que ce que l'on avait espéré.

*
*   *

Mais quittons la chanson 9, la seule de tous les chants d'amour qui traite de la fin du sentiment, pour suivre, à travers le reste de l'œuvre poétique, la ligne du temps imaginaire que trace le trouvère.

L'origine y est présente sous deux formes : tout d'abord apparaît la notion d'une faute première que le mot « penitance » évoque souvent. Cette faute n'est jamais définie ; la chanson 31 fait allusion à un « hardement » :

> *Et qui fet fol hardement*
> *A paines avra secors.*
> *G'en fis un...*   (v. 4 à 6)

La chanson 6 une « défaillance » (ou un « défaut ») :

> *Por c'est Amors li hospitaus d'autrui*
> *Que nus n'i faut selonc son avenant.*
> *G'i ai failli, dame, qui valez tant,*
> *A vostre ostel, si ne sai ou je sui.*   (v. 21 à 24)

La chanson 12 prétend que c'était une « folie » :

> *Espoir s'ai fet grant folage*
> *Mès moi l'estuet endurer.*   (v. 15-16)

Il faudra donc expier.

En deuxième lieu, les images brutales qui décrivent l'accès de l'amant au monde de l'amour (flèches, « dards », bâton d'Amour) semblent indiquer que toute naissance ne mène à l'être qu'avec une nécessaire violence. Un vieux fonds mythique sous-tend cette vision de l'amour, conçu comme épreuve initiatique.

La chanson 14, enfin, boucle la rêverie sur les débuts, en faisant de l'amour le cygne maternel qui, suivant les Bestiaires, bat ses petits lorsque, devenus grands, ils reviennent à leur nid[9]. La dernière strophe de cette chanson présente Amour comme maître de l'école de la vie et du désir[10] : le sentiment « nourrit » et « élève », puisqu'il est la marque de l'âge adulte.

En « *Fine Amor* », le sens de la vie dépend du sens de l'amour. Naturellement, ce sens est irréversible : « partir d'amour » représente la marche arrière qu'on ne veut ni ne peut imaginer, en se fondant sur le sens unique du temps qui mène toujours plus loin. Ainsi l'alternative est-elle simple :

> *Puis que me sui a ma dame donez...*
> *... Ou je mourrai ou je ravrai m'amie.*
>
> (chanson 20, v. 21-23)

Mais la première possibilité est de toute façon indubitable, si la deuxième est mal assurée, et, comme le « don » est sans retour, lorsqu'on affirme :

> *Empris l'ai, n'en recrerroie,*   (chanson 27, v. 20-21)

il s'agit presque d'une tautologie.

Si le début du sentiment est du domaine de l'irrémédiable, le poids du temps écoulé à aimer s'avère à son tour très ambivalent. On tire argument de la durée pour convaincre la Dame ; l'apostrophe :

> *(Por vos)*
> *Dame, que je ai tant amée*   (chanson 16, v. 16)

implique à la fois « si fort » et « si longtemps », tous deux fortement valorisés. Mais le passé n'en est pas moins le temps de l'erreur, l'imparfait fallacieux où l'on croyait se libérer :

> *Je me cuidoie partir*
> *D'Amors...*   (chanson 17, v. 1-2)

alors qu'on est toujours aussi pris :

> *... mès riens ne m'i vaut.*   (chanson 17, v. 2)

Le présent s'alimente donc en même temps à un « parfait » achevé et au point actuel du processus, il se partage entre désir de la Dame et conviction de l'avoir perdue :

> *En chantant vueil ma dolor descouvrir*
> *Quant perdu ai ce que plus desirroie.*
>
> (chanson 16, v. 1-2)

Cette conviction de la perte entraîne un avenir rempli d'inquiétude :

> *Las ! si ne sai que puisse devenir...* (chanson 16. v. 3)

L'avenir de l'amour ne coïncide pas avec le temps du devenir humain, mais que l'un s'obscurcisse et l'autre, à son tour, devient égarement et angoisse, surtout si l'on songe que l'avenir adviendra de toute façon, comme le montre bien le reste de la strophe : il faudra « languir » dans ce chagrin[11].

C'est pourquoi le poète ne veut prendre en compte que

la durée du temps subjectif pour qui le présent est « oubli »,
tout mêlé de souvenir revécu et perpétué par les « yeux du
cœur », par la pensée :

> *Li douz maus du souvenir*
> *Qui nuit et jor ne m'i faut,*
> *Le jor m'i fet maint assaut,*
> *Et la nuit ne puis dormir.*   (chanson 17, v. 3 à 6)

Ce temps n'est plus le temps réel, il s'efforce de le dépasser,
comme le montre le chiasme significatif des vers précédents.
C'est un temps qui semble nier la linéarité, mais, nous l'avons
dit, il n'en a pas moins un sens et un bon sens ; dans cette
nouvelle durée, le cœur est tout occupé à « mourir nuit et
jour », mais tout autant à « attendre le jour » où Amour appor-
tera la récompense désirée, et les formules que le poète choisit pour exprimer cette attente nous font songer aux chants
religieux où l'âme aussi aspire au jour ultime.

Les premiers adverbes qui sanctionnent ce temps nouveau
sont « or » :

> *Or la m'estuet servir*   (chanson 15, v. 28)

et « encore » :

> *Ge sai de voir qu'encore en avrai joie.*
>   (chanson 16, v. 14)

Ces petits mots redonnent de la vaillance au futur, folie sans
doute que cet espoir, mais Thibaut a affirmé une fois pour toutes qu'« il fait bon être fou car trop de savoir peut bien ame-
ner la malchance »[12], et cette idée reparaît souvent au fil de
ses vers.

Ainsi pouvons-nous tenter une définition du temps en
reprenant celle que le trouvère nous donne de la « Fine
Amor » : elle est ce qui « ne nous laisse pas durer »[13], mais cela
revient à dire que l'amour permet de lutter contre la durée
du temps et de l'absence ; dans la chanson 19, écrite en Terre
Sainte, « Outre la mer salée », l'amant assure qu'il ne peut quitter sa Dame, pourtant à des lieues de lui. La joie qu'il ressent
à penser à elle dans ce nouveau temps de l'imaginaire, « main
et soir », est donc purement mémoire[14]. Amour n'est-il pas ce
qui « peut donner joie qui dure »[15] ? Cette joie que l'on rêve
de posséder, que constamment l'on recherche sans jamais vrai-

ment l'obtenir, est l'aboutissement poétique où, par le biais
de l'amour, on pourrait remplacer le désir de durer par
l'intemporalité de la parole. Lorsque Thibaut assure qu'il veut
« servir » sa Dame « tout (son) aage »[16], il abolit en paroles les
« saisons » de la vie, évoquées dans la chanson 9. Cette assurance en l'infini est sans doute le véritable temps poétique
que vise la chanson — et le trouvère.

Ce temps nouveau, tout entier consacré à l'amour, trouve
sa trajectoire personnelle dans la ligne idéale qu'impliquent,
dans la chanson 19, les rimes « Amer/monter » : c'est un temps
rempli de dynamisme, par opposition aux emplois péjoratifs
du verbe « *remaindre* » [rester dans le même état], qui, lui,
marque le statisme. Ce que le poète choisit, c'est le
renouvellement :

> *Je n'aim nule riens tant*
> *Conme li seulement...*
> *Qui mon cuer renouvele,* (chanson 15, v. 16, 17, 19,)

renouvellement du chant qui marque à chaque fois un
commencement :

> *Amors me fait conmencier*
> *Une chançon nouvele...*   (chanson 1, v. 1-2)

Là s'accuse le mieux la distance entre réel et imaginaire, la
vie du monde n'est pas modèle de la vie du cœur, car ce renouvellement est commencement dans la mesure où il est retour
au même et au différent qui est le même, amélioré. Quand
la chanson affirme sa confiance en « l'avancement »[17] moral
que procure la Dame, on peut voir transparaître sous cet
« avant » de la valeur, un mystérieux Avent, lourd de l'attente
et de l'espérance qui, seules, triomphent de la peur et de la
mort.

Chez Thibaut, le « renouvellement » du cœur est antithétique au « renouveau de la douceur d'été »[18] : il rejette avec
mépris le ponctif des raverdies. Ne serait-ce pas parce que tout
cycle naturel comporte l'acceptation de la mort ? M.-N. Lefay-
Toury a insisté sur l'importance du thème de la mort chez
notre poète[19]. Mourir est ce qui demeure du temps réel dans
la poétique de Thibaut. Le Phénix auquel il se compare, qui
« se brûle » et « se jette hors de la vie » ne ressemble pas au

Phénix de Jean de Meun, qui en tire une conception cyclique
du temps : chacun meurt et un autre renaît pour perpétuer
la « coumune fourme »[20] ; chez Thibaut au contraire, c'est le
même Phénix qui renaît, en une sorte de négation désespérée de la disparition, et la seule conclusion qu'en tire le poète
est que le souvenir le fait mourir de désir, de désir et encore
de désir :

> Li souvenirs me fet morir d'envie
> Et li desirs et la granz volentez. (chanson 20, v. 31-32)

Ce Phénix est un phénix de désir, non de continuité, et sa mort
est symbole d'une vie unique et de son amour.

Le temps lyrique est particulièrement évident, à suivre les
rimes de la chanson 19 : l'aventure humaine se définit par
« (honor) maintenir/avenir » qui pèse de tout son idéal. Mais
la possibilité d'une variation que recèle le vers :

> N'onques oncor nel vit nus avenir   (v. 12)

rend flagrante la difficulté temporelle — ou existentielle —,
ce qui est sans doute le pire, puisque tout changement est haïs-
sable, comme tout inconnu. Le temps du cœur : « Souve-
nir/maintenir », ne recèlerait-il qu'impossible ? On peut se le
demander lorsque la rime identique « avenir » amène cette fois
« mourir » : le seul vrai avènement — le futur — est sans doute
la mort, voie douloureuse de l'éternité. Bien sûr, on affecte
de s'en consoler, en proclamant que la mort, appelée par le
parfait amant-martyr, aura comme conséquence le salut de
l'âme, c'est-à-dire le plus précieux. Mais la chanson 19 ajoute
une nouvelle occurrence à « avenir » :

> Dame, se je vos osasse prier,
> Mult me seroit, ce cuit, bien avenu.   (v. 17-18)

L'optatif laisse imaginer une « avenue » de l'amour, celle-ci
liée à la prière — au chant — dont la valeur est éternelle, sinon
éternité.

Car le poète l'affirme bien : ce qu'il veut, c'est vïvre. Narcisse s'est noyé à trop souffrir ; sa souffrance restait peut-être
la preuve qu'il était bien vivant. Mais l'amant, lui, est simplement « près de se noyer » et « loin de (sa) guérisson »[21].
L'intensité de la souffrance a beau faire redouter une issue
fatale, l'amant se « retiendra »[22] par peur de peiner sa Dame.

L'humour souriant ne masque pas la pauvreté de l'argument,
et le poète d'ajouter :

> *Se je puis tant vivre que il li chaille*
> *De mes dolors...*   (chanson 25, v. 29, 30)

« Tant », là, marque bien la durée, hautement revendiquée
cette fois. Et l'amant parfait prend garde, en la circonstance,
de se distinguer soigneusement des autres :

> *Chascuns dit q'il muert d'amor*
> *Mès je n'en qier ja morir.*
> *Melz aim sousfrir ma dolor,*
> *Vivre et atendre et languir...* (chanson 12, v. 17 à 20)

Deux convictions, donc, donnent à l'espérance sa durée, l'une,
générale et assurée, est qu'Amour « peut de mort garder » et
« donner joie qui dure »[23], l'autre personnelle et irréalisable,
hic et nunc, est le bonheur amoureux ; cette dernière, du
moins, dans l'oubli du sommeil, permet de s'imaginer « tenir »
la Dame « toute (sa) vie »[24] serrée contre soi.

   Le temps imaginaire occulte ainsi constamment sous les
emplois hyperboliques du verbe « mourir » (mourir parfait,
mourir de peine, mourir d'amour) le temps réel et son écoulement ressenti comme mort véritable ; la mort d'amour sans
cesse renouvelée par un amant qui « muir desirranz »[25] imite
et tente de vaincre la mort de l'être inscrit dans le temps.

   Mais l'adverbe « souvent » qui accompagne cette description affecte les divers moments de cette quête pour ramener
tantôt la joie, tantôt la peine, tantôt vivre et tantôt mourir.
La chanson s'efforcera de substituer à « souvent » un « toujours », celui des serments et du souvenir. Mais « toujours »
implique un « jamais » : ainsi s'explique le jeu permanent sur
le temps des verbes ; les parfaits, en prenant la valeur symbolique de l'achevé, marquent la fidélité à la constance prônée,
tandis que les passés donnent toujours une dimension verti-
cale à l'existence. Le futur, plus effrayant, est le temps de
la décision, source d'inquiétude par rapport au présent intemporel ; aussi se distordent-ils souvent en conditionnel, qui est
peut-être le futur de l'espoir.

   La répétition de « souvent » nierait-elle le temps unique
de l'espérance, conçue comme un progrès et une progression,

sans arrêt ni « repentir » ? L'alternance, ou la périodicité, évoque le mythe désespérant de la roue de Fortune et rejoindrait chez Thibaut l'idée d'une (mauvaise) chance particulière à l'amant. Contre l'idée d'un sort échu (une destinée fatale), le poète avance l'aventure du sentiment ; contre l'idée que l'amour pourrait, lui aussi, varier, il lance les anathèmes du débat 48 : Amour lui-même y attaque le caractère « mouvant » et les variations d'un amant *recréant,* qui « change » sa pensée.

Au contraire, lorsque le temps parfait l'être, il devient, comme l'affirme le chanson 58, un arbre qui « peut fleurir » et qui « porte fruit », et non un « mauvès arbre », tout « crollant » sous le poids d'une inutile durée, tout « sec » de ne pas savoir continuellement faire (re)naître Amour.

Ainsi puisqu'aimer et chanter se confondent en une seule et identique réalité, c'est dans la force de la poésie que l'on triomphe le mieux du temps réel : toute l'hostilité du temps qui fuit ne peut effacer que l'on ait aimé pour aimer encore.

Que les « jamais » et les « toujours » l'emportent sur les variations haïssables et la chanson aura rempli son rôle ; le pouvoir de la Dame, sagesse et beauté, se conjugue à celui de l'amant, sa parole, dans le temps imaginaire ; apparaît alors un nouveau « souvent », celui de l'échange musical :

> *(Chanson)*
> *Prie celi qui plus i a pooir*
> *Que tu soies souvent par li chantée.* (chanson 16, envoi)

*

*   *

Ainsi, dans les chansons de Thibaut de Champagne, pouvons-nous discerner un effort continuel pour aboutir à la création d'un monde imaginaire que symbolise un temps nouveau ; l'accès à l'amour et l'accès à l'être s'y confondent et, malgré un passé lourd à la fois de richesse et d'erreur, la douleur présente, confortée par la poésie et le souvenir, est tout entière tendue vers une amélioration que l'avenir a pour charge de sanctionner ou non. Partant l'avenir n'est qu'une reproduction de l'instant présent avec ses sentiments de joie

et de souffrance, de souffrance et de joie, le « joieus torment »[26] ; la vie véritable ne se devine qu'à travers les emplois
changeants des mots « mourir » et « mort ». La peur du Temps
n'y prend jamais le visage de l'usure dans un univers où l'âge
se mesure à celui du cœur, mais bien celui de la disparition :
comment s'imaginer mort, comment s'imaginer silencieux ?
Le poète répond en affirmant l'impossibilité que cesse jamais
l'amour, car cette « douce folie » est seule susceptible de triom-
pher du cycle naturel en donnant sans cesse à l'amant de nouvelles raisons de souffrir et d'espérer, c'est-à-dire de chanter
ou de vivre.

NOTES

1. Toutes les références des chansons se rapportent aux *Chansons de
Thibaut de Champagne, roi de Navarre*, éd. A. Wallensköld, S.A.T.F. Paris,
Champion, 1925.

2. J.-C. PAYEN, « *L'espace et le Temps dans la chanson courtoise occi-
tane* », in *Annales de l'Institut d'études occitanes*, tome 2, 5 (1970) p. 143-167.

3. G. HUET, *Chansons et descorts de Gautier de Dargies*, S.A.T.F. Paris,
Didot, 1912, « J'ai maintes foiz chanté » XXV.

4. *Histoire Littéraire de la France* par des religieux bénédictins de la
Congrégation de Saint Maur, continuée par des membres de l'Académie royale
des inscriptions et Belles Lettres, Paris-Osmont, Didot, 1733-1981. Tome XXIII,
1856, Paulin PARIS, *Chansonniers* : Gautier de Dargies, P. 579.

5. J. FRAPPIER, *La poésie lyrique en France aux XIIᵉ et XIIIᵉ siècles*,
C.D.U., Paris, 1966, 2ᵉ partie, *Les Auteurs* (Thibaut de Champagne).

6. LEVESQUE DE LA RAVALIÈRE, *Les poésies du Roy de Navarre*, Paris, 1742.

7. P. TARBÉ, *Les chansons de Thibaut IV, comte de Champagne et de
Brie, roi de Navarre*, Reims, 1851.

8. R. NELLI : *L'érotique des troubadours*, 10/18. 1974, tome 1, p. 151,
note 147.

9. *Ne soiez pas con li cines c'adès*
     Bat ses cisniaus quant il lor doit melz faire
     Quant il sont grant et il vient a son aire,
     Et a premiers les a norriz et ters. (vv. 13 à 16)

10. *Et Amors prent tout autretel conroi*
      De mult de ceus qu'ele tient a s'escole... (vv. 35-36)

11. *Si m'estouvra a tel dolor languir.* (chanson 16, v. 5)

12. Chanson 11, v. 20 et 21.

13. *Et fine Amor qui ne m'i let durer* (chanson 19, v. 2)

14. M. ROWE DOLLY ET R.J. CORMIER, « *Aimer, souvenir, souffrir les chansons d'amour de Thibaut de Champagne* » in *Romania* 99 (1978), p. 311-346.

15. *Et doner joie qui dure* (chanson 27, v. 6)

16. Chanson 18, v. 10-11.

17. Chanson 15, v. 12.

18. H.P. DYGGVE, « *Gace Brulé, trouvère champenois* » édition des chansons et étude historique, Helsinski, 1951, in *Mémoires de la Société néophilologique de Helsingfors*. Chanson XXVIII.

19. M.-N. LEFAY-TOURY, « *Les masques du Je amoureux chez Thibaut de Champagne,* » in *Court and Poet*, selected proceedings of the International courtly litterature Society, ed. Burgess, Liverpool, 1981.

20. Jean DE MEUN, *Le Roman de la Rose*, éd. F. Lecoy, C.F.M.A., Paris, Champion, 1970, tome 2, v. 15947-15966.

21. Chanson 22, v. 36-37.

22. Chanson 25, v. 8, 9, 10.

23. Chanson 27, V. 5.

24. Chanson 35, v. 31 et 36.

25. « *muir desirranz* », chanson 5, v. 18.

26. « *Joieus torment* », chanson 2, v. 38.

Alain-Julien SURDEL
(Université de Nancy-II)

Temps humain et temps divin dans la *Legenda Aurea* (XIIIe siècle) et dans les mystères dramatiques (XVe siècle)

Il n'est guère possible de prendre connaissance d'un acte médiéval daté sans y découvrir des expressions telles que *Anno Domini, l'an Nostre Seigneur…, l'annee de l'Incarnation…, l'an de grace…*etc. Ces termes qui se réfèrent tous au mystère de la Rédemption nous renseignent déjà sur les connotations profondément religieuses du temps en ces époques de chrétienté réelle ou rêvée. Il n'y a là rien d'étonnant : le temps est l'élément central de la conscience que le christianisme a de lui-même. L'homme du XIIIe siècle s'inscrit donc dans une histoire dont il n'est pas totalement maître puisqu'elle dépend des desseins de Dieu qui la gère. En ces époques lointaines, « le temps emporte le chrétien vers Dieu » (J. Le Goff).

Le temps ? Quel temps ? Le temps des hommes ? Le temps divin ? Ces deux notions méritent une étude approfondie. Les documents ne manquent pas et une telle recherche peut être menée en interrogeant les Ecritures, les œuvres des Pères et des Docteurs de l'Eglise ainsi que celles des théologiens de moindre importance. Nous n'emprunterons pas cette voie qui nous dirigerait vers les raffinements extrêmes de la haute théologie qui demeure souvent trop éloignée des réalités plus communes. Nous lui préférerons une démarche plus modeste qui s'efforcera de traiter le problème en se référant à des documents moins prestigieux mais largement diffusés : la *Legenda Aurea,* d'une part, et les mystères cycliques et hagiographiques du XVᵉ siècle, d'autre part. Comme ils ont connu une diffusion maximale, ces textes ont toute chance de nous livrer des données sûres et acceptées qui nous permettront d'illustrer à loisir le thème que nous nous sommes choisi.

Notre étude comportera trois moments. Dans un premier temps, après avoir brièvement présenté l'œuvre de Jacques de Voragine, nous exposerons la conception générale du temps que l'auteur de la *Legenda Aurea* développe dans son *Prologue.* Pour affiner cette première analyse, nous reporterons ensuite notre attention sur les chapitres *de tempore* de la compilation de l'archevêque de Gênes. Nous nous tournerons enfin vers le théâtre du Moyen Age finissant pour tenter de déterminer si notre thème ne s'enrichit pas de colorations particulières dans ce contexte original dont l'importance pour l'étude de l'histoire des mentalités n'est plus à démontrer. Nous espérons ainsi éclairer quelques aspects fondamentaux des conceptions médiévales du temps.

*
*   *

Est-il encore nécessaire de présenter la *Legenda Aurea* ? Chacun connaît ce recueil hagiographique compilé aux environs de 1260 par Jacopo da Varazze, un dominicain ligure qui fut deux fois provincial de son ordre pour la Lombardie, avant de mourir archevêque de Gênes en 1298. Le succès de l'œuvre sera immense et traversera les siècles. Elle nous est transmise par plus de mille manuscrits médiévaux[1] et, dès le XVIᵉ siècle, on l'imprimera et les éditions se succèderont jusqu'à nos jours[2]. Si la fortune médiévale de l'œuvre s'explique aisément, sa gloire moderne demeure paradoxale car, au XVIᵉ siècle, la *Legenda Aurea* a mauvaise réputation. Les humanistes la méprisent et les Réformés l'accablent de sarcasmes. Juan Luis

Vives, l'ami espagnol d'Erasme, pense peu de bien de Jacques de Voragine :

> Ce qu'on appelle Légende dorée a été écrit par un homme à la bouche de fer et au cœur de plomb.

Au siècle suivant, le Français Baillet conteste même l'élévation sur les autels du Dominicain[3] :

> On aurait peut-être mieux fait de juger de cette prétendue sainteté par l'esprit qui règne dans son livre et qu'il sera toujours difficile de prendre pour l'esprit de vérité[4].

L'esprit d'érudition plus exigeante et de piété plus austère fondent bien sûr ces opinions sans nuance des hommes du XVIe et du XVIIe siècle. Ces chrétiens d'un nouveau type se méfiaient beaucoup du goût pour le merveilleux manifesté par l'archevêque de Gênes. A première vue, on est tenté de leur donner raison : la *Legenda Aurea* laisse une impression de monotonie, de lourdeur, d'érudition pédantesque et obsolète qui pourrait lasser le lecteur le plus bienveillant. En fait, ce jugement négatif procède d'un injuste anachronisme. Jacques de Voragine n'a rien d'un obscurantiste rétrograde[5]. Il compile des textes reconnus et acceptés par l'Eglise de son temps et, par ses commentaires qui respectent le libre-arbitre de ses lecteurs, il s'efforce toujours de mettre en valeur les connotations spirituelles qu'ils recèlent. Les lettrés du XVIe siècle n'ont pas non plus remarqué que les récits répétitifs et lassants de la *Legenda Aurea* s'inscrivent dans une perspective grandiose. Ce sont, en fait les épisodes dramatiques d'un conflit dont « Dieu et l'Esprit du Mal sont les protagonistes et dont l'homme est à la fois le terrain, l'enjeu et aussi l'acteur ».

Au XIIIe siècle, l'œuvre entreprise par Jacques de Voragine n'a rien d'original. Au moment où il termine la *Legenda Aurea*, existent déjà d'autres recueils compilés également par des frères de son ordre :

1243. *Liber epilogorum in gestis sanctorum* du Frère Barthélemy de Trente.

1244. *Abbreviatio in gestis sanctorum* du Frère Jean de Mailly.

1244. Le Frère Vincent de Beauvais met la dernière main à son *Speculum Historiale* qui comporte environ neuf cents paragraphes hagiographiques.

Ce puissant intérêt pour les légendes sanctorales n'a rien de fortuit. Il s'explique par la mission que s'étaient assignée les Dominicains : prêcher le peuple des villes et défendre par la Parole le foi catholique constamment menacée dans sa pureté par les hérésies méridionales[6]. Les recueils hagiographiques compilés par les Prêcheurs mettent donc en scène « des héros de la bonne cause » (G. Duby) et sont, avant tout, des gisements *d'exempla* destinés aux prédicateurs de l'orthodoxie. Ils s'affirment comme « les armes les mieux fourbies d'une lutte idéologique fondamentale » et forment « l'élément premier d'une gigantesque mise en scène pour un endoctrinement »[7]. Cette nécessaire mise au point réhabilite la *Legenda Aurea* parce qu'elle la replace dans son contexte sociologico-historique originel. La compilation n'apparaît plus comme un amas de contes bleus. C'est un monument culturel de première importance dont l'étude nous permet de scruter des mentalités abolies. Comme nous allons maintenant le constater, le livre de Jacques de Voragine sert particulièrement notre propos.

La *Legenda Aurea* accorde beaucoup d'attention au temps. C'est un recueil ordonné qui comporte un *Prologue* et cent soixante-seize chapitres dont vingt-trois — qui représentent près du quart du volume de l'œuvre — sont consacrés aux grandes fêtes de l'année liturgique[8]. Nous reviendrons plus loin sur ces chapitres *de tempore*. Arrêtons-nous quelques instants sur le *Prologue* qui explique l'architecture de la compilation à l'aide de considérations théologiques et mystiques sur l'histoire. Dans la perspective eschatologique globale du Mystère de la Rédemption, Jacques de Voragine divise l'histoire humaine en quatre périodes :

— Le Temps de la Déviation : d'Adam à Moïse.
— Le Temps de la Rénovation : de Moïse à la naissance du Christ.
— Le Temps de la Réconciliation : de la naissance du Christ à la dispersion du collège apostolique.
— Le Temps du Pèlerinage : de la dispersion du collège apostolique au Jugement dernier.

Le temps des hommes est tout entier inséré dans une perspective historique christocentrique et finaliste qui place l'histoire humaine au sein même de la volonté divine. Cette histoire est un moment privilégié de ce temps infini qui est le temps de Dieu. Nous retrouvons ici la dichotomie bien connue instaurée par la théologie entre temps divin et temps humain, entre temps illimité et temps déterminé, entre *aiôn mellôn* et *aiôn outos*[10]. Cette division quadripartite de l'histoire humaine ne fournit pas immédiatement le plan du recueil car Jacques de Voragine combine ensuite temps historique et temps rituel. En effet, il relie le temps linéaire de l'histoire au temps cyclique de la liturgie et au double quaternaire des saisons et des heures du jour :

— Le Temps de la Déviation : de la Septuagésime à Pâques. Hiver. Nuit.
— Le Temps de la Rénovation : de l'Avent à la Nativité. Printemps. Matin.
— Le Temps de la Réconciliation : de Pâques à la Pentecôte. Eté. Midi.
— Le Temps du Pèlerinage : de l'octave de la Pentecôte à l'Avent. Automne. Soir.[12].

Le plan de la *Legenda Aurea* se déduit donc de cette méditation symbolique et théologique sur le temps de l'histoire humaine. Si l'archevêque de Gênes ne reproduit pas exactement le triple quaternaire que nous venons d'évoquer, c'est parce qu'il est obligé de tenir compte des habitudes de l'Eglise qui, pour des raisons mystiques, préfère commencer sa liturgie annuelle au Temps de la Rénovation plutôt qu'au Temps de la Déviation. Les textes sanctoraux et les chapitres temporaux sont donc regroupés dans cinq parties qui correspondent aux différentes périodes de l'année liturgique :

1. Les fêtes du Temps de la Rénovation : de l'Avent à la Nativité.
2. Les fêtes du Temps de la Réconciliation I : de la Nativité à l'octave de l'Epiphanie.
   Les fêtes du Temps du Pèlerinage I : de l'octave de l'Epiphanie à la Septuagésime.
3. Les fêtes du Temps de la Déviation : de la Septuagésime à Pâques.
4. Les fêtes du Temps de la Réconciliation II : de Pâques à la Pentecôte.
5. Les fêtes du Temps du Pèlerinage II : de l'octave de la Pentecôte à l'Avent.

Le plan de la compilation de Jacques de Voragine ne procède pas de la myopie événementielle de certains chroniqueurs médiévaux. Il se déduit d'une conception finaliste de l'histoire et d'une méditation théologique sur le Mystère de la Rédemption. Pour le Dominicain, le temps n'est pas une force neutre et sans but. C'est un flux puissant et ordonné qui emporte les hommes vers Dieu. Depuis la Création, Dieu est à l'œuvre dans l'histoire qu'Il organise et qu'Il gère. A cette vision linéaire du devenir humain se combine la conception cyclique du temps liturgique qui, chaque année, marque le retour des moments cruciaux du Mystère de la Rédemption. Fils très orthodoxe de l'Église romaine, Jacques de Voragine situe donc le destin individuel des Bienheureux qu'il évoque au cœur même des plans et desseins de la Divinité.

L'examen des chapitres *de tempore* de la *Legenda Aurea* permet de découvrir que cette conception théologique du temps est plus complexe qu'il n'y paraît et qu'elle s'édifie à partir d'éléments historiques, symboliques et mystiques.

*

*   *

Ainsi que nous le disions à l'orée de cette étude, les vingt-trois chapitres *de tempore* de la *Legenda Aurea* occupent une place importante dans l'œuvre. Au sein du discours hagiographique, ils s'organisent en points d'appui théoriques, ils forment un ensemble d'études de théologie et d'histoire sainte qui s'ordonnent selon cinq rubriques : le cycle christique[13], le temps pascal[14], le cycle marial[15], le culte de la Croix[16] et les célébrations ecclésiales[17]. Comme le reste de l'œuvre, ces chapitres ne doivent que peu de chose à la plume de Jacques de Voragine : ce sont des compilations minutieuses et commentées où se mêlent les données scripturaires, les citations des Pères et Docteurs de l'Eglise et les opinions des théologiens proprement médiévaux. L'ensemble se situe dans une orthodoxie rigoureuse et c'est ce qui le rend intéressant pour notre propos. En effet, ces chapitres vont nous permettre de mieux comprendre cette conception originale du temps propre au christianisme médiéval que J. Le Goff a appelé : le temps de l'Eglise[18].

Pour Jacques de Voragine, l'histoire humaine n'est pas formée d'un ensemble de virtualités dont certaines se réalisent au hasard. C'est une voie tracée au cordeau où Dieu est à l'œuvre, même s'Il respecte la liberté humaine qui s'y accomplit. Les différents moments de ce temps humain ne sont donc pas équivalents. Quand il expose la signification de l'Avent[19] du Seigneur, Jacques s'affirme résolument paulinien et augustinien et rappelle l'enseignement de l'auteur de *La Cité de Dieu* qui montre que le temps est l'objet d'une véritable maturation : depuis Adam, l'histoire s'achemine vers un premier point de plénitude, la venue du Messie qui annonce la mort du temps, c'est-à-dire l'éternité de la Réconciliation :

> Beaucoup se demandent, dit saint Augustin, pourquoi
> J.-C. n'est pas venu plus tôt ; c'est que la plénitude du
> temps n'était pas encore arrivée, d'après la disposition
> de Celui par lequel toutes les choses ont été faites dans
> le temps. Enfin dès qu'arriva la plénitude du temps vint
> celui qui devait nous délivrer du temps. Or une fois déli-
> vrés du temps, nous arriverons à cette éternité où le
> temps aura disparu[20].

Ici, le temps de l'histoire échappe totalement à l'humanité, il ne procède que de la volonté divine qui s'exprime en un moment déterminé. Si, dans sa liberté, l'homme est maître du temps de sa vie, il ne possède, en revanche, que peu de moyens d'action sur le temps de l'histoire dont l'essence lui échappe. Jacques, en tout cas, en est profondément persuadé puisqu'il n'hésite pas à relier la puissance de Rome et l'avènement du Christ :

> Quand le fils de Dieu a pris chair, l'univers jouissait d'une
> paix si profonde que l'empereur des Romains était le seul
> maître du monde. Son premier nom fut Octave ; on le
> surnomma César de Jules César dont il était le neveu.
> Il fut encore appelé Auguste parce qu'il augmenta la
> république et empereur de la dignité dont il était honoré.
> C'est le premier des rois qui porte ce nom. Car de même
> que le Sauveur a voulu naître pour nous acquérir la paix
> du cœur, ou du temps et la paix de l'éternité, de même,
> il voulut que la paix du temps embellît sa naissance[21].

On ne saurait être plus clair : le dessein de Dieu ne se limite pas au Peuple Élu. Il englobe toute l'humanité qui, sans le savoir, évolue constammment dans un temps sanctifié par la Promesse. La réalisation de cette promesse se prépare en permanence dans la durée. Pour le démontrer, l'archevêque de Gênes rappelle l'argument classique de la parole et des actes de prophètes et il n'hésite pas, malgré ses réserves personnelles [22], à recourir aux apocryphes pour convaincre ses lecteurs. C'est dans cet esprit qu'il évoque la légende du bois de la Croix :

> L'arbre qui doit fournir le bois de la Croix a été planté par Seth sur la tombe de son père Adam. Le bois de cet arbre traversera toute l'histoire jusqu'à la Passion. Il est coupé par le roi Salomon qui ne parvient pas à l'utiliser dans la construction du Temple de Jérusalem. Le monarque ordonne ensuite l'enterrement de la poutre parce que la Reine de Saba lui a prédit qu'elle servirait au supplice de Celui dont la Mort sera la cause première de la ruine du royaume des Juifs. Quand approchera le temps de la Passion, le tronc resurgira des entrailles de la terre et surnagera dans la piscine probatique du temple où les Juifs le trouveront et en feront la Croix de Jésus-Christ [23].

Est-il encore possible de parler de temps humain ? L'histoire est sous influence et les hommes ne sont pas libres de la conduire à leur gré. Elle est orientée et elle possède un centre de symétrie événementielle : le Christ. Cette opinion est particulièrement sensible dans les chapitres *de tempore* où Jacques insiste sur les correspondances qu'il décèle entre les événements de l'Ancien et du Nouveau Testament. L'Annonciation forme ainsi l'aspect positif d'un fait tragiquement négatif : le péché originel. L'Adoration des mages répond à la prophétie de Balaam. Depuis le Paradis terrestre, sont fixés le jour et l'heure de la Passion de Jésus : la Crucifixion a lieu exactement au moment anniversaire de la faute d'Adam. Si la Pentecôte se produit cinquante jours après la Résurrection, il faut chercher la cause de ce délai dans *l'Exode* : Moïse reçut les tables de la Loi cinquante jours après la sortie d'Egypte du peuple hébreu [24].

L'Histoire sainte est donc formée d'un réseau de correspondances qui s'ordonnent à partir du centre de symétrie de la Nativité. Cette conception des époques bibliques et évangiliques pourrait n'avoir qu'une valeur exégétique et symbolique si elle était dépourvue de conséquences pour la suite des temps post-christiques. Jacques de Voragine s'attache alors à démontrer que cette chaîne d'événements du passé chrétien continue d'informer et de structurer le temps de ses contemporains à travers l'organisation de la liturgie catholique qui scande, à chaque instant, le temps de l'Eglise.

Comme son nom l'indique, la liturgie fixe les moments et les rituels du service divin. Elle se déploie donc dans un temps spécifique qui, sur la journée et sur l'année, forme le temps des clercs. Ce temps se charge de significations particulières car il est constamment relié à l'histoire de la foi chrétienne. Selon Jacques, chacune des heures canoniales correspond à trois moments de la vie du Christ :

Matines :   Naissance du Christ, arrestation du Christ, les railleries des Juifs.

Prime :   Enseignement au Temple, présentation à Pilate, apparition aux Saintes Femmes.

Tierce :   Railleries des Juifs, Flagellation du Christ, apparition de l'Esprit Saint.

Sexte :   Cruxifixion, règne des ténèbres, repas précédant l'Ascension.

None :   Mort sur la Croix, réunion des apôtres, Ascension.

Vêpres :   Institution de l'Eucharistie, lavement des pieds, descente de la Croix et mise au Sépulchre[25].

Complies : La sueur sanglante, le garde du Tombeau s'endort, la Résurrection.

Les heures de la prière journalière ne sont donc pas arbitrairement fixées. Elles se légitiment dans l'historicité du Christ et leur valeur symbolique sanctifie toutes les activités humaines[26]. Si l'on se tourne vers la liturgie annuelle, on s'aperçoit que les significations symboliques et mystiques s'approfondissent encore. D'après l'archevêque de Gênes, la solennisation des différentes fêtes de l'année s'opère en des jours sanctifiés depuis le commencement du monde. Il n'est pas possible de reproduire ici toutes les explications que nous fournissent à ce sujet les divers chapitres *de tempore* de la *Legenda Aurea*. Contentons-nous des précisions fournies à l'occasion de l'Annonciation[27]

L'Eglise médiévale célèbre l'Annonciation trois mois jour pour jour après Noël, le 25 mars, en plein Carême. Jacques de Voragine insiste beaucoup sur le caractère sacré de cette date. Selon les exégètes, affirme-t-il, ce jour fut celui de la création d'Adam, du péché originel, de la mort d'Abel, du sacrifice d'Abraham, du meurtre de saint Jean-Baptiste et de la délivrance de saint Pierre de sa prison. Sans nous arrêter longuement à la symbolique commune de ces divers éléments, remarquons cependant que tous marquent un moment de rupture : pour Adam, c'est évident. La mort d'Abel confirme l'empire du mal sur la création ; le sacrifice d'Abraham scelle définitivement l'alliance entre Jéhovah et le patriarche ; le meurtre de saint Jean-Baptiste reporte toute l'attention du peuple et des prêtres sur Jésus qui a commencé sa vie publique et qui va désormais accomplir son destin. Enfin, la délivrance de saint Pierre marque la fin des hésitations de l'apôtre et le début du magistère de l'Eglise. Ainsi donc, le cycle de l'année solaire comporte des jours prédestinés aux grands événements et l'Eglise, dans une sorte d'inspiration, les a choisis pour solenniser les grandes fêtes chrétiennes.

La durée des périodes de pénitence qui précèdent les grandes solennités chrétiennes comme Noël et Pâques ne sont pas expliquées à l'aide de considérations historiques. Jacques les justifie en recourant, de préférence, à la symbolique et à la mystique. Les quatre semaines de l'Avent représentent les quatre avènements du Christ : avènement selon la chair (Nativité), selon l'esprit (Baptême dans le Jourdain), selon la mort (Passion), et avènement du Jugement qui reste encore dans l'avenir[28]. Les soixante-dix jours de la Septuagésime représentant les sept millénaires que comptera l'histoire des hommes quand surviendra la fin des temps[29]. La Sexagésime compte soixante jours par symbolisation du produit mystique des six mystères qui constituent la Rédemption (Incarnation, Nativité, Passion, Descente aux Enfers, Résurrection et Ascension) avec les Dix Commandements du Décalogue[30]. Enfin, les quarante jours de pénitence de la Quadragésime rappellent le jeûne du

Christ dans le désert et représentent le produit mystique des Dix commandements par les Quatre Evangiles qui donne naissance à la Nouvelle Loi. Cette période de pénitence se réfère également, nous dit l'archevêque de Gênes, aux quatre parties du monde et aux divers quaternaires fondamentaux des éléments, des saisons et des complexions qui sont aussi pour l'homme des occasions de péché[31]. Le Carême regroupe ainsi toute la symbolique morale et la combine au macrocosme de la création et au microcosme de l'homme.

Le temps liturgique n'est donc pas seulement un temps de solennisation et de commémoration. C'est un temps récurrent qui réactualise chaque année le cycle historique du péché et de la Rédemption, le processus de la Déviation et de la Réconciliation. Dans le flux de l'histoire qui emporte les fidèles vers Dieu, la liturgie introduit, chaque année, l'éternel retour de la grâce qui place les hommes dans l'attente de la deuxième parousie et de la seconde et définitive création qui se produira après le Jugement, dans le temps divin. On comprend mieux, dès lors, que la conception du temps exprimée par la *Legenda Aurea* soit christocentrique : l'incarnation du Fils dans le temps donne à ce dernier sa signification et son orientation, l'événement-Christ informe ainsi tout le passé et tout l'avenir. Le temps liturgique permet donc au fidèle de célébrer la mémoire du Christ en célébrant son Epiphanie. Il lui permet également de vivre dans la présence de son Rédempteur et de prophétiser à coup sûr son retour. Comme nous le disions plus haut, le temps humain n'est pas neutre et sans but. Selon l'archevêque de Gênes, la première venue du Christ ne doit pas être située dans le passé des temps évangéliques, mais dans l'avenir de la seconde parousie annoncée par l'*Apocalypse* de saint Jean. C'est cet apparent paradoxe qui instaure une tension irrésistible dans le temps présent de l'histoire des hommes.

Il n'est pas indifférent que de telles conceptions soient exprimées et regroupées dans un recueil hagiographique dont le plan reproduit l'organisation de l'année liturgique. Dans l'esprit de Jacques de Voragine, les temps sont déjà accomplis : l'homme est sauvé. Les saints ne sont donc que des humains parvenus à une plus grande clairvoyance grâce à leurs mérites personnels. Ils ont perçu clairement toute l'économie de l'histoire du salut : ils ont goûté aux puissances des temps à venir. Comme les prophètes de l'Ancien Testament, mais selon d'autres modalités, ils sont au fait du plan historique de Dieu. Les prophètes annonçaient la réalisation de la Promesse ; par leur seule existence, les saints confirment qu'elle a été tenue : ce sont des relais historiques, des incarnations tangibles de la grâce. Le recueil de Jacques de Voragine prend ici tout son sens. Il est moins une œuvre historique qu'un ouvrage d'apologétique. Dans l'esprit du compilateur, le lecteur doit se dégager de la curiosité anecdotique. Chacun des textes consultés doit donner à penser et il faut le dépasser pour découvrir les vérités de la foi qu'il recèle[32]. Au fond, et en dernière analyse, Jacques ne nous parle de l'histoire que pour nous en faire pressentir mystiquement la fin.

*
*   *

Parvenus à ce moment de notre étude, il faut nous arrêter à quelques considérations culturelles d'une importance fondamentale pour la suite de notre propos.

Si la *Legenda Aurea* est une œuvre d'apologétique, elle est aussi — nous le savons — un recueil destiné à fournir des *exempla* aux prédicateurs dominicains dont nous avons dit également les prédilections urbaines. Au moment où paraît la compilation de Jacques de Voragine, la conception urbaine du temps est à la veille de subir une mutation profonde. Durant la majeure partie du XIIIe siècle, les villes vivent encore les temps ruraux régis par l'irrégularité des jours et des saisons[33] et leur existence quotienne se règle sur les heures canoniales qui rythment les prières de l'Eglise et que repèrent approximativement les cadrans solaires et les clepsydres. Cette apparente immutabilité masque de plus en plus difficilement un conflit fondamental. Le temps des clercs convient mal aux activités artisanales et surtout marchandes des centres urbains. Ainsi que l'a montré J. Le Goff[34], le marchand doit tenir compte du temps naturel[35], mais son négoce se trouve en complète contradiction avec la théologie et la morale du temps enseignée par l'Eglise. Selon le théologien, le marchand s'approprie le temps qui n'appartient qu'à Dieu : « il fonde son activité sur des hypothèses dont le temps est la trame même[36] » ; spéculation, stockage, revente sont fonctions du temps et des temps. Dans ses pratiques financières et bancaires, le marchand, au grand scandale du clerc[37], va jusqu'à vendre le temps. Une telle antinomie ne peut se résoudre que dans une laïcisation du temps et cette dernière est bien engagée au moment où paraît la *Legenda Aurea*. Est-ce à dire que les conceptions historiques et chronologiques de Jacques de Voragine doivent être tenues pour obsolètes au moment même où elles s'expriment ? Nous ne le pensons pas. L'ancienne mentalité survivra encore longtemps à côté de la nouvelle. Elle gardera toute sa force dans le contexte ecclésial et, pendant des siècles, chaque fidèle, fût-il marchand, continuera à situer son destin personnel et ses fins dernières dans les perspectives majestueuses de l'histoire du salut de l'humanité.

Comme nous allons le voir, les communautés urbaines médiévales échapperont encore, de loin en loin, au temps laïque qui naît des pulsations des premières horloges mécaniques. Au XIVe et au XVe siècles, les citadins, réunis sur les *hourdements* complexes du théâtre religieux, se dégageront périodiquement du temps du beffroi pour plonger, l'espace d'une représentation, dans le flux orienté et rassurant du temps de la Bible, des Evangiles et des grandes légendes hagiographiques. Ils renoueront alors avec une conception archaïque du temps qui les arrachera presque totalement à leur environnement quotidien. Cette démarche paradoxale est d'essence spirituelle et présente des connotations de psychologie collective ; en fait, elle est née du malheur des temps. Selon Michel Mollat, la laïcisation du temps dans la seconde moitié du XIIIe siècle correspond à une évolution fondamentale de la conception de l'existence : encouragé par les mutations économiques — et aussi par l'optimisme thomiste —, l'homme prend possession du temps comme des autres dimensions de sa vie[38]. Il faut cependant souligner que des forces contraires viennent rapidement inhiber les effets bénéfiques de ce changement de mentalité. La fin du XIIIe siècle marque le début d'une période difficile qui durera plus d'un siècle. L'interminable guerre franco-anglaise, les épidémies récurrentes, les crises économiques s'acharnent sur la France au point de la laisser sans force, presque exsangue. La société qui vit de telles tribulations ne connaît plus le dynamisme qui habitait les contemporains de Louis IX, elle est traumatisée et souffre de blocages psychologiques majeurs. Elle acquiert alors une conscience aiguë de la fragilité des choses mondaines qui culmine souvent dans le vertige de la mort et la fascination pour le macabre[39]. Les hommes ont le sentiment de mal vivre dans un monde usé, vieilli, finissant. Angoissés par l'impression souvent confuse d'approcher inexorablement de la fin des temps, ils développent un sentiment de culpabilité collective que paraissent corroborer les catastrophes répétées. Sans côtoyer constamment le désespoir ontologique, la société doute souvent de son être et se réfugie parfois dans le paraître. On assiste à une théâtralisation des rapports sociaux où s'exprime une profonde nostalgie des époques plus sereines : on cherche à revivre le bon vieux temps. Comme il ne perçoit pas clairement les indices encourageants qui se manifestent dans le domaine économique[40], le corps social, incapable de concevoir un avenir humain cohérent, se tourne vers un passé spirituel et tente de vérifier la validité des grands mythes chrétiens qui le fondent. En fait, il s'efforce de se rassurer et de chercher des certitudes et des protecteurs. Tous ces facteurs vont favoriser l'épanouissement du théâtre religieux, né du drame liturgique du Xe siècle, qui permettra aux foules inquiètes de retrouver les promesses du passé qui structurent son histoire et sa conscience collective.

Ainsi que l'ont montré les recherches d'H. Rey-Flaud, le théâtre religieux du Moyen Age — essentiellement urbain — se déploie dans des structures closes et souvent circulaires où il n'existe pas de différence fondamentale entre acteurs et spectateurs : une communauté revit, dans une communion totale, l'histoire du salut. Tous sont intimement impliqués dans la *re-présentation* (la graphie est de Rey-Flaud) de ce mystère au sein d'une dramaturgie sans distance qui utilise les ressources très efficaces d'un réalisme parfois hallucinant[41]. On l'a compris : si ce théâtre donne à voir, il permet surtout, et au sens le plus fort, de revivre. Cet art dramatique qui se situe souvent à la limite de la théâtralité, au bord du réel, réactive le temps mythique. En fait, il fonctionne comme une véritable machine à remonter le temps.

On ne pénètre pas d'emblée dans le *Cercle Magique*. Acteurs et spectateurs passent par de véritables sas temporels : messes et processions préliminaires, prologues hiératiques qui commencent toutes les pièces[42]. Cette inconsciente (?) mise en condition est indispensable pour permettre au corps social d'abandonner son temps quotidien pour pénétrer dans le temps mythique dont nous parlions plus haut. Les grands mystères de l'Ancien et du Nouveau Testament lui fournissent alors le seul moyen à sa portée de vérifier la validité permanente du processus de salvation. Cette fonction fondamentale du théâtre religieux de l'automne du Moyen Age est peut-être encore plus évidente quand on aborde les pièces consacrées aux martyrs locaux, aux fondateurs de diocèse, aux évêques illustres et aux saints auxiliaires. Quand Langres met en scène la légende de saint Didier, quand Metz représente la vie de saint Clément, c'est tout le passé mythique de la cité qui est évoqué : Langrois et Messins échappent au temps vécu de leur XVe siècle pour se retrouver dans le temps immobile des mythes fondateurs. Ils réactivent le pacte tutélaire qui les unit au saint « indigète » et, dans le même temps, ils acquièrent une conscience renouvelée de la cohésion et de l'unité de leur communauté[43]. D'une certaine façon, en foulant à nouveau, dans un temps spécifique, le terreau originel où plongent les racines sociales, les citadins ont aussi le sentiment presque physique de retarder un peu l'inéluctable vieillissement du monde dont la seule évocation les affole.

A certains moments de l'intrigue, acteurs et spectateurs parviennent parfois à un niveau supérieur : ils échappent au temps de l'histoire pour une brève incursion dans un temps divin. En effet, les fatistes n'hésitent jamais à montrer Dieu dans Son Paradis. Il est à l'origine de tous les événements de la pièce : Il avalise les destins particuliers et collectifs, Il autorise le Mal qui tente la liberté humaine, Il prépare la gloire des Élus et permet le châtiment des réprouvés dans l'Enfer toujours présent au bord de l'aire de jeu. Dans les *Mystères*

de la Passion, le fatiste débute souvent sa pièce en montrant
les préliminaires célestes de l'histoire du salut. On assiste alors,
mais sans la distance dramatique du théâtre moderne, à ce
Procès de Paradis où Justice et Miséricorde débattent au pied
du trône divin pour savoir si l'humanité souillée par le péché
d'Adam sera punie ou sauvée. En un mot, le théâtre religieux
place le temps au cœur de son intrigue et introduit le fidèle
dans la réalité supérieure, dans le continuum mystique des
desseins de Dieu où peuvent se calmer les angoisses primordiales qui tourmentent la société du temps. Il faudra une redé-
finition conciliaire de la foi[44] et l'apparition de nouvelles conceptions historiques pour que la communauté chrétienne occidentale abandonne lentement la pratique de cette hallucina-
tion collective qui lui fournissait la « preuve » de la présence
constante de Dieu parmi les hommes.

L'Eglise ne cautionnera pas longtemps le théâtre religieux
de la dernière époque médiévale. Alarmée par les outrances
et les déviations des fatistes et des acteurs, stimulée par les
sarcasmes des Evangélistes et des Réformés, elle condamnera
sans faiblesse ce théâtre qui n'évoquait le passé que pour
mieux garantir l'avenir des hommes. Le genre survivra cependant jusqu'au milieu du XVIIe siècle[45] et trouvera encore longtemps des spectateurs pour se prendre à ses sortilèges désuets
qui s'efforçaient de conjurer des angoisses à jamais abolies.
Les Temps Modernes se tourmenteront moins pour les fins dernières et feront du salut une affaire non plus collective mais
intime. La communauté sociale apprendra à contrôler peu à
peu le concept d'avenir et, conscient d'être le maître de son
destin, l'homme oubliera lentement les terreurs eschatologi-
ques pour s'engager hardiment dans les perspectives infinies
du futur qui feront de lui un être des lointains.

Dans le même ordre d'idée, les chapitres *de tempore* de
la *Legenda Aurea* perdront, dès la fin du Moyen Age, leurs
sous-entendus angoissants et grandioses et l'intérêt du lecteur
se reportera tout entier sur les chapitres hagiographiques. Si
le temps liturgique continue de structurer les rythmes annuels
— y compris ceux de notre siècle — le temps civil, de mieux
en mieux mesuré, poursuivra sans relâche son œuvre de laïcisation des activités humaines. A la différence de l'homme

médiéval, l'homme de la Renaissance ne dit jamais « *in illo tempore* » sans avoir conscience de se référer à un passé qui continue certes d'informer son présent, qui peut être évoqué, mais qui ne saurait en aucun cas être revécu. C'est grâce à cette attitude entièrement nouvelle que l'homme occidental est parvenu à briser le verrou de l'avenir.

NOTES

1. Sur cette question, *cf.* A. BOUREAU, *La légende dorée. Le système narratif de Jacques de Voragine* († 1298). Paris, Cerf, 1984, (Cerf-Histoire).

2. Il n'existe pas d'édition entièrement satisfaisante de la *L.A.* La plus accessible reste l'édition Th. Graesse de 1850. La traduction que nous utilisons est celle de J.-B. Roze rééditée par Garnier-Flammarion en 1967 (2 vol., n° 133).

3. Quand il mourut, en 1298, J. de Voragine était entouré de la vénération de ses concitoyens. L'Eglise le déclara Bienheureux et fixa sa fête au 13 juillet.

4. Voir traduction Roze, *Introduction*, p. 11.

5. Il faut souvent intervenir son esprit critique et n'hésite pas à exprimer ses réserves quand il rapporte une anecdote particulièrement suspecte.

6. Voir Introduction du *Liber Epilogorum* et de l'*Abbreviatio*.

7. G. DUBY, *Le Chevalier, la femme, le prêtre. Le mariage dans la France féodale*, Paris, Hachette, 1981, p. 136.

8. On peut regrouper ces chapitres *de tempore* en plusieurs cycles ; voir plus loin.

9. En fait, Jacques ne fixe pas les limites des deux derniers temps, mais il est plus facile de les retrouver d'après les Ecritures.

10. Sur cette question, *cf.* G. PATTARO, « La Conception chrétienne du temps », *Les Cultures et le temps*, Paris, Payot-Unesco, 1975, p. 193 *sq.*

11. A rattacher également à ce temps la période Nativité-Epiphanie.

12. A rattacher à ce temps la période octave de l'Epiphanie-Septuagésime.

13. Voir traduction Roze, t. 1, pp. 27, 65, 105, 114, 256, 271, 358.

14. *Ibid.*, t. 1, pp. 175, 177, 179, 181, 183, 271, 351, 367.

15. *Ibid.*, t. 1, pp. 86, 188, 248 ; t. 2, pp. 171, 477.

16. *Ibid.*, t. 1, p. 341 et t. 2, p. 192.

17. *Ibid.*, t. 2, pp. 312, 322, 445.

18. J. LE GOFF, « Au moyen âge : temps de l'Eglise et temps du marchand », *Annales E. S. C.*, t. 15 (1960), 1re partie, pp. 417-433.

19. *Cf.* Roze, t. 1, p. 27 *sq.*

20. *Ibid.*, t. 1, p. 28.

21. *Ibid.*, t. 1, p. 65.

22. *Ibid.*, t. 1, p. 342.

23. *Ibid.*, t. 1, p. 342.

24. Sur cette question, voir *ibid.*, t. 1, pp. 144, 248, 262, 365.

25. Il faudrait encore ajouter *Laudes* qui est rattaché au Passage de la Mer Rouge, 2, 448.

26. La semaine possède également trois jours sanctifiés par les événements évangéliques : le jeudi, le vendredi et le dimanche.

27. Voir Roze t. 1, 253.

28. *Ibid.*, t. 1, p. 28.

29. *Ibid.*, t. 1, p. 175.

30. *Ibid.*, t. 1, p. 177.

31. *Ibid.*, t. 1, p. 181. Sur la relation entre les quaternaires et le péché, voir 1, p. 183, *sq.*

32. Sur toute cette question, voir la conclusion générale de l'étude d'A. Boureau citée plus haut.

33. *Cf.* M. MOLLAT, *Genèse médiévale de la France moderne*, Paris, Arthaud, 1970, p. 200.

34. Voir *supra* note 18.

35. Le marchand doit tenir compte des saisons qui règlent le rythme de ses voyages et de ses transactions.

36. Art. cit., p. 418.

37. Cette question est très étudiée par les théologiens franciscains au début du XIVe siècle, *cf.* LE GOFF, pp. 417-419.

38. *Cf.* MOLLAT, *op. cit.*, p. 200.

39. *Cf.* L'étude bien connue de J. HUIZINGA et A. TENENTI, *La Vie et la Mort à travers l'art du XVe siècle,* Paris, A. Colin, 1952. L'ouvrage d'E. MÂLE : *L'Art religieux en France à la fin du moyen âge* est également indispensable.

40. *Cf.* J. HEERS, *L'Occident aux XIVe et XVe siècles. Aspects économiques et sociaux,* Paris, P.U.F., 1970, (Nouvelle Clio ; 23).

41. Voir H. REY-FLAUD, *Le Cercle magique. Essai sur le théâtre en rond à la fin du moyen âge,* Paris, Gallimard, 1973, (Bibliothèque des Idées) ; et, du même, *Pour une dramaturgie du moyen âge,* Paris, P.U.F., 1980, (Littératures modernes ; 22). Sur le réalisme *hallucinant,* voir ce dernier ouvrage, p. 19.

42. Sur cette question, voir *Le Cercle magique...*, p. 254 *sq.*

43. Cette communauté ne se retrouve pas dans l'égalité factice d'un moment sans lendemain. Comme le prouve l'existence de secteurs réservés aux différents états sociaux dans le *hourdement,* la société des spectateurs respecte les hiérarchies de la vie courante.

44. Le Concile de Trente a condamné le théâtre religieux en décembre 1563.

45. La distanciation dramatique s'instaure rapidement. Au XXe siècle, les représentations d'Oberammergau (Bavière) et d'Elche (Espagne) ne sont plus que des spectacles.

Jacqueline CERQUIGLINI
(Université d'Orléans)

Écrire le temps.
Le lyrisme de la durée aux XIVe et XVe siècles

La poésie lyrique du premier Moyen Age, le *grant chant*, dit l'amour sous forme du désir. Le temps qu'elle met en scène est celui de l'attente, de la tension vers quelque chose à venir. Présent et futur se partagent l'espace de la chanson. La poésie lyrique aux XIVe et XVe siècles opère dans son rapport au temps une mutation fondamentale. Son regard n'est plus tourné vers l'avenir mais fasciné par ce que j'appellerai la tentation chronologique. De l'amour, cette poésie veut dire moins la tension que le déroulement, le début, le milieu et la fin.

Telle est l'interprétation que je proposerai au fait remarquable du passage de la pièce au recueil, de la ballade aux *Cent Ballades*, du poème au dit : une mise en récit du lyrisme, c'est-à-dire le retour de la narration, du discursif. Une telle mutation induit deux conséquences. Dire le déroulement d'un amour, c'est soit l'écrire au jour le jour, soit pouvoir se placer à sa fin. La tentation chronologique implique le plus souvent le regard rétrospectif. Elle entraîne également la réécriture de l'amour selon un ordre qui est celui du temps, dans sa succession, et non dans son éternité.

Mesure du temps

Premier aspect de cette mutation, le regard rétrospectif

favorise une pose réelle ou fictive : la vieillesse. Le poète se
retourne sur sa vie, ses amours dans un mouvement réflexif.
Le regard sur le passé est un retour sur soi, une confrontation de points de vue. Le moi d'aujourd'hui ou d'hier — souvent la pose offre ce décalage ou cette mise en perspective
— examine le moi d'avant hier et le juge. Le *memento mori*,
ce rappel incessant de la mort à venir, n'infirme pas notre
analyse. On n'anticipe en fait un futur inéluctable que pour
mieux surplomber le passé et l'amender quand il en est encore
temps. La vieillesse devient le lieu de l'introspection. C'est
une mise en scène de cet ordre que présentent les poèmes fort
nombreux qui s'intitulent alors *passe temps* ou qui adoptent
la fiction du testament : *Testament* de François Villon[1], bien
sûr, *Passe Temps* de Michault Taillevent[2], vers 1440 :

> *« Je pensoye n'a pas sept ans*
> *Ainsy qu'on pense a son affaire*
> *Par maniere de passe temps*
> *Ou si comme en lieu de riens faire »*
>
> (éd. R. Deschaux, *PT,* v. 1-4),

Temps perdu de Pierre Chastellain[3] qui renvoie explicitement
au texte de Michault :

> *« En contemplant mon temps passé*
> *Et le passe temps de Michaut,*
> *J'ay mon temps perdu compassé*
> *Duquel a present bien m'y chault »*
>
> (éd. R. Deschaux, *TP.* v. 1-4).

Le regard rétrospectif : « En contemplant mon temps passé »,
va de pair avec une nouvelle attitude face au temps : sa
mesure. On « compasse » le temps[4] et de diverses manières.
On lit le passage du temps dans le corps :

> *« Des aages sens au dos le cense »*
>
> (éd. R. Deschaux, *PT,* v. 533)

rappelle Michault Taillevent, et au siècle précédent Eustache
Deschamps avait évoqué dans une ballade « les signes de la
mort »[5]. On mesure également la durée écoulée au temps qu'on
met à la retracer :

> *« Assés pappier et encre meisse*
> *A mon passe temps raconter*

> *Se je ne doubtasse et cremisse*
> *Qu'il ennuyast a escouter »*
>
> (éd. R. Deschaux, *PT*, v. 638-641)

conclut Michault Taillevent. L'écriture dans son frayage même devient mesure du temps. La poésie lyrique est passée d'une temporalité de l'énonciation à une temporalité de l'écriture et de la lecture. Elle n'est plus une pure voix intransitive mais s'adresse à un public qu'elle convoque :

> « *S'aulcun seigneur, pour sa plaisance,*
> *Veult ouyr, lire et escouter,*
> *Ce livre, fait par desplaisance,*
> *Passer temps il pourra trouver »*
>
> (éd. P. Champion, v. 230-233)

écrit l'auteur anonyme du *Prisonnier desconforté du château de Loches*[6]. La pièce lyrique enchâssée dans le texte narratif qui l'expose devient étalon de durée, de deux manières. Par le temps qu'elle exige pour sa composition. C'est le cas d'une chanson balladée dans le *Voir Dit* de Guillaume de Machaut[7] : « Onques si bonne journée », qui donne le temps de l'union :

> « *Et si dura longuettement,*
> *Tant que je os fais presentement,*
> *Ains que Venus s'en fust alee,*
> *Ceste chanson qu'est baladee »*
>
> (éd. P. Imbs, *VD*, 4028-4031 ; PP, v. 3794-3797).

C'est celui plus élaboré encore d'un lai de Jean Froissart dans la *Prison amoureuse*[8]. Son rythme de production et d'apparition dans le texte imprime au livre une temporalité. Froissart propose d'abord les trois premières strophes de ce lai : « Ou sont li vrai amoureus ? », rappelant que pour composer une forme aussi difficile : « Il y faut ce dient li mestre, / Demi an ou environ mettre » (éd. A. Fourrier, *PA*, 2202-2203). Il écrit :

> « *Ensi que j'ai ja dit devant,*
> *Dou lai je ne fis plus avant*
> *Et, quant li autre ver venront*
> *Qui a ces trois s'acorderont,*
> *Lors sera acomplis et fes »*
>
> (éd. A. Fourrier, *PA*, v. 2194-2198).

Plus de mille vers plus loin, il achève la pièce, offrant les neuf strophes qui la complètent :

> *« Depuis ai je les vers rimés*
> *Dou lai, ou grant plaisance avoie,*
> *Et si bien y trouvai la voie*
> *Que, Dieu merci, dedens brief jour*
> *(Tant eus je loisir et sejour,*
> *Avoec un peu d'avancement*
> *Que j'avoie en commencement),*
> *Parfis le lay a me plaisance ».*
> (éd. A. Fourrier, PA, v. 3484-3491)

La pièce lyrique insérée est aussi mesure de la durée par le temps qu'elle demande pour sa lecture et sur lequel les poètes insistent. Ainsi dans le *Voir Dit*, le poète doit partir voir sa dame. Il écrit :

> *« Mais, ainçois, fis ceste balade*
> *De joli sentement et sade*
> *Et en ces lettres l'encloÿ*
> *Dont ma dame moult s'esjoÿ »*
> (éd. P. Imbs, *VD*, v. 1622-1625 ; PP, v. 1478-1481).

Le texte de la ballade : « Nes qu'on porroit les estoilles nombrer » suit, ainsi que la lettre X. La narration reprend sur ces vers :

> *« Aprés ce je me acheminai*
> *Et tout droit prins mon chemin hai »*
> (éd. P. Imbs, *VD*, v. 1647-1648 ; *PP,* v. 1503-1504).

Le *aprés* renvoie au *ainçois*, il se crée un temps de la ballade, temps de la composition pour le poète, temps de la lecture pour nous. La narration prend une épaisseur temporelle. La poésie des XIVe et XVe siècles, dans son jeu de montage lyrique, réussit par l'écriture à créer le sentiment de la durée. Elle dit aussi le passage du temps.

J'évoquerai le témoignage de l'iconographie. Il apparaît en effet, en concurrence avec la technique de la représentation simultanée, une technique nouvelle qui, au lieu de rassembler dans une image les différents plans de l'action, les éparpille et les répartit tout au long d'un volume. M. Jacques Stiennon a analysé avec pénétration cette méthode de représentation de l'action et du déroulement du temps dans l'art[9]. L'exemple qu'il prend — on sait son intérêt pour la légende de Roland[10] — est un manuscrit de l'*Entrée d'Espagne* exécuté vers le début du XIVe siècle et conservé à la *Marciana* de Venise (cod. fr. IV). Il écrit :

> « Il serait trop faible de dire que ces illustrations suivent pas à pas les péripéties d'un long récit : en réalité, elles décomposent très souvent les gestes des protagonistes dans un épisode quelquefois extrêmement limité dans le temps.
>
> Un chevalier se précipite dans une mêlée furieuse. Une première image le saisit en train de galoper, dans une deuxième, il lève son épée. Une troisième nous le montre repérant un adversaire et abaissant vers lui son arme. Dans une quatrième miniature, l'image continue le geste meurtrier. Dans une cinquième, l'arme taille en deux le corps de l'ennemi. Enfin, une dernière image nous fait assister à la chute pitoyable de l'adversaire. Le tout resserré le plus souvent sur une, deux ou trois pages et dans une fixité remarquable du décor ».

Il me semble que nous assistons à une analyse d'un ordre analogue dans les dits qui projettent l'instant lyrique dans le temps. Je prendrai l'exemple du *Voir Dit*. Les pièces lyriques que le texte enchâsse dessinent la ligne d'une aventure amoureuse, de sa naissance à sa mort. Elles en donnent les moments principaux, les stations, en quelque sorte : désir, requête, rencontre, baiser, union, — degrés de l'amour. On comprend alors la répartition très inégale des pièces lyriques dans le *Voir Dit*. Quarante-cinq apparaissent dans la première partie jusqu'à l'union, dix-huit dans la seconde. Sur le versant du désamour, les stations qu'a codifiées la lyrique courtoise sont moins nombreuses. Elles se résument essentiellement à deux : intervention des médisants, trahison. Le poème lyrique ne cerne plus l'instant ou l'éternité, la suspension du temps, il contribue à l'écriture de son passage. On monte l'événement, le discontinu dans le continu de la narration. Le vécu, discontinu, est fixé en écrit. Nous sommes après l'union. Le poète s'adresse à sa dame :

> « *Vostres livres se fait et est bien avanciés, car j'en fait tous les jours. C. vers ; et, par m'ame, je ne me porroie tenir du faire, tant me plaist la matere, et pour ce que je sai bien que vous le verriés tresvolentiers. Mais j'ai trop a faire a querir les lettres qui respondent les unes*

> *aus autres ; si vous pri qu'en toutes les lettres que vous*
> *m'envoierés d'ores en avant il y ait date, sans nommer*
> *le lieu »*
> (éd. P. Imbs, *VD*, l'amant, lettre XXVII ; PP, pp. 202-
> 203).

Cette lettre inaugure la série des missives datées. Elle porte la mention : « Escript le VIIIe jour d'aoust ». Le passage du temps du vécu, saisi de manière flottante, du type : « Je demourrai III. jours ou quatre » (éd. P. Imbs, *VD*, l'amant, lettre XVII ; PP, p. 134), à ce temps chiffré est un indice sûr de la transformation de l'aventure en livre. Paradoxalement, la datation n'est pas signe d'une plus grande adéquation au réel, d'une plus grande authenticité, elle est la marque de l'écriture. C'est ce qu'indique clairement le poète. Il prend conscience que les lettres ont besoin d'être datées à partir du moment où il veut les faire figurer dans le livre. La chronologie est principe de classement. La date sert à enregistrer quand la mémoire n'est plus vive mais se confie au livre. Oton de Grandson note dans son *Livre Messire Ode*[11] :

> « *Et lors je meiz mon pensement*
> *A commancier une ballade.*
> *Et la fiz comme homme malade*
> *Et enregistray en mon livre,*
> *Et, s'il vous plaist, la pouez lire ».*
> (éd. A. Piaget, *LMO*, v. 98-102).

Le livre qui fixe les instants de la création, leur couleur, qui les déroule ou qui les hiérarchise, devient la finalité du lyrisme. Grâce à l'écriture, la poésie lyrique des XIVe et XVe siècles met en place un temps perspectiviste : pluralité de moments que le retour sur soi d'un sujet organise.

Quand le souvenir se fait mélancolie

Une mutation que j'ai pu saisir à l'œuvre confirme ces interprétations : celle de *Souvenir*. Force qui actualise le virtuel, qui rend présent l'absence, qui convoque ce qui n'est pas mais que l'esprit peut imaginer, Souvenir, dans la valeur que lui donne le Moyen Age, est proche du sens qu'a le verbe *subvenire* en latin : « venir à l'esprit ». Les figures qu'il fait naî-

tre en effet n'ont pas été forcément perçues par les sens auparavant ; elles ne se rapportent pas obligatoirement au passé[12].
Citons un exemple emprunté au *Voir Dit* :

> « *Qu'onques ne l'avoie veüe ;*
> *Mais Souvenirs la figuroit*
> *En mon cuer* »
> (éd. P. Imbs, *VD*, v. 404-406 ; PP, v. 332-334).

Souvenir est du domaine du virtuel et par là même entretient
un lien extrêmement fort dans toute la tradition allégorique
médiévale avec une autre force du virtuel : Espérance. Dans
la *Prison amoureuse* de Froissart, Souvenir et Espérance sont
fils et fille de la même vertu : *Atemprance*, et Souvenir a pour
mission de briser « les errours / De trestoutes merancolies » (éd.
A. Fourrier, *PA*, v. 3270-3271). Elément de régulation de
l'amour, Souvenir est l'*orlogier* de l'*Orloge amoureus* de Froissart. Il en gouverne et règle le cours[13]. Comme Espérance, il
est figure de *confort*. Rappelons que *subvenire* en latin a pour
sens premier : « venir au secours ». Ce réconfort peut être multiforme. Essentiellement, Souvenir, de même qu'Espérance,
entretient le désir. Par cette conjuration du manque qu'il réa-
lise dans l'imaginaire, il permet à l'amour de vivre. C'est ce
qu'on lit dans la première partie du *Voir Dit* :

> « *et pense que je fusse pieça mors, se li souvenirs que j'ai*
> *de vous ne fust. Mais je pren joie et confort et vraie espe-*
> *rance que je vous verrai encor, tout ainsi que mes cuers*
> *le desire* ».
> (éd. P. Imbs, *VD*, l'amant lettre IV ; PP, lettre I, p. 54).

C'est ce qu'on rencontre de manière analogue chez Froissart
dans la *Prison amoureuse* :

> « *Et entroes que vous demorés et sejournés en la prison*
> *d'Atemprance, Espoir, Souvenir, Avis et Congnissance*
> *vous visettent et confortent et vous remettent toutes bon-*
> *nes conditions devant (car autrement vous ne poriés*
> *durer) et pourcachent votre aligance* ».
> (éd. A. Fourrier, *PA*, Lettre IX de Flos à Rose, p. 152,
> lignes 70-75)

C'est ce qu'on trouve encore chez Christine de Pizan et Charles d'Orléans. Une mise en scène allégorique révèle à plein
cette fonction dans le *Champion des Dames* de Martin Le

Franc[14]. L'acteur se rend au réfectoire d'Amour « dont dame Espérance, avecques Foy et Charité, a principalement la charge », précise la rubrique. Il voit parmi les serviteurs Confort et Joyeux Souvenir nourrissant les amants que Désir consume (éd.A. Piaget, *CD*, v. 2113-2117). Guillaume de Machaut nous fait donc assister à une révolution quand il opère dans l'espace du *Voir Dit* la transformation de Souvenir de cette figure de *confort*, bien affirmée dans la tradition courtoise, à une figure de *desconfort*. De la première à la seconde partie du *Voir Dit,* Souvenir passe du pôle de la joie, où siège Espérance, au pôle de la tristesse qu'incarne le désir mauvais, non *attempré* précisément :

> « *Et Souvenirs, qui conforté*
> *M'a cent fois et joie aporté,*
> *Qui tous biens faire me soloit,*
> *Toute ma joie me toloit,*
> *Car il m'aministroit pensees*
> *Diverses et desordenees*
> *Qui estoient entortillies*
> *De courrous et merancolies*
> *N'autre chose ne m'aportoit*
> *Fors qu'adés me desconfortoit* »
> (éd. P. Imbs, *VD*, 5170-5179 ; PP, .v 4918-4925)[15].

De nouvelles associations de forces se nouent autour de Souvenir. La mélancolie qu'il avait combattue jusqu'alors se joint à lui.

Ce retournement de Souvenir à l'intérieur du *Voir Dit* m'apparaît très caractéristique d'une mutation générale de la poésie lyrique au tournant du XIVe et du XVe siècle. On passe d'une poétique de la joie à une poétique de la douleur, d'une poésie fondée sur Espérance et tendue vers un futur à une poésie qui met en avant Mélancolie et se tourne vers le passé. Que l'œuvre de Machaut se veuille sous le signe de la joie, c'est ce que le poète affirme dans le prologue de ses œuvres[16], en même temps qu'il proclame la difficulté d'une telle entreprise. La poésie par sa liaison avec la musique doit être dominée par la joie :

> « *Et Musique est une science*
> *Qui vuet qu'on rie et chante et dance ;*
> *Cure n'a de merencolie* »
> (éd. E. Hœpffner, *P*, V, v. 85-87 ; Ch. v. 198-200).

On comprend qu'avec la rupture de l'union entre poésie et musique, après Machaut, celle-là puisse changer de signe. La mutation des valeurs attachées à Souvenir est une conséquence de cette transformation. Cette mutation est nette dans le *Voir Dit* où le couple Espérance-Souvenir se défait au profit d'un couple Souvenir-Mélancolie, alors qu'on l'a bien vu dans le prologue, Musique exclut cette couleur de la pensée. Il semble que la transformation dans le texte dise la transformation qui se produit au même moment dans le lyrisme. Les manifestations de ce changement, en effet, sont nettes dans la poésie postérieure à Machaut. Là où notre poète — ou ses émules — aurait employé Souvenir, on trouve maintenant *Plaisant Souvenir, Joyeux Souvenir*[17]. Il faut préciser la coloration de cette force. On aboutit même chez René d'Anjou[18] à la présentation suivante, —il s'agit de la description de la cinquième pièce de tapisserie de la salle d'Amour, consacrée à Souvenir :

> « *Nommé suys Souvenir, avec Pensee aussi,*
> *Qui forgeons sans cesser, comme voyez icy,*
> *Fleurectes d'ancolies et soucïes tousjours*
> *Sur l'enclume de paine, de marteaulx de labours,*
> *Pour aux dolans amans qu'ont dame sans mercy*
> *Faire des chappelez avec fleurs de rebours* ».
>
>   (éd. S. Wharton, *LC*, p. 176).

Naissent les connotations modernes de Souvenir, la liaison de cette force avec le passé « fleurs de rebours » et non plus avec l'avenir comme tel était le cas dans la poésie lyrique jusqu'à Machaut. On saisit la partie que Souvenir se met à jouer avec Mélancolie, mélancolie qui a sa source, les phénoménologues nous l'apprennent [19], dans l'impossibilité d'appréhender le futur. Souvenir quitte la sphère de l'imagination qui était la sienne pour entrer dans celle de la mémoire. Le *Voir Dit*, texte qui se veut le récit de sa propre écriture, énonce par excellence ce passage, c'est-à-dire la fixation du souvenir en mémoire, le monnayage de l'absence en écriture.

On peut s'interroger sur le sens d'une telle inversion. Le regard rétrospectif, perspectiviste, va de pair avec une désacralisation du temps. L'attente de la fin du monde, vécue dans l'espoir par les premiers chrétiens, est maintenant vécue dans

NOTES

1. Daniel Poirion remarque dans « L'enfance d'un poète : François Villon et son personnage », (p. 517) : « Le rapport de la poésie et de la réflexion sur le temps se confirme chez Villon dans la mesure où il semble vouloir présenter chaque fois ses poèmes comme composés au terme d'une durée vécue », *Mélanges Jeanne Lods. Du Moyen Age au XXᵉ siècle*, Paris, E.N.S.J.F., 1978, tome I, pp. 517-529.

2. Robert DESCHAUX, (éd.), *Un poète bourguignon du XVᵉ siècle : Michault Taillevent*, Genève, Droz, 1975. L'édition du *Passe Temps* (référence abrégée *PT*) se trouve aux pages 131-163.

3. Robert DESCHAUX, (éd.), *Les œuvres de Pierre Chastellain et de Vaillant, poètes du XVᵉ siècle*, Genève, Droz, 1982. L'édition du *Temps perdu* (référence abrégée *TP*) se trouve aux pages 17-41.

4. Voir par exemple Michault TAILLEVENT, *Le Passe Temps*, v. 30 : « Ainsy que ses ans on compasse ».

5. Marquis DE QUEUX DE SAINT-HILAIRE et Gaston RAYNAUD, (éd.), *Œuvres complètes d'Eustache Deschamps*, tome VII, Paris, Didot, 1891, (S.A.T.F.), ballade 1266, pp. 3-4.

6. Pierre CHAMPION, (éd.), *Le Prisonnier desconforté du château de Loches*, Paris, Champion, 1909.

7. *Le Livre du Voir Dit*, (abrégé *VD*), éd. Paul Imbs, à paraître. (Je remercie très vivement M. Imbs d'avoir mis à ma disposition un exemplaire dactylographié de cette édition). Nous donnons à côté les références à l'édition Paulin Paris (abrégées *PP*), *Le Livre du Voir-Dit de Guillaume de Machaut*, Paris, Société des Bibliophiles François, 1875.

8. Jean FROISSART, *La Prison amoureuse* éd. Anthime Fourrier, Paris, Klincksieck, 1974, (abrégée *PA*).

9. Jacques STIENNON, « Réflexions sur l'étude comparée des arts plastiques et littéraires » dans *Approches de l'art. Mélanges d'esthétique et de science de l'art offerts à Arsène Soreil*, Bruxelles, La Renaissance du livre, 1973, pp. 115-124. La citation que nous faisons se trouve p. 120.

10. Rita LEJEUNE et Jacques STIENNON, *La légende de Roland dans l'art du Moyen Age*, Bruxelles, Arcade, 1965, 2 vol.

11. Arthur PIAGET, (éd.), *Oton de Grandson, sa vie et ses poésies*, Lausanne, Payot, 1941. (Mémoires et Documents publiés par la Société d'histoire de la Suisse romande, troisième série, tome I). Le *Livre Messire Ode (LMO)* se trouve aux pages 381-478.

12. *Souvenir* est donc différent, en cela, de ce que l'on entend aujourd'hui par le terme. Le fait n'a pas été suffisamment souligné par les dictionnaires. F. Godefroy fait ainsi figurer *souvenir* uniquement dans son tome 10 parmi les mots n'ayant pas changé de sens entre le Moyen Age et son époque. Cette occultation amène des contresens. On ne voit, en effet, qu'une partie des valeurs du terme et certains de ses emplois restent inexplicables. Les exem-

ples de ces demi-compréhensions sont fort nombreux ; en voici un, très caractéristique, né d'un emploi du mot par Charles d'Orléans :

> « *Qui ? quoy ? comment ? a qui ? pourquoy ?*
> *Passez, presens ou avenir,*
> *Quant me viennent en souvenir,*
> *Mon cueur en penser n'est pas coy* ».
> (éd. P. Champion, *Poésies*, t. II, Paris, Champion, 1927, Rondeau CCC,
> v. 1-4)

Voir le commentaire embarrassé d'Alice Planche dans son *Charles d'Orléans ou la recherche d'un langage*, Paris, Champion, 1975, p. 529.

13. Voir Jean FROISSART, *Poésies*, éd. Auguste Scheler, tome I, Bruxelles, Devaux, 1869, v. 1024-1031 de l'*Orloge amoureus*.

14. Martin LE FRANC, *Le Champion des Dames* (titre abrégé *CD*), éd. Arthur Piaget, Première partie, Lausanne, Payot, 1968. (Mémoires et Documents publiés par la Société d'histoire de la Suisse romande, troisième série, tome VIII).

15. Paulin Paris a omis les deux derniers vers de notre citation.

16. Ernest HŒPFFNER, (éd.), *Œuvres de Guillaume de Machaut*, tome I, Paris, Firmin-Didot, 1908. Nous donnons également les références à l'édition du prologue (*P*) dans Vladimir CHICHMAREF, *Guillaume de Machaut, Poésies lyriques*, Paris, Champion, 1909. 2 vol.

17. Voir par exemple, pour *Plaisant Souvenir*, Christine DE PIZAN, *Cent Ballades d'Amant et de Dame*, éd. Jacqueline Cerquiglini, Paris, U.G.E. [10/18], 1982, pièce XLIV, v. 13 ou la chanson LVIII de Charles d'Orléans (éd. P. Champion, *Poésies*, t. I, Paris, Champion, 1923, p. 238) dans laquelle précisément *Plaisant Souvenir* lutte contre *Mérencolie* ; pour *Joyeux Souvenir* on se reportera à la citation que nous avons faite du *Champion des Dames*.

18. René d'ANJOU, *Le Livre du cuer d'amours espris*, éd. Susan Wharton, Paris, U.G.E. [10/18], 1980. (abrégé *LC*).

19. Jean Starobinski, s'appuyant sur les travaux de Ludwig Binswanger, remarque : « Incapable d'effectuer l'acte *protensif* qui le lie à un futur, le mélancolique voit s'effondrer le fondement même de son présent », « L'encre de la mélancolie », *La Nouvelle Revue Française*, 1er mars 1963, 11e année, n° 123, pp. 410-423 ; voir p. 421.

20. Sur la confusion *Chronos* (temps), *Kronos* (Saturne), voir Erwin PANOFSKY, *Essais d'iconologie*, trad. C. Herbette et B. Teyssèdre, Paris, Gallimard, 1967, p. 110.

RENAISSANCE

Franz BIERLAIRE
(Université de Liège, Institut d'Histoire
de la Renaissance et de la Réforme)

Pour une étude du temps chez Érasme

à Monsieur Jean-Pierre Massaut

Érasme date-t-il ses lettres, et comment ? Note-t-il le jour, le mois, le millésime ? Date-t-il à la manière romaine ? A la manière chrétienne ou médiévale ? Quel style utilise-t-il ? Sa façon de dater dépend-elle de l'identité de son correspondant ? De quand date la date de chaque lettre ? Telles étaient les questions que je me posais, lorsque j'ai été invité à participer à ce colloque, et que je continue à me poser, car une telle enquête, qui ne peut être systématique, demande du temps, un temps qui m'a d'autant plus manqué que, dans la foulée, j'ai été amené à me poser d'autres questions sur le temps d'Érasme, sur Érasme et le temps. C'est ce questionnaire que l'on trouvera ici, prélude à un programme de recherches lancé à l'Université de Liège et qui amènera ceux qui auront le temps de le réaliser à lire toute l'œuvre d'Érasme, car il faut, je crois, tout lire, en commençant bien sûr par la correspondance.

Érasme ne date pas toutes ses lettres ; il suit tantôt l'usage romain, tantôt l'usage chrétien. Il lui arrive même de renvoyer aux calendes grecques, auxquelles il consacre d'ailleurs un de ses *Adages*. Il utilise le plus souvent le style de l'Incarnation, mais il recourt parfois au style de Pâques, notamment lorsqu'il écrit à un correspondant français, en se trompant dans certains cas[1]. Il date souvent ses lettres longtemps après les avoir écrites, non lorsqu'il les envoie, mais lorsqu'il les publie, et en commettant des erreurs manifestes. Les lettres d'Érasme publiées par ses soins ne sont jamais classées selon l'ordre chronologique, au grand dam des lecteurs, qui n'hésitent pas à se plaindre, mais en vain[2].

Érasme et le temps, ce n'est pas seulement l'épistolier peu soucieux de la chronologie, c'est aussi — et l'un ne va pas sans l'autre — Érasme autobiographe. Quel crédit accorder aux données chronologiques éparses dans son œuvre et dans sa correspondance ? Quand est-il né ? Le sait-il lui-même ? On ne peut guère, à l'aide des renseignements qu'il donne, retracer son itinéraire précis et surtout dater avec certitude les étapes importantes de son enfance et de sa jeunesse. Comment se fait-il que les allusions à son propre passé, à son âge, à tel ou tel épisode de sa vie soient si discordantes ? Ne sait-il pas ou ne veut-il pas que l'on sache ? Quand il écrit : *Simile quiddam accidit Daventriae me puero*[3], sans doute sait-il, mais nous pas ! Que tirer de notations comme celle-là, après les avoir toutes rassemblées — ce qui est loin d'être fait !

Le temps d'Érasme, c'est aussi bien sûr, son époque. Comment la juge-t-il ? Que pense-t-il de son présent ? Comment voit-il le passé ? En 1517, il croyait à la naissance d'un siècle d'or, mais il dut rapidement déchanter, à cause de Luther, des guerres, des attaques de ses adversaires. L'âge d'or restera néanmoins un de ses thèmes familiers[4] : Érasme continuera à espérer — sans illusion — le rétablissement de la pitié, de la paix, des belles-lettres. Sans jamais employer le mot « renaissance », il évoque volontiers le réveil de la culture, de l'éloquence qui, après avoir été longtemps ensevelie, a ressuscité en Italie, grâce à Pétrarque, puis au nord des Alpes, beaucoup plus tard[5]. On peut suivre, dans les premiers volumes de sa correspondance, les progrès lents, incertains, du renouveau culturel dans les Pays-Bas du Nord.

Comme tous les humanistes, Érasme voit le passé en termes de rupture, non en termes de continuité, et il y aurait une belle étude à faire sur la vision érasmienne du Moyen Age, à partir — bien sûr — des *Antibarbari*, mais aussi de tous les textes où Érasme parle des Pères de l'Eglise, des théologiens scolastiques, de la naissance des ordres mendiants, etc. L'humaniste qu'il est parle évidemment davantage de l'Antiquité que du Moyen Age, mais où place-t-il la coupure entre les deux périodes ? Une lecture attentive du *Ciceronianus*, où il passe en revue tous les auteurs latins et même néo-latins, devrait apporter des éléments de réponse à cette question.

Érasme est en tout cas bien conscient que la république des lettres dont il rêve ne sera plus la république de Cicéron. L'Antiquité n'est pas pour lui une sorte de Belle au bois dormant se réveillant après un millénaire dans les bras d'un chevalier humaniste : « Quelle que soit la direction vers laquelle je tourne mon regard, je ne vois que du changement, je suis sur une autre scène, je vois une autre pièce ; bien plus, je suis dans un autre monde .» Le changement est particulièrement sensible dans le domaine des langues : « Jadis, une bonne partie de l'Europe, de l'Afrique et de l'Asie mineure parlait le latin et le grec. Combien de langues barbares ne sont-elles pas nées de la langue latine[6] ? » Et ce qui caractérise ces langues modernes, c'est qu'elles changent constamment. Les langues anciennes aussi ont évolué dans l'Antiquité, car toutes choses sont instables, fragiles. La vision qu'Érasme a de l'histoire pourrait être résumée par l'expression d'« évolution destructrice » : « La tendance spontanée, représentée par le *vulgus*, est vers la corruption, la dégénérescence et la mort ; pour lutter contre ce mouvement est requis de la part d'une élite un effort continu, sans cesse repris, de maintien et de restauration[7]. » Ce que dit J. Chomarat d'Érasme historien des langues anciennes vaut également pour l'historien de l'Eglise et du monachisme : le temps constitue une sorte de maladie dont il faut guérir, en retournant à un passé abandonné. Remonter le courant du temps, c'est notamment, pour ce qui est des langues anciennes, ramener à la lumière des mots qui paraissent rudes et archaïques, parce qu'ils ont été peu employés : un usage répété leur rendra leur éclat et leur caractère familier[8]. C'est aussi éditer, traduire, annoter, paraphraser les auteurs de l'Antiquité, faire vivre et revivre ces maîtres muets, mais combien éloquents, en conversant avec eux — rechercher en somme un dialogue dans lequel s'abolirait le temps.

L'histoire, c'est le temps. Érasme historien, c'est Érasme autobiographe, mais aussi biographe. Qu'il évoque sa propre vie ou celle de saint Jérôme, d'Origène, de Thomas More, de John Colet, de Jean Vitrier, Érasme fournit peu de repères chronologiques. Si des dates apparaissent ici et là, c'est presque incidemment. Érasme ne découpe pas en tranches chronologiques la vie de ses maîtres ou de ses amis, il cherche plutôt à dégager le sens profond de leur existence. La chronologie n'est pas pour lui une science auxiliaire de l'histoire ; c'est l'histoire elle-même qui est science auxiliaire — de la morale.

Le temps d'Érasme, c'est aussi son emploi du temps. Érasme déteste perdre son temps, et s'il abhorre la vie de cour, c'est justement parce qu'elle dévore son temps. Il affirme souvent qu'il n'a pas de temps à perdre ou qu'il est écrasé de travail, ce qui revient à peu près au même. Pratique-t-il l'*otium* cher à Pétrarque ? Sans doute, mais le « loisir » n'est jamais pour lui qu'un intermède destiné à lui donner des forces pour reprendre le travail : la détente n'existe qu'en fonction du travail !

Érasme travaille énormément et, malgré ses infirmités, réelles ou supposées, il possède une puissance de travail exceptionnelle, mais aussi une faculté d'improvisation étonnante. Il est, par la nature, *extemporalis*[9] ; il peut parler et surtout écrire en fonction du temps, des circonstances, c'est-à-dire réagir immédiatement, en primaire, comme disait Pierre Mesnard[10] : répondre à Luther sur le marbre, rédiger trois colloques en une journée, écrire vingt lettres par jour. Il sait aussi prendre son temps, laisser faire le temps : que n'a-t-il retardé le moment de prendre la plume contre Luther ! Érasme n'est pas un agité, mais un impatient : on peut en juger par ses réactions lorsqu'il attend des nouvelles de ses familiers partis en mission[11]. Possède-t-il des instruments de mesure du temps ? Sans doute, bien qu'on n'en trouve aucune trace dans ses testaments et même dans les portraits qu'ont fait de lui les plus grands peintres de l'époque.

Est-il sensible à la fuite du temps, au rythme des saisons ? A la seconde question, la réponse est, me semble-t-il, négative : Érasme n'est pas un visuel, et il fait plus volontiers allusion au Carême — « l'époque où chôment les bouchers »[12] —

qu'au retour du printemps. A la première question, par contre, la réponse est positive : le sentiment de la brièveté de la vie, la mélancolie que donnent le passé révolu et la jeunesse tôt enfuie reviennent souvent dans son œuvre, notamment dans son *Carmen Alpestre*, écrit à trente-sept ans. On rapprochera toutefois ce poème de jeunesse sur la vieillesse du *Senile colloquium*, composé dix-huit ans plus tard, et des nombreuses lettres où il parle de ses infirmités : Érasme est jeune quand il se sent bien, et la vieillesse n'est pas nécessairement un naufrage, une déchéance[13].

Mais qu'est la vie terrestre en comparaison de celle où la mort fait passer le véritable épicurien ? Nous voici arrivés à ce que j'appellerai le temps du chrétien selon Érasme — le temps théologique voire même eschatologique. La vie du chrétien est *meditatio mortis, meditatio beatae vitae futurae, meditatio beatae immortalitatis :* la Présence n'est pas dans le présent ! Comme on ne naît pas homme, mais qu'on le devient, on ne naît pas chrétien : la véritable naissance, la nouvelle naissance (*renascentia*), c'est le baptême, qui est une promesse, un devenir, un programme de vie plaçant le chrétien entre parenthèses, entre un déjà et un pas encore, car seule l'éternité est le temps de la vérité et du réel. La vie sur terre est le *tempus acceptabile* (2 *Cor.* 6, 2), l'éternité le *tempus ultimum,* le *saeculum christianum,* le repos auprès de celui qui est hors du temps, « qui est hier et aujourd'hui et le même pour les siècles ». L'homme n'est qu'une bulle, comparé à Dieu, et la vie humaine un *interim,* si l'on anticipe l'éternité à venir[14]. Jacques Chomarat a fait un relevé rapide des adverbes de lieu utilisés dans les *Paraphrases du Nouveau Testament : nondum* (« ne ...pas encore ») est le plus souvent cité alors que *non jam* (« ne ...plus ») n'a pas de fréquence notable. L'expression *ad tempus* est également très fréquente : « pour un temps, provisoirement ». Le chrétien doit reculer *ad tempus,* temporiser, compter sur le temps, ne pas le voir d'avance du point de vue de l'avenir, comme une étape provisoire[15].

Il y aurait bien d'autres choses à dire sur l'emploi par Érasme des adverbes de lieu : *paulatim, olim* et surtout *statim,* qui apparaît dans le titre du *De pueris* et qui revient si souvent sous sa plume dans ses ouvrages pédagogiques : *Adages*, *Apophthegmes*, *Parabolae*, *Colloques*, etc., dont un dépouillement systématique s'impose. « Jamais tu n'admettras, lit-on dans la conclusion du *De pueris*, que ton petit garçon laisse passer, je ne dirai pas sept ans, mais pas même trois jours, au cours desquels il pourrait, même avec un faible profit, soit se préparer à la culture, soit être instruit[16]. » Aussi l'éducation doit-elle commencer le plus tôt possible, à l'aube de la vie et à la pointe du jour, car le temps perdu ne se rattrape jamais et « l'Aurore est l'amie des Muses ». L'enfant modèle de la *Confabulatio pia* est *perparcus temporis ;* il donne aux lecteurs des *Colloques* des conseils sur la façon d'employer leur temps. C'est une véritable pédagogie du temps qu'Érasme propose dans cet ouvrage[17] et dans tous ceux qu'il a consacrés à l'éducation des enfants. Il y a un temps pour chaque apprentissage : la lecture, la grammaire, la rhétorique, la prononciation, la civilité, l'art d'écrire les lettres, la piété même, celle de l'enfant n'étant pas celle de l'adulte, car il faut tenir compte de l'âge, et faire chaque chose en son temps. Aussi y aurait-il une étude à faire sur les âges de la vie selon Érasme et sur les mots par lesquels il les désigne : *infantulus, infans, puer, iuvenis, adolescens, adolescentulus,* etc.

Le temps chez Érasme, c'est aussi ce que j'appellerai le temps grammatical et le temps rhétorique. Quel(s) temps utilise de préférence l'admirable conteur, l'épistolier fécond qu'est Érasme ? Que dit-il de l'accommodation au temps dans le discours dans le *De copia* et dans l'*Ecclesiastes*[18] ?

Je terminerai par deux questions, en partie résolues. Quels rapports — positifs et négatifs — Érasme entretient-il avec l'art du temps par excellence, c'est-à-dire la musique[19] ? Et s'il parle encore aux hommes aujourd'hui, n'est-ce pas parce qu'il a compris — avant et mieux que d'autres — que l'imprimerie augmentait la portée de sa parole dans l'espace et surtout dans le temps ? « Ce que moi j'écris sera éternel »[20], disait-il dès 1500. Le temps d'Érasme commence à peine.

NOTES

1. P.S. ALLEN, *Opus epistolarum Desiderii Erasmi Roterodami*, t. IX, p. 121-122, n° 2427 : « iuxta vestram supputationem ».

2. L.-E. HALKIN, *Erasmus ex Erasmo, Érasme éditeur de sa correspondance*, p. 142 et p. 153, Aubel, 1983.

3. *Colloquia*, dans *Opera omnia*, t. I-3, p. 442, l. 122-123, Amsterdam, 1972.

4. P.G. BIETENHOLZ, *History and Biography in the Work of Erasmus of Rotterdam*, p. 31-34. Genève, 1966.

5. *Ciceronianus*, dans *Opera omnia*, t. I-2, p. 661, l. 14-18, Amsterdam, 1971.

6. F. BIERLAIRE, *Les Colloques d'Érasme : réforme des études, réforme des mœurs et réforme de l'Église au XVIᵉ siècle*, p. 66, Liège et Paris, 1978.

7. J. CHOMARAT, *Grammaire et rhétorique chez Érasme*, t. I, p. 103-106, Paris, 1981.

8. F. BIERLAIRE, *op. cit.*, p. 65.

9. P.S. ALLEN, *Opus epistolarum...*, t. IX, p. 207 (n° 3043, l. 35-38). Cf. F. BIERLAIRE, *op.cit.*, p. 100-101.

10. P. MESNARD, *Le caractère d'Érasme*, dans *Colloquium Erasmianum*, p. 327-332, Mons, 1968.

11. On trouvera de nombreux exemples dans F. BIERLAIRE, *La familia d'Érasme*, Paris, 1968.

12. *Colloquia*, dans *Opera omnia*, t. I-3, p. 442, l. 122-123.

13. Le *Senile colloquium* date de mars 1524 : *Colloquia*, dans *Opera omnia*, t. I-3, p. 375-388. Sur le *Carmen Alpestre*, voir J.-C. MARGOLIN, *Le « Chant Alpestre » d'Érasme : poème sur la vieillesse*, dans *Bibliothèque d'Humanisme et Renaissance*, t. 27, p. 37-79, Genève, 1965. — Voir aussi J. CHOMARAT, *op. cit.*, t. I, p. 72-73.

14. Sur ce sujet, voir notamment J.-P. MASSAUT, *Humanisme et spiritualité chez Érasme*, dans *Dictionnaire de spiritualité*, t. VII, col. 1006-1028, Paris, 1969. — J. CHOMARAT, *op. cit.*, t. I, p. 708-709.

15. J. CHOMARAT, *op.cit.*, t. I, p. 657-658.

16. *De pueris*, dans *Opera omnia*, t. I-2, p. 78, l. 19-27.

17. *Colloquia*, dans *Opera omnia*, t. I-3, p. 69-70 (*De ratione studii... epistola protreptica*) ; p. 637-642 (*Diluculum*).

18. On nous permettra de renvoyer, une fois de plus, à J. CHOMARAT, *op. cit.*, t. II, p. 1112 et *passim*.

19. J.-C. MARGOLIN, *Érasme et la musique*, Paris, 1965.

20. P.S. ALLEN, *Opus epistolarum...*, t. I, p. 326 (n° 139, l. 36-39).

Sylvette GUILBERT
(Université de Reims)

Temps et Saisons dans la Chronique
de Philippe de Vigneulles

A la fin du Moyen Age, entre Meuse et Rhin, le goût de fixer par l'écriture un temps trop fugitif et de s'inscrire dans la durée par la chronique, le mémorial ou le journal a suscité d'assez nombreuses vocations et a été un *hobby* pratiqué par maints prudhommes. Pour plusieurs d'entre eux, cette occupation de loisirs n'est pas restée un jardin secret, mais a été connue et reconnue par les contemporains, entraînant imitateurs, compilateurs et continuateurs. Parmi la brochette de ceux qui se sont adonnés à cet exercice, une place éminente revient à Philippe de Vigneulles. Ce marchand drapier-chaussier qui a toujours regretté que ses parents ne lui aient pas fait faire d'études (entendons d'études latines[1]), a noirci des centaines de folios pour des contes, des mémoires et surtout une Chronique relatant l'histoire de Metz et du pays messin, des origines à l'an 1525. C'est dans cette œuvre que j'essaierai de suivre et de dégager sa relation avec le temps. Henri Lepage a été le premier sensible à l'importance donnée au temps dans la compilation des chroniques messines établie par Huguenin[2] et il a publié dès 1854 une *Histoire des températures en Lorraine*[3]. Cependant, même en se limitant à la Chronique de Vigneulles, il ne peut être question d'en utiliser ici les quatres tomes[4]. J'ai donc restreint le secteur examiné à la fin de l'ouvrage, de 1475 à 1525. Ce découpage présente l'avantage de correspondre à l'expérience personnelle de l'auteur et permet de comparer la rédaction de Philippe selon qu'il peut se reporter au texte de l'un de ses prédécesseurs, en particulier au Journal de J. Aubrion[5] interrompu en 1501, ou qu'il est livré à ses seules références.

Les modalités de l'appréhension du temps

Un survol de l'ensemble de la Chronique montre que l'insertion de remarques relatives au temps-état de l'atmosphère est devenue de plus en plus fréquente. L'intérêt qu'y accordaient Ph. de Vigneulles et ses sources est donc allé en s'accroissant. Pour le XIVe siècle, ne sont signalés que des phénomènes « merveilleux », c'est-à-dire exceptionnels : les gelées tardives ou précoces, comme celles des Pentecôtes de 1344 et de 1389 (t. II, p. 25, 106), la sécheresse du mauvais printemps de 1370 (*ibid.*, p. 67). De 1325 à 1400 environ, on relève une quinzaine de notations climatiques, soit deux à trois par décennies. Mais à partir de 1420, le rythme devient plus soutenu : huit des années vingt du XVe siècle font l'objet d'une ou plusieurs notations. Pour 1420 qui fut, il est vrai, d'une rare précocité, huit observations décrivent le temps du 1er avril au 22 juillet. Cette fréquence se poursuit par la suite. Pour quatre ans sur cinq, Philippe a trouvé chez ses prédécesseurs des observations météorologiques qu'il a jugé bon de transmettre à son tour. Ainsi se manifeste le souci de la vie quotidienne à côté du récit des faits militaires de la guerre de Cent Ans.

Cependant au XVe siècle, les remarques concernent le plus souvent l'ensemble d'un mois ou d'une saison. Seules les catastrophes sont pourvues d'une date précise : la tempête avec foudre et grêle du 6 juillet 1465 (t. II, p. 355). Ces observations, pendant cette période, sont assez curieusement redoublées, en particulier celles qui sont relatives aux hivers. Après une description de quelques lignes, Philippe passe à la narration d'un événement, puis revient au temps pourtant déjà évoqué. Sans doute y a-t-il là l'utilisation mal maîtrisée de sources diverses, mais heureusement concordantes ! Ces redites n'affectent, me semble-t-il, que les observations météorologiques. Elles ne font que renforcer la constance du souci de l'auteur pour ce sujet.

Avec la fin du siècle et le début du XVIe siècle, disparaissent pour plusieurs années les appréciations générales sur les saisons. Au contraire les détails soigneusement datés se multiplient.

Enfin, à partir de 1505, Ph. de Vigneulles regroupe les constatations météorologiques en un paragraphe généralement situé vers la fin du secteur consacré à chaque année. Il rend sensible cette organisation plus systématique en plaçant en tête de ces paragraphes le même titre : *La disposition du temps*. L'expression déjà employé à une ou deux reprises au fil du texte, peut être, pour les années où le temps a été fort changeant, mise au pluriel.

Ainsi se manifeste la sollicitude de plus en plus documentée de Philippe de Vigneulles à l'égard des aléas climatiques.

La description du temps-climat implique l'utilisation de repères dans le déroulement du temps-durée, donc de dates. Jusqu'au milieu du XIVe siècle, Ph. de Vigneulles n'a recours qu'au calendrier liturgique et sanctoral. Il transmet à ses lecteurs la date telle que ses sources la lui ont fournie, sans éprouver le besoin ou sans avoir les moyens de la traduire en une formulation plus moderne, avec mois et quantième. Avec le XVe siècle et jusqu'à la fin de la Chronique, si un phénomène météorologique est daté par la référence au calendrier liturgique (essentiellement Pâques et la Pentecôte), dans une proportion croissante de cas, après cette notation, est ajoutée la transcription en date moderne : « La vigille de Pentecôte, le 23 mai » (en 1523 ; t. IV, p. 459). L'emploi du sanctoral est assez restreint. Saints Georges, Martin, Remi et Jean[6] sont les plus fréquemment utilisés sans que l'auteur donne leur équivalent : il présume que le lecteur partage sa familiarité avec leur fête. Il n'en va pas toujours ainsi : il arrive que la date moderne soit indiquée après la référence à la fête : « la vigille de saint Lorans, IXe jour d'ouuouste ; le lendemain de l'Exaltation Sainte Croix, XVe jour de septembre » (t. IV, pp. 503 et 504). Quelques saints, Marc, Antoine, Barthelemy, la Conversion de saint Paul s'y ajoutent. Le stock en est au total assez mince[7]. Au contraire, dans le *Journal d'un bourgeois de Paris*[8] dont les premières années coïncident avec les dernières de la chronique messine, la datation est régulièrement établie avec, en première place, la date moderne qui n'est que parfois suivie du renvoi au saint du jour. Ainsi les deux éléments de datation sont-ils intervertis. En ce premier quart du XVIe siècle, le temps de l'avocat Nicolas Versoris est le plus « laïc » que celui du marchand[9]. D'ailleurs, ce qui va dans le même sens, Ph. de Vigneulles ne se sert guère de la datation traditionnelle que pour les faits locaux, météorologiques en particulier. Dans les récits lointains dont l'information lui venait de ses contacts au Lendit, il utilise la datation moderne[10].

Les éléments du temps

Si mois et saisons forment le cadre à l'intérieur duquel Ph. de Vigneulles relate la disposition du temps, il n'accorde pas à tous et toutes une attention égale. Les mois de mars à septembre sont les plus souvent analysés, et de loin. Sur la quinzaine d'années de la période 1473-1488, représentative de la fin de la chronique, seuls les étés de 1476 et de 1482 ont suscité une appréciation tandis que quatre printemps ont été décrits : ceux de 1478 et de 1487 qui ont manifesté des caractères opposés, le premier tardif, le second précoce ; celui de 1488 n'a eu qu'un beau début tandis qu'en 1486, le printemps a été plaisant dans son ensemble. Neuf hivers, en revanche, sont retracés. Un seul a été qualifié de bel hiver : celui de 1483, dépourvu de neige comme de pluie ; celui de 1479, peu neigeux et doux, n'a pourtant pas suscité la même appréciation élogieuse parce que trop de pluies l'ont accompagné. Des pluies abondantes caractérisent d'ailleurs quatre de ces hivers (1473, 1474, 1482, 1485) tandis que trois ont été marqués par les grands froids et de fortes chutes de neige (1477, 1480, 1484).

Les saisons peuvent être marquées par des accidents, au premier rang desquels viennent les gelées. Il s'agit de phénomènes brefs mais de grandes conséquences. Elles peuvent pratiquement survenir au cours de dix mois sur les douze de l'année. Seuls juillet et août sont épargnés. Ouragans, tempêtes avec éclairs, foudre, grêle, ne sont pas liés à une saison. Aussi sont-ils signalés dans le cours de l'année et non dans les paragraphes spécifiques de disposition du temps. Toujours sensible à l'exceptionnel, l'auteur rapporte ce qu'il a appris de leur parcours, de la force qu'ils ont manifestée.

Si les hivers sont rarement beaux, les étés aussi peuvent être gâtés par des sécheresses excessives. Ainsi en arrive-t-on à définir ce que représente pour Ph. de Vigneulles la notion de belle saison. C'est celle qui n'a pas été perturbée par des composants trop accusés, sans froid ou chaleur trop intense, avec des précipitations suffisantes, sans plus. Cela est certes vrai partout. Dans le contexte messin, pour ce climat que les géographes modernes caractérisent comme un climat tempéré à tendance continentale, une belle saison se produit, dans l'optique de l'auteur, quand précisément ces tendances continentales sont gommées et que le caractère tempéré domine[11]. La belle saison dont aucune composante n'a atteint de degré-record entraîne pour la vie humaine les conséquences les plus favorables. Le lien est clairement établi dans la rubrique de 1507 qui annonce « la disposition du temps ET la fertilité des biens ». De belles récoltes sont le sceau de saisons convenables. Ceci est un déterminant de grande importance. En effet, il va sans dire qu'aucun instrument de mesure spécifique n'est utilisé pour apprécier les éléments du climat. L'expérience visuelle des effets du gel, de la pluie, des orages, de la sécheresse, etc. rend compte de leurs dimensions. Le gel est apprécié selon ce que la rivière prise par les glaces est capable de supporter. Ainsi en janvier 1505 « il a gelé si peu que la glace n'aurait pu porter une geline » (t. IV, p. 36) tandis qu'en 1477, elle soutenait des chariots chargés. Il arrive que le vin gèle en cellier ou, pire encore, en cave. La seule mesure précise et chiffrée est rapportée par hasard : la glace a recouvert l'eau courante sur deux pieds d'épaisseur. Il avait fallu la briser, devant trois mille spectateurs, pour exécuter une noyade par décision de justice (t. IV, p. 42).

Les phénomènes climatiques sont aussi appréciés par comparaison avec l'expérience coutumière. Le décalage patent est relaté : en mars 1469, il faisait beau comme à la Saint-Jean ; septembre 1465 connut au contraire un froid digne de Noël

(t. II, p. 365 et 400). Quoique ces évaluations soient dépour-
vues de la précision scientifique contemporaine, il ne faut pas
exagérer leur subjectivité. En effet la description du temps
s'inspire tout autant de sensations physiologiques que d'observations sur la croissance de la végétation. Ph. de Vigneulles
pratiquait par instinct la phénologie, comme M. Jourdain la
prose. Floraison du muguet, maturité des fraises et des ceri-
ses confirment objectivement les impressions.

Un temps privilégié : celui de la vigne

Si le marchand Ph. de Vigneulles fait après 1500 de plus
en plus souvent allusion aux conséquences du temps sur les
déplacements, lui qui fréquente les foires parisiennes, celles
de Francfort, et qui va volontiers en pèlerinage, s'il vitupère
les pluies trop abondantes qui rendent « les chemins ordes et
fangeux », les congères de neige qui interrompent la circula-
tion, il est, en permanence, surtout attentif au temps qui
accompagne la végétation de la vigne. C'est ce souci qui explique la répartition des mois favorisés d'une attention particulière. Le temps propice pour la vigne ne dépend pas en effet
d'un élément unique. Il faut un dosage équilibré entre les
diverses composantes climatiques pour obtenir une bonne vendange. Les cas de figures les plus divers se déroulent. Jusqu'au
moment où les pressoirs sont clos, rien n'est définitif. Un bon
démarrage peut être anéanti par un gel tardif, redoutable
jusqu'en juin ; des pluies torrentielles de juillet peuvent, au
contraire, être rattrapées par un ensoleillement intense en
août. Ultime étape du suspens permanent qu'est en pays messin la culture de la vigne : on a vu des raisins geler sur cep
au cours de la vendange !
Aussi Philippe note-t-il avec attention le déroulement
satisfaisant ou inquiétant de toutes les étapes de la végétation de la vigne. Il ne s'agit pas du calendrier des travaux que
réclame cette plante qui exige beaucoup de main-d'œuvre, on
le sait, mais du calendrier de la croissance des raisins, depuis
le xawoutrage[12] (pinçage des rameaux), la floraison, la venue
des verjus en treille ou en « plainne vigne », le moment où les
graines commencent à « taler » (noircir), enfin, bien sûr, la ven-

dange. Celle-ci débute dans les raisins noirs et s'achève avec les blancs, plus exposés aux redoutables gelées.

Le temps normal de la vendange s'inscrit dans les trois dernières semaines de septembre, mais le tableau récapitulatif montre que lors des mauvaises années, elle peut traîner en longueur jusqu'au 11 novembre. Lors des vendanges tardives, le vin est en général de qualité médiocre car les raisins ont manqué de maturité. Cependant on remarque une année exceptionnelle, 1483, où deux vendanges ont eu lieu. La première s'est déroulée à la date normale, en septembre, mais il est vraisemblable qu'un temps très chaud et sec a ensuite amené à maturité les raisins verts que l'on laisse toujours sur le cep et qu'on abandonne. La qualité de « regain » inespéré a conduit, en octobre, à rouvrir les celliers, cas unique et inexpliqué dans la Chronique.

Si l'auteur mentionne à peu près aussi souvent les prix des grains que ceux du vin, il n'a pas pour la croissance des céréales une attention aussi continue. Seules les circonstances difficiles ou non des semailles et des moissons sont mentionnées. Les bonnes années de blé et de vin ne coïncident pas plus ici qu'ailleurs. Cette particulière vigilance à l'égard de la vigne s'explique par des motifs généraux et personnels. Il est originaire d'un village viticole proche de Metz, Lorry ; il a acquis des vignes, suivant l'exemple des praticiens et des bourgeois de sa ville. L'intérêt du consommateur se double donc pour lui, dont le surnom évoque cette plante, de celui du producteur.

Pour qu'une récolte soit jugée parfaite, elle doit remplir au moins trois conditions : l'abondance d'abord, bien sûr. Mais il faut aussi que le goût du vin soit bon, grâce à des raisins cueillis à point. A cette exigence de qualité et de quantité s'ajoute celle d'être un vin de garde ; sa capacité de conservation et de vieillissement doit être assurée, pour deux ans au moins, semble-t-il, dans les bonnes années.

De plus les observations météorologiques de Philippe amènent des remarques sur le cours du vin. De l'appréhension du temps, il passe à la supputation de l'évolution des cours. Il s'agit là d'une pratique générale. Le prix en cave varie non seulement selon ses qualités propres, mais aussi en fonction des conditions climatiques du jour, qui préparent la récolte suivante. Raison de plus pour scruter ciel, eaux et vents. Des cours spéculatifs anticipent sur le résultat escompté de la vendange à venir. Qu'elle s'annonce généreuse, les prix s'effondrent : il faut vider les tonneaux ; que l'asthénie du soleil fasse prévoir un vin nouveau de « pouvre boisson », et le prix du vin de l'année précédente s'envole.

On sait l'ancienneté des vignes sur les rives de la Moselle. Plus d'un millénaire après Ausone, Philippe de Vigneulles démontre l'intérêt témoigné à l'égard de cette culture dans la cité épiscopale[13]. Malgré les crises et le rétrécissement du marché[14], bien que la rentabilité des terres à céréales soit meilleure, comme l'avait compris le mercier Thiébaut de Heu, l'empreinte des préoccupations qu'elle donne est vigoureusement marquée[15].

Réflexion sur le temps et la mentalité

Cependant, il serait abusif de donner à penser que Philippe de Vigneulles n'accorde son intérêt au temps que dans la mesure où il favorise ou non les vignes messines. Son horizon dépasse celui de son insertion géographique. Mais, pour le temps qu'il fait ailleurs, il ne s'agit que d'allusions ou d'échos de catastrophes : ainsi le célèbre hiver de 1407-1408 à Paris est rapporté, comme gel de la Seine en 1499 qui a contribué à la chute du Pont Notre-Dame, la responsabilité étant partagée avec les désinvoltes édiles. Nous apprenons aussi que la bataille de Fornoue s'est déroulé par un « merveilleux temps de tempeste » (t. III, p. 349)[16]. A Metz même, le temps qui a accompagné certains faits divers est relaté. L'exécution du 5 novembre 1500 a déjà été mentionnée. C'est la dureté du froid qui explique qu'à plusieurs reprises, des incendies aient été provoqués par des galants cherchant à réchauffer des coins discrets avec du charbon enflammé.

Décrire le temps est une chose, l'expliquer en est une autre. Si disert que soit Philippe pour le premier de ces exercices, sa discrétion est par contre grande pour le second. Si les prodiges célestes sont minutieusement énumérés, comètes, météores, etc., aucun n'est accusé d'avoir « détraqué » le temps. Le maître du temps est Dieu, mais Philippe n'éprouve pas le besoin de le répéter. Sur le demi-siècle considéré, l'action divine sur le temps n'est pas citée cinq fois. Elle est le plus souvent bénéfique : « comme il pleut à Créateur, le temps acommencait a eschaffer au 1er septembre » (t. III, p. 108) ; « par la volonté de Dieu il pleut par deux jours qui fit ung grant bien car sens celle pluye tout estoit gaté » (t. IV, p. 30) à cause d'une sécheresse pendant laquelle vermines et sauterelles pullulaient. Parfois Philippe remercie en une brève exclamation : « Dieu soit loué et béni », tout a bien poussé (t. III, p. 72). Au cours du même laps de temps, Philippe n'évoque pas les dix processions provoquées par le besoin d'amélioration météorologique. Si on compare sa rédaction à celle de J. Aubrion, on constate qu'il a élagué maints détails comme l'énumération des reliques utilisées lors de ces processions. A la différence de son informateur, il cite sans décrire. Deux exemples pris lors de deux années successives montrent, sinon le détachement de l'auteur vis à vis de ces manifestations, du moins un relatif désintérêt. En 1503, une procession est organisée pour remercier d'une pluie tombée le 20 juin, après deux mois d'une sécheresse qui a rendu les ceps tels des queues de rat (t. IV, p. 19). En 1504, au contraire, se déroulent des processions pour demander la pluie et il a fallu les renouveler avant que d'être exaucé (t. IV, p. 30).

Une réserve aussi prudente s'observe dans son absence de réflexion sur les relations entre les sorciers et le temps. En 1481, « pour la diversité du temps disoient les aulcuns que se faisoient les sorcières » (*Mémoires, op. cit.,* p. 84). Mais Ph. de Vigneulles se garde bien de dire s'il partage l'opinion de ces aulcuns. En 1512, pour avoir provoqué la grêle, deux sorcières sont envoyées au bûcher (t. IV, p. 128). Le commentaire est un peu plus développé : « Dieu par sa graice les confonde tous ». Un sorcier « retour de fayerie » a prédit en 1485 un temps constamment pluvieux jusqu'à la Saint-Remi (t. III, p. 115). Le lecteur s'aperçoit que le déroulement de l'année a confirmé l'annonce, mais Philippe ne l'a pas fait remarquer.

Pourtant, savoir le temps à l'avance pourrait être apprécié de qui lui porte une attention aussi permanente. Dans le texte de J. Aubrion, une relation est établie entre le temps de la Fête-Dieu et la qualité des vendanges suivantes. En effet, ce jour-là, on plaçait devant les portes des maisons des branchages, les mais, et selon qu'ils séchaient rapidement ou non, on s'attendait à une récolte bonne ou médiocre. J. Aubrion note donc avec une certaine régularité le temps de cette journée : il en relève le temps pluvieux en 1465, 1468, 1470, 1472, 1475, 1480, 1483, 1485 qu'a suivi une production de vins fiers et « grevains ». Au contraire, à la chaude journée de 1482 et de 1484, a correspondu une très belle vendange. En 1490, cas délicat : il a plu jusqu'à midi. Ce fut le bon pronostic qui l'emporta, la vendange fut belle. Mais Philippe de Vigneulles néglige ces indications et ne les rapporte pas à son lecteur. Est-ce parce qu'il ne partage pas cette croyance ? Parce qu'il ne la connaît pas[17] ? Pour annoncer le temps, il ne nous transmet qu'une information : le passage de cigognes à Metz avant Noël, par un temps doux et serein, serait un signe d'été précoce (t. III, p. 125).

L'originalité de Philippe se marque aussi dans le « non-dit ». Contrairement à l'opinion généralement exprimée par ses contemporains, il n'établit aucune corrélation entre les étés dont la chaleur est alors censée développer les miasmes qui pervertissent l'air et déclenchent les épidémies et les pestes qu'il décrit. Ainsi se félicite-t-il du bel été de 1505 qui a fait prospérer les vignes et les pèlerinages ; il enchaîne sur un tremblement de terre qui « Dieu mercy ! ne fist aucun mal ». Enfin il signale sans la moindre liaison explicite que « fut cest année fort dangeureuse et pestilencieuze de fyèvre » (t. IV, p. 203). Il est certain que le genre de la chronique porte plus à raconter qu'à s'interroger sur les causes et les conséquences des faits qui alimentent le récit. Mais une telle sécheresse surprend.

Philippe de Vigneulles passe presque aussi vite sur les conséquences désatreuses des mauvaises années. Pas de considérations sentimentales sur le sort de ceux dont le temps contrarie les activités et tarit les ressources. Si pour 1488, la quatrième d'une série d'années néfastes, il commente que ce fut « grant pitié d'oyr plant et lamantacion des pouvres gens », ce genre de considération est inhabituel sous sa plume.

Si selon E. Le Roy Ladurie, il est vain de chercher à écrire l'histoire du climat à l'aide des Mémoires, néanmoins on ne peut rester indifférent et laisser à l'écart une aussi grande abondance de notations météorologiques. Certes la moisson n'est pas exhaustive et l'on regrette des lacunes, des omissions de l'auteur, qui interdisent une reconstitution complète des dispositions du temps. S'imposent la permanence de l'intérêt alors attaché à ces observations et la richesse du vocabulaire et des expressions pour caractériser ce qui n'est pourtant que répétition. Le temps inspire à Philippe d'heureuses définitions, comme cet « yver angoysseulx de froidure » de 1325 (t. II, p. 13). Au-delà du temps du marchand, il exprime en ce Moyen Age finissant un aspect de la mentalité de la société messine en se faisant le témoin du temps de son temps.

NOTES

1. Ph. DE VIGNEULLES, *Mémoires*, édit. L. Michelant, Stuttgart, 1852. Reprint Amsterdam, 1968. Cf. M. PAULMIER, « La vie de famille à Metz », in *Annales de l'Est*, 1979, p. 227.

2. J.-F. HUGUENIN, *Les chroniques de la ville de Metz*, 1834.

3. H. LEPAGE, « Recherches historiques sur la température en Lorraine, in *Annuaire administratif, statistique, historique... de la Meurthe*, Nancy, 1854, pp. 10-64.

4. Ph. DE VIGNEULLES, *La Chronique de Philippe de Vigneulles*, éd. Ch.BRUNEAU, Metz, Nancy, 1927-1933, 4 vol. C'est à cette édition que se rapportent les références indiquant numéro de tome et de page.

5. *Journal de J. Aubrion, bourgeois de Metz*, éd. L. Larchey, Metz, 1857.

6. Le premier pont construit sur la Moselle à Metz avait été dédié à saint Georges et cette fête était solemnisée par une procession avec bénédiction de la rivière. (R. DE WESTPHALEN, *Dictionnaire des traditions populaires messines*, Metz, 1934 ; col. 313).

7. Dans son *Journal*, J. Aubrion procède de la même façon. De 1465 à 1495, on ne compte que 52 dates établies par référence à 25 saints.

8. *Le livre de raison de Maître N. Versoris, avocat au Parlement de Paris* (1519-1530), éd. G. Fagniez, in *Mémoires de la société de l'histoire de Paris et de l'Ile-de-France*, t. XII, 1885.

9. Au contraire, un autre Parisien d'état ecclésiastique, P. Driart, chambrier de Saint-Victor, établit la quasi-totalité de ses dates par référence aux cycles liturgique et sanctoral. *Chronique parisienne de P. Driart, (1522-1535)*, éd. P. Tournon, in *Mémoires de la société de l'histoire de Paris et de l'Ile-de-France*, t. XXII, 1895.

10. Philippe connaît à Paris un marchand qui lui sert de rabatteur de nouvelles (*Mémoires, op. cit.*, p. 215).

11. On remarque que l'automne n'est jamais cité par Philippe. L'année paraît ne connaître que trois saisons. Sans doute la notion d'été de la Saint-Martin remplace-t-elle la saison absente. Cependant la répartition en trois saisons n'est pas alors exceptionnelle. Ce sont les saisons dites intermédiaires qui en font les frais. Ainsi dans les comptes de l'évêché de Winchester, pas de printemps entre un hiver qui s'étale du début d'octobre à la fin d'avril et un été couvrant mai et juin. J.Z. TITOW, « Le climat à travers les rôles de comptabilité de l'évêché de Winchester, 1350-1459 », in *Annales, E.S.C.*, 1970, pp. 312 et 313.

12. Le terme est messin et se trouve chez tous les chroniqueurs du temps.

13. Le temps messin des vendanges intéresse aussi les populations voisines auxquelles il est fait appel pour renforcer les bataillons de vendangeurs. Ainsi en 1444, une cinquantaine de personnes vient du duché de Bar (t. II, p. 290). Le curé de Saint-Privat-la-Montagne vient vendanger à Châtel-sous-Saint-Germain avec ses paroissiens (*ibid.*, p. 291).

14. J. SCHNEIDER, *La ville de Metz aux XIIᵉ et XIVᵉ siècles*, Nancy, 1959, pp. 233-244.

15. J. SCHNEIDER, « Du commerce à l'aristocratie terrienne. Thiébaut de Heu », in *Mémoires de l'Académie nationale de Metz*, 1954-1955, pp. 13-90.

16. Le 13 juillet 1495.

17. Une notation de 1482 reste unique. Des processions eurent lieu à cause du vent « marin qui estoit fort et causait plusieurs maladies, comme le disaient les médecins » (t. III, p. 91). Impossible de savoir si Philippe adhère au bruit qu'il ne rapporte qu'une fois.

UN SIÈCLE DE VENDANGES MESSINES

Année	Date des vendanges	Qua-lité	Quan-tité	Observations	Référence
1420	Précoces ?			Toute l'année est précoce.	II. p. 175
1422		−	+	Année *fort pluvyneuse et fangeuse.*	180
1424	Septembre	−		Raisins blances gelés sur ceps.	182
1428	Septembre	+	−	Maturation en 3 semaines.	186
1432		+ +	+ +	*Cy meurs que de CX ans on n'avait vu.*	226
1437		−	−	*Pouvre vin.*	248
1446			−		305
1447	Avant le 1er octobre		+ +	Vin très bon marché.	306-8
1450		+		Vin de bonne couleur.	319
1452	Après 1er novembre				322
1462	24 sept.-8 octobre	+	+ +		341
1465	Après le 28 sept.	− −	−	Vendange de raisins gelés.	356
1466		+ +		Meilleurs que depuis 30 ans.	380
1467	Précoces			Vin nouveau possible.	388
1468	Le 1er sept.	− −	−	Pas *grant vinée ; très pauvre boisson*	395
1469		+	+ +		400
1471		+ +	+	Bons vins merveill. et largement	410
1472			+ +	*Grande vinée* mais pas des meilleurs	412
1473	16 août			Toutes récoltes ont un mois d'avance	III. 16
1475	Tardives ; jusqu'au 22 nov.	−		Vins de petite boisson	42
1476		+	− −	1/2 queue par journal	52
1477	Octobre	−	− −	*Pouvre vinée*	65
1478		+	+		67
1479	Septembre ?	+	+ +	Bon vin, « *a planté* »	72
1480	Jusqu'au 11 nov.	− − −	−	Vin *...sy fier... que a pine en povoit on boire*	80
1481	Jusqu'au 1er nov.	− −	− −		85
1482		+	+	Belle saison de blés et de vins	95
1483	Sept. puis après 15 oct.			Exceptionnel : 2 vendanges	104
1484	15 sept.-début oct.	+	+	Vendange des rouges, gel des blancs	108
1485	Septembre	−	−	*Petite vinée* et de *pouvre boisson*	116
1486		+	−		125
1487		+ +	+	Belle vendange... *de loing temps*	129
1488	Jusqu'au 1er nov.	− −	− −	*Vin fier...mal meur... chier*	134
1489			− −	I queue pour 4 journeaux	138
1490		+	+	Belles vendanges	192
1491	Tardives			Au 24 sept., pas un raisin mûr	233
1492	Terminées vers le 24 sept.	+	+		287
1493		+	+	Belle et bonne saison et vendanges	303
1494	Octobre	−		Vin fier	320
1495			+ +	Année fort fertile en tous biens	*Mém.* p. 125
1496	Du 25 sept. au 10 oct.	−	+	Tonneaux plus chers que le vin	*Ibid.* p. 126
1497	Tardives		−	*Petite vinée*	379
1498		+ +	+	Vins très bons...assez complétement	390
1499	24 sept.-1er nov.		+ +	Les tonneaux manquent	397
1500	De fin sept. à ?	+	−	1/2 de la normale	*Mém.* p. 137 T. IV, 9
1501		+ +	−	Peu mais fort bon	*Ibid.*, 139

UN SIÈCLE DE VENDANGES MESSINES

Année	Date des vendanges	Qua-lité	Quan-tité	Observations	Référence
1502		–	–	Vignes *engelées* à la Pentecôte	16
1503		+ +	+ +	Ni autant, ni meilleur de 30 ans	20
1504		+	+ +	Belle vendange par beau temps	31
1505	Tardives, non finies au 11 nov.	– –	–	Pressoirs non clos à la St Martin	43
1506		+			44
1507		+ + +	–		54
1508			+	Année fort fertile en tous biens	*Mém.* p. 160
1509	Dès le 16 septembre	+	+	Vendange ruinés par orage	
1510		–	+	Beaucoup de pluie, le vin ne se gardera pas	81
1511	Tardives, après 4 oct.	–	–		102
1512		+	–		128
1513	Précoces, finies au 1er oct.	+	+ +	« L'année du miracle ». Récoltes malgré un temps détestable jusqu'en août	163
1514	Tardives	– –	+		182
1515	Tardives		–	Gelée apre et dure le 29 sept.	207
1516	Précoces, fin le 15 sept.	+	+		
1517	On ne vendange nulle part		– – –	Très pouvre boisson. Sur mil journeaux, pas un champignon [panier]	232-9
1518	Dès le 8 sept.	+	+ +	Vendanges sauvages [guerre]	281
1519	Tardive	–		Jamais si mal plaisante vendange	300
1521		+ +	+	Vins fort bons et de belle couleur	361
1522	Tardives	–	–	Une des plus ordes vendanges que jamais je vis faire	447
1523	Du 10 sept. au 1er oct.	+	+		487
1524		+ +	–	Les vins ne se garderont pas	505
1525		+	+ +	Très belle vendange	549

Caridad MARTINEZ
(Université de Barcelone)

Fantômes, oracles et malédictions : figures du temps tragique

L'on se souvient de ces fantômes (parfois si décriés) placés au début de quelques tragédies ou qui hantent leurs personnages, de ces oracles qui président au destin de leurs héros, et de ces malédictions que les victimes prononcent au comble de leur désespoir. La tragédie n'est cependant pas la seule à employer ces figures, que l'on retrouve un peu partout, dans la poésie lyrique comme dans l'épopée, pour ne pas parler du conte fantastique, merveilleux, ou simplement folklorique ou enfantin. Je voudrais aujourd'hui les évoquer comme lieu de rencontre des temps : elles ramènent au présent du texte le passé et le futur de l'histoire, auxquels vient se superposer un autre niveau du temps si l'on tient compte du fait que le futur lui-même est parfois passé ou présent par rapport au temps du lecteur-spectateur. Auteur, personnages et lecteur entretiennent ainsi une relation dialectique à travers les siècles.

Lorsque j'ai proposé ce sujet, je n'envisageais ces figures que comme des recours techniques pour organiser le temps du récit (dramatique ou autre), et je pensais qu'elles feraient facilement l'objet d'une typologie. Mais au fur et à mesure que j'observais les exemples de mon corpus, la tragédie s'est révélée leur lieu privilégié : c'est toute sa problématique qui s'y voit exprimée, toute la grandeur et la misère de la condition humaine dans sa dimension historique se trouvent reflétées, mais surtout posées, par la tragédie. Et cela du point de vue de la dramaturgie (arrangement et fonctionnement des éléments, où nos figures ont parfois pour simple rôle d'anticiper sur le dénouement ou de renseigner sur l'origine des faits), autant que de celui de la thématique, si complexe et ambitieuse, que la tragédie aborde. Je suis arrivée à la conclusion que le sentiment aigu et angoissé du temps dans cette époque particulièrement critique a aidé à la naissance en France de la tragédie, défi à ce sentiment autant qu'épanchement de celui-ci. Dans cette naissance, le temps a été porté à son état le plus pur, le plus dépouillé, comme on peut voir dans le culte dramatique et poétique de l'instant, sur lequel je reviendrai.

Pour ce qui est de nos figures, elles ont dans la tragédie une portée temporelle tout à fait spéciale, du fait même du genre, et cela affecte l'histoire, la morale et l'esthétique. C'est pourquoi, pour tirer tous les fruits de leur lecture, il faut mettre à contribution non seulement les méthodes spécifiques de la critique littéraire, mais aussi celles des sciences humaines en général (sociologie, géopolitique[1], philosophie et psychologie, mythologie...) et je souligne en passant le piège de la prétendue spécificité de la littérature.

D'autre part, si Claude Simon a dit qu'on n'écrit que de ce qui se passe lorsqu'on écrit, on pourrait affirmer qu'on ne lit que de ce qui se passe lorsqu'on lit. Si bien que le critique le fasse, avec toutes les précautions possibles, s'il essaie de relativiser historiquement, il finit inévitablement par tout superposer. Ce n'est pas de parti-pris ou d'excessive subjectivité que je parle, mais de l'inévitable situation de la littérature par rapport au temps, dans les trois sommets de son heureux triangle : genèse, texte et lecture. Dans le *continuum* de la tradition, où tout un imaginaire a été construit par les divers discours simultanés ou successifs, il est possible de schématiser en distinguant trois niveaux du temps : celui dont l'œuvre est censée parler, celui dans lequel son écriture s'inscrit, et celui de la lecture continuellement actualisée. A quoi il faudrait encore ajouter le *tempo* du texte. Mais c'est le mélange qui compte. Isoler l'un des niveaux ne peut être envisagé que pour des raisons de méthode et très provisoirement. Et cela parce que la technique de l'auteur, son « art », vise justement à condenser tous ces temps qui ne sont pas seulement possibles ou aléatoires, mais pertinents. On pourrait citer Garnier, qui dans ses sous-titres et ses dédicaces mettait en relief la leçon actuelle (et non pas seulement la lecture) qu'il proposait pour ses œuvres[2]. Mais il ne faut pas avoir recours à ces cas par trop explicites, car ce n'est pas l'intention seule de l'auteur qui compte mais le texte, qui parfois lui échappe pour s'inscrire dans son propre contexte d'abord et puis dans d'autres, peut-être même à son insu, et pour vivre de sa propre vie dans de très diverses circonstances : c'est toute la question de la réception de l'œuvre qui est ici en cause. S'il est vrai qu'il n'y a pas de genre plus engagé (dans le bon et le mauvais sens du terme) que la tragédie, et que, paradoxalement, ce n'est qu'à travers des traits circonstanciels qu'elle atteint sa valeur permanente, il est vrai aussi que ces traits, comme cet engagement, peuvent étouffer (et dans son propre temps), la *mimesis* comme la *catharsis,* ces deux riches concepts fondateurs de ce grand genre pour lequel le terme même de classicisme semble avoir été inventé. C'est en partie pour cela qu'elle choisit de préférence ses sujets dans un passé lointain. C'est aussi pour cela qu'elle constitue un vrai défi, et qu'elle peut facilement tourner au ridicule si ce but si élevé, à la fois temporalisé et visant la permanence, n'est pas atteint, tombant alors dans le simple pathétisme, le catastrophisme ou le didactisme.

Heureusement, tout n'est pas tragique, dans la littérature comme dans la vie. D'autres exemples en rapport avec le sentiment épique, ou érotique, ou même comique, nous permettent de montrer que le mélange des temps véhiculé par les figures du fantôme, de l'oracle et de la malédiction, peut aboutir à une affirmation de foi dans la capacité d'action et d'amélioration de l'homme, ainsi qu'à une ironique distanciation sur son sort. Nos figures ont toujours la même fonction temporelle, mais pas toujours des effets tragiques. Cependant, parmi les exemples que j'ai trouvés, et répondant aux exigences de la ligne idéale qui se dégage des pièces de mon corpus (celle de la marche de la civilisation, de la naissance et de la mort des diverses cultures), j'ai réservé pour la fin un cas très particulier de malédiction que l'on trouve chez Ronsard, celle des Indiens de l'Amérique contre les Européens. Ce n'est pas par hasard si cet exemple s'inscrit dans un poème consacré à une notion éminemment apparentée au temps, celle de la fortune (la vicissitude constituant l'un des thèmes des tragédies du XVIe siècle). Un souffle tragique traverse l'œuvre de ce grand poète qui, dans ce même texte, qualifie la vie de « tragique échafaud »[3]. Avec des exemples provenant de genres divers, l'on peut observer les similitudes et les dissemblances, mais aussi dessiner cette ligne idéale de la marche de l'humanité ainsi que du sort des individus, que nous offre à nous, hommes du XXe siècle, notre ancêtre le XVIe.

Dans cette marche, ce ne sont pas seulement les forces extérieures qui ont joué. Il se trouve que nos figures (et le fantôme est en rapport lexical avec le fantasme) sont aussi l'expression de l'intérieur des personnages, de leur psychisme profond, et que leur caractère, presque toujours sinistre ou pour le moins troublant et ambigu, résulte du rapport des circonstances avec le mystère psychologique. Dans le tissu raffiné du langage poétique, les images préfigurant le temps (telles la mer et le soleil, et nous y reviendrons), s'enchevêtrent avec une grande image-clé, celle du monstre. C'est lui qui concentre toutes les explications possibles, mais aussi les arcanes des humaines destinées, de la « justice » et de l'« injustice » du sort des hommes parmi les hommes. C'est lui qui est en nous, mais aussi dans la trame que les autres tissent alentour, produit présent du passé voué au futur, car c'est lui qui nous guette et à la fin nous détruira : c'est dans cette conviction que repose le sentiment tragique de l'éternel humain.

Je me borne pour le moment à présenter ces figures dans leur fonction instrumentale, c'est-à-dire au service de la question du temps, en concluant que, dans la plupart des œuvres envisagées (et indépendamment du genre auquel elles appartiennent), le sens dernier est de caractère tragique, en rapport avec ce monstre et cette injustice dont je parlais. Elles prennent tantôt une forme, tantôt une autre et expriment tantôt la nostalgie d'un passé perdu, tantôt le poids réel de l'histoire sur l'état présent des choses, tantôt l'espoir ou la menace

du futur. Mystère insondable ou simple force des circonstances, mais toujours inéluctable, ce « monstre » constitue l'image-
maîtresse. On la trouve dans les œuvres de cette époque, dans
celles du début du XVIIe siècle, et, plus tard encore, lorsque
l'espagnol Calderón, peu après Hardy et à la même époque
que Tristan dans leurs *Mariamne,* rassemblera ces significations dans une pièce dont déjà le titre même, avec ses formes
diverses, montre justement le sens plurivalent[4]. Elle culmi-
nera plus tard, d'une façon géniale, grâce à Racine qui, dans
sa *Phèdre,* mettra en rapport les aspects intérieurs et extérieurs, présent et passé, du monstre, qu'il fera apparaître,
même physiquement (comme son devancier Garnier, grâce à
l'*enargeia* du récit), dans la catastrophe. Et n'oublions pas
qu'il s'agit d'un monstre marin, qu'il faut mettre en rapport
avec le fantôme d'Egée ouvrant l'*Hippolyte* de Garnier. On
portait de ce fait au comble une des notions tragiques fondamentales, celle de la faute ou culpabilité, elle aussi lieu de rencontre des temps.

La tragédie est un genre, nous venons de le dire, qui favorise l'instant, mais qui a besoin de renouer avec les moments
antérieurs et ultérieurs d'un long processus. La constitution
de celui-ci étant l'un de ses buts (les diverses pièces se constituent en cycles), c'est à cela, souvent, que servent les figures
dont nous parlons et qui, comme les sujets des diverses
œuvres, profitent d'un heureux mélange des traditions, biblique et classique pour le moins[5]. En choisissant un corpus restreint parmi les nombreuses œuvres qui présentent nos
figures[6], il est possible de retracer non seulement le thème de
la *translatio imperii* mais, plus précisément, celui de la marche de ce que l'on appelle la « civilisation occidentale ». Il
faut faire abstraction des anachronies, ainsi que des préten-
dus anachronismes, cette dernière notion reposant sur un
malentendu. Heureux anachronismes, s'ils nous permettent
de tracer une ligne historique idéale, plus vraie que le foison-
nement des faits qui s'amoncellent par ordre chronologique :
comme on dit chez nous, les arbres empêchent de voir
la forêt. Le XVIe et le XVIIe siècle ont construit une image du
passé comme processus, d'accord avec leurs préoccupations
d'avenir. Cet avenir étant notre présent, la ligne historique

s'est révélée « vraie », et leurs préoccupations pas trop loin des nôtres.

La marche de la « civilisation occidentale » a eu son origine en Grèce (et tout le cycle troyen en est témoin, bien que nous ayons choisi un exemple plus représentatif pour nos besoins actuels, celui du mythe de Thésée). Mais elle s'est accomplie autour du mythe de Rome : il n'y a qu'à mettre en rapport un petit nombre de pièces pour la voir dès son origine dévorer les cultures des rivages de la Méditerranée, en élevant du même coup ses vaincus à une dignité mythique (comme les Grecs l'avaient déjà fait, afin de réaliser l'Empire qui est à l'origine de cette « civilisation occidentale ». L'espace de cette démarche conquérante étant la Méditerranée, suivant la ligne du Soleil qui accomplit son tour d'Orient à Occident, ces pièces sont celles qui ont pour sujet l'histoire de Mariamne (pour la Judée et le proche Orient), celle de Cléopâtre (pour l'Egypte et l'hellénisme tardif), et celle de Didon et Sophonisbe pour l'Afrique[7] ; pour être fidèles à ce thème de la mer, il nous faut ajouter, à l'origine, celle de Phèdre et Hippolyte, tous les deux représentant un combat plus ancien pour la domination de la mer Egée, dont le fantôme, justement, ouvre la pièce. L'expansion colonisatrice s'accomplira, au XVIe siècle, par l'Atlantique, ce dont les écrivains français seront témoins[8], et que Ronsard exprimera au moyen de cette malédiction dont nous avons déjà parlé et qui atteint notre époque. En rapport avec ces thèmes enchaînés, le corpus est constitué par les pièces suivantes : Garnier, *Hippolyte* ; [Dolce], Hardy et Tristan, *Mariamne* ; Jodelle, *Cléopâtre captive* ; Jodelle et Hardy, *Didon se sacrifiant* ; [Trissino (représentation à Blois en 1556 ; traduction de Saint-Gelays publiée en 1559, et de Mermet en 1584), Montchrestien, Montreux et] Mairet, *Sophonisbe* ; Ronsard, « Complaincte contre Fortune ».

Ce corpus a été constitué d'accord avec la présence des fantômes, des oracles et des malédictions, les deux premiers devant jeter l'ombre du passé sur le présent du texte, le dernier étant celui qui vise le futur. Cependant, tous les cas n'ont ni la même forme, ni la même importance, ni la même fonction. Ils sont parfois personnalisés, mais d'autres fois ils sont simplement mentionnés dans le récit ou le dialogue. C'est pour cela que, bien que l'ayant tentée et esquissée, j'ai renoncé pour le moment à établir une typologie qui se révélait trop complexe : les fonctions comme la portée (intérieure ou extérieure par rapport à la pièce), se chevauchent, ayant toujours à voir avec les éléments fondamentaux de la tragédie. Ainsi, par exemple, dans les pièces sur Didon, l'oracle (en rapport avec Enée) s'accomplit partiellement dans l'œuvre — le dénouement de la pièce étant étroitement lié à son départ qui provoquera le suicide de l'héroïne — mais il est lourd d'un futur qui la dépasse. La formulation la plus explicite à ce sujet est peut-être celle de Hardy, qui fait dire à son héros, lorsqu'Achate lui demande, tout au début de la pièce, ce qui l'inquiète :

> *La crainte du futur, du futur, que les Dieux,*
> *Sous l'ombre d'un repos dérobent à nos yeux*[9].

L'instant qui constitue les pièces sur ce thème de Didon, lequel, comme nous venons de le voir, est lourd du poids de l'avenir pour le héros, sera marqué pour l'héroïne (vouée à s'engloutir dans les ombres de la mort et du passé, une fois accompli son destin historique[10]), par la très belle image du passage de la couleur de la vie à la pâleur de la mort[11] : déjà Jodelle l'avait fait, en termes semblables, pour sa Cléopâtre, elle aussi observée dans l'instant de sa décision suprême[12]. J'insiste sur le fait que c'est l'instant que les tragédies de Jodelle ont splendidement saisi, et il convient de remarquer ici le rapport entre le temps et la durée. Les poètes s'en sont montrés conscients d'une façon explicite. C'est peut-être cela qui a valu aux pièces du XVIe siècle le reproche d'être peu dramatiques (parce que l'action semble mince), ou la qualification de « poétiques ». Mais c'est là justement leur mérite particulier. Par cette tentative d'arrêter un temps qui non seulement court mais vole (c'est l'angoisse du changement), par cette complaisance dans la glose des instants transcendantaux, la tragédie a contribué à constituer les grands mythes de l'histoire. Nos ancêtres, les poètes du seizième siècle — le maniérisme exprime d'une façon poignante la conscience qu'ils ont de s'en remettre au « discours » —, n'ont pas été dupes de cette construction idéale qui seule nous permet de nous représen-

ter le passé, et qu'on leur doit[13]. Peut-être la distinction sou-
lignée par Corneille entre le « vrai » et le « vraisemblable » a-
t-elle quelque chose à voir avec tout cela. (J'en profite ici pour
rendre hommage à Corneille : son *Horace* a le droit d'entrer,
pour l'enrichir, dans notre corpus, autant pour son sujet —
l'origine de l'impérialisme romain — que pour nos figures :
l'oracle à double face qui ouvre et ferme la pièce, et la splendide malédiction de Camille.) C'est ainsi qu'on peut parler d'un
mythe de Rome comme d'un mythe de Troie, d'un mythe de
César comme d'un mythe d'Enée : il n'y a pas de différence,
dans la valeur représentative des figures et des événements,
entre ce que l'histoire dite objective a voulu démontrer et ce
qui a été poétiquement formulé[14].

Voilà ce que j'ai voulu proposer avec les œuvres de ce corpus restreint. Si quelques-unes appartiennent au XVIIe siècle,
il n'en est pas moins vrai qu'elles sont liées étroitement au
XVIe : elles répondent à une même recherche de la régularité
et du classicisme (et ce n'est pas par préjugé que les théori-
ciens comme les poètes ont tant discuté de l'unité de temps) ;
leurs sujets ont été connus dans leur version dramatique, au
XVIe siècle, à travers des œuvres italiennes contemporaines ;
la frontière entre les deux siècles a été franchie par des dra-
maturges comme Montchrestien, Montreux et Hardy ; et —
last but not least —, elles représentent à nos yeux, dans leur
ensemble, le poids inéluctable — et non pas seulement la leçon
— du passé sur le présent, et de ceux-ci sur l'avenir.

D'autre part, elles dessinent un domaine historique dans
tout le sens du terme, spatial et temporel : la domination suc-
cessive de la Méditerranée depuis les mythiques Achéens
jusqu'à son rassemblement sous la tutelle de Rome, avec le
déplacement consécutif des cultures vers l'Occident, pour se
projeter enfin vers l'Atlantique. Cette dernière ouverture,
bien que nous la sachions commencée longtemps auparavant
par les Carthaginois, a été décisive au XVIe siècle, avec la colo-
nisation de l'Amérique. Dans la lecture de ces œuvres, l'image
du voyage et celle de la course du Soleil nous ont accompa-
gnés. Dans les tragédies mentionnées, le temps interne donne
la préférence à l'instant et, peut-être à cause de cela, elles
doivent avoir recours à des procédés techniques qui le ren-

dent plus dense, plus angoissant, plus suffoquant, en même temps que plus fugitif et incertain, en mettant cependant en relief son caractère décisif et transcendantal. Dans la *Didon* de Jodelle, tout se joue sur ce rivage, dans ce port d'où Enée, d'une façon inéluctable, partira. Nos figures du fantôme, de l'oracle, de la malédiction, ne se bornent pas à renseigner l'auditoire (qui connaît d'avance les événements) ; elles font peser lourdement sur cet instant un passé et un futur qui le cernent avidement. Et il ne s'agit pas seulement de fantômes, mais de fantasmes qui, procédant de leur histoire personnelle, révèlent dans son état actuel la psychologie des personnages (n'oublions pas que ceux-ci représentent leurs cultures respectives). Il n'est donc pas nécessaire que ces figures soient personnalisées, ni qu'elles parlent aux héros sur la scène ou en songe ; elles ne sont pas seulement un mort à venger, mais une ombre dans les ténèbres, tant de fois évoquées dans les œuvres et de façon si belle — ténèbres qui ne sont pas seulement celles de la mort mais celles du mystère psychique qui préside aux décisions humaines, l'une des plus frappantes étant justement due à la pulsion de mort. Le fantôme de Sichée hante Didon, comme Cléopâtre est hantée par celui d'Antoine (qui a été conquis et fasciné par l'Egypte qu'il voulait conquérir[15]), celui d'Aristobule poursuit Hérode mais aussi Mariamne[16]... Toutes ces héroïnes ont ressenti cette pulsion de mort. D'autres fois, il s'agit plus clairement de remords, d'autres encore, le fantôme sert à maintenir vivant le sens de la gloire et de l'honneur et à nourrir la « vertu »... Mais c'est toujours pour pousser vers l'action. Que ce soit suicide ou vengeance, ou bien un pas heureux vers une idée nouvelle de l'avenir (c'est dans ce sens qu'on parle de tragédie à dénouement heureux, ce qui pour moi est une contradiction), il s'agit toujours de précipiter le temps. L'identification du fantôme avec une ombre, une idée, un mythe, une « image » ou « idole », une pulsion (soit de mort, soit d'action, soit d'évasion dans la folie), est parfois bien explicite dans les œuvres de notre corpus. Mais je voudrais finir avec une référence au *Lorenzaccio* de Musset, où l'image de Brutus (déjà clairement « modèle »), venue d'un lointain passé mais devenue mythe grâce à la littérature, pousse le protagoniste à l'action, pour

aboutir au désenchantement que montre la dernière scène ;
on peut en voir la préfiguration dans les vers suivants de Garnier, qui datent du XVIᵉ siècle :

> *Nous tuasmes César pour n'avoir point de Rois,*
> *Mais au meurtre de lui nous en avons faict trois :*
> *Et crains que, si ceux-là sont desfaits par les nostres,*
> *Qu'en beaucoup plus grand nombre il en renaisse*
> *d'autres.*[17]

Cette image de l'hydre dont la tête non seulement renaît
mais se multiplie, exprime d'une façon précise la malédiction
(cette fois non pas rhétorique, mais réelle) qui semble peser
sur l'humanité, celle qui constitue le fondement même du sentiment tragique, ainsi que le caractère itératif du genre de la
tragédie dans son ensemble, ses diverses pièces représentant
la lutte incessante des héros pour la justice ou la liberté, jamais
atteintes ni totalement ni définitivement.

Dans l'œuvre de Ronsard, il y a deux fantômes très représentatifs, celui de son père et celui de Du Bellay[18]. C'est cependant sur une de ses malédictions que je voudrais finir, celle
qu'il a placée, comme un testament, dans la dernière édition
de ses œuvres[19]. Le jeu temporel du poème, construit sur la
nostalgie du passé qui est la base du genre élégiaque, et sur
la malédiction, qui vise par définition le futur, mérite d'être
pris en compte. Mais le présent du poème n'étant pas le passé
— comme dans les tragédies à sujet historique — mais un présent en même temps lyrique et narratif — donc éternel —, le
futur envisagé est aussi atemporel ou éternel. Le lecteur actuel
est particulièrement sensible à cette malédiction qui vise, non
pas les responsables de la mort des cultures ou des empires,
peut-être contingents et interchangeables, mais ceux qui tuent
la nature, mère unique et nourricière, dont la mort se paiera
avec la mort de la vie.

Mais cela est déjà une autre histoire...

NOTES

1. Elle a permis de démontrer le caractère décisif de la domination de la mer ; « ha sido precisamente la escuela geográfica radical, que representa Yves Lacoste, la que más ha servido a la rehabilitación de la geopolítica. [...] Francia ha sido uno de los principales focos de [su] renovación. », J. FERNANDEZ, *El Periódico*, 10 nov. 1984, qui, parlant de l'*Atlas stratégique* de G. CHALLAND et J.-P. RANGEAU (Fayard, 1983), ajoute : « proporciona una visión tan insólita como global del comple jo mundo de hoy. » Pour ce qui est de la Renaissance, il est inutile d'insister sur la transformation de la vision de la planète, sur l'intérêt de tous ordres pour les chemins nouveaux qui s'offraient à l'expansion européenne ; dans celle-ci, le goût pour les cartes et les voyages était l'effet autant de l'ambition que de l'intérêt scientifique ou de la complaisance esthétique.

2. *Porcie, tragédie françoise, representant la cruelle et sanglante saison des guerres civiles de Rome : propre et convenable pour y voir depeincte la calamité de ce temps ; Cornélie*, « poème à mon regret trop propre aux malheurs de nostre siecle » ; et, dans la dédicace de *Marc Antoine* à Monseigneur de Pibrac : « à qui mieux qu'à vous se doivent addresser les representations Tragiques des guerres civiles de Rome, qui avez en telle horreur nos dissentions domestiques et les malheureux troubles de ce Royaume aujourd'huy despouillé de son ancienne splendeur et de la reverable majesté de nos Rois, prophanee par tumultueuses rebellions. » (éd. Lebègue, Paris, Les Belles-Lettres, 1974, p. 9). E. FORSYTH (*La tragédie française de Jodelle à Corneille, 1553-1640. Le thème de la vengeance*, Paris, Nizet, 1962), J. MOREL (*La Renaissance, III, 1570-1624*, Paris, Arthaud, 1973), Ch. M. HILL et M.G. MORRISON (édition de Robert GARNIER, *Two Tragedies, Hippolyte and Marc Antoine*, London, The Athlone Press, 1975) et R. LEBÈGUE (*Les Juives de Robert Garnier*, C.D.E. et SEDES, 1979), insistent avec de nombreuses données sur la présence de l'actualité dans les tragédies de Garnier ;Forsyth le fait pour d'autres, telle l'*Aman* de Rivaudeau (voir pp. 160-1). Il n'y a qu'à regarder la liste chronologique pour trouver des cas semblables. Le livre de J. HÜTHER, *Die monarchische Ideologie in den französischen Römerdramen des 16. und 17 Jahrhunderts*, München, Max Hueber, 1966, s'occupe de la trilogie romaine de Garnier dans les pp. 38-68.

3. « Complainte contre Fortune », dans la première édition collective des *Œuvres*, 1560, (éd. Laumonier, S.T.F.M., t. X, pp. 16-38). L'expression « tragiq eschafaut » se trouve au vers 36, et la malédiction est mentionnée aux vv. 380-6, où il est aussi question de la mer et de la navigation : « ...abominant le jour que ta voile première / Blanchit sur le sablon de leur rive estrangere. »

4. *El mayor monstruo del mundo* (1634 ?, publié en 1637), *El mayor monstruo los celos...* (voir mon article « La justicia como monstruo en el tema de Herodes y Mariamne », in *Studia in honorem M. de Riquer*, Barcelona, 1985 ; à paraître).

5. Le prophétisme est important dans les deux (cf. *Les Juives* de R. Garnier). Voir A. NEHER, *L'essence du prophétisme*, Paris, P.U.F., 1955.

6. R. Lebègue a dressé la liste « incomplète » (dit-il) des ombres tragiques dans son article sur le théâtre baroque en France (voir *Etudes sur le théâtre français*, I, 353). Voici, pour l'ensemble de mes figures, la mienne, encore plus incomplète : JODELLE, *Cléopâtre captive*, repr. 1553, publ. posthume, 1574 (fantôme, oracle) ; *Didon se sacrifiant*, publ. posthume (fantôme, oracle, malédiction). GRÉVIN, *César*, publ. 1561 (fantasme, malédiction). FILLEUL, *Achille*, 1563, qui commence par l'ombre et finit par l'oracle. GARNIER, *Hippolyte*, 1573 (fantôme) ; [*Marc Antoine*, repr. probable 1578 (fantasme ? En tout cas, il faut en tenir compte pour son rapport thématique avec la *Cléopâtre* de Jodelle)] ; *Les Juives*, publ. 1583 (le Prophète est un personnage) ; [*Porcie*, 1568, publ. 1574, que je cite pour son rapport avec l'accomplissement de la malédiction que l'on voit dans le *César* de Grévin] ; [*La Troade*. publ. 1579, où l'on sacrifie Polyxène à l'ombre d'Achille] ; *Cornélie*, publ. 1574 (fantôme)]. TRISSINO, *Sophonisba* (« la plus célèbre de la Renaissance », voir M. LAZARD, *Le théâtre en France au XVI⁰ siècle*, Paris, P.U.F., 1980, p. 14), Rome 1524, trad. de M. de Saint-Gelays, repr. à Blois 1556, publ. en 1559. MONTCHRESTIEN, *Sophonisbe*, 1596 ; MONTREUX, *Sophonisbe*, 1601 : je les cite ici non seulement comme des antécédents de celle de Mairet, mais aussi parce que ces pièces montrent l'accomplissement du processus commencé avec Didon, c'est-à-dire l'anéantissement de Carthage par l'œuvre de Rome : si c'est avec l'épée d'Enée que Didon se tue, très symboliquement, c'est par les armes et les légions que Rome a soumis ses ennemis]. DOLCE, *Marianna*, 1565 (fantôme, malédiction). MONTCHRESTIEN, *Les Lacènes*, 1601 (fantôme : voir F. CHARPENTIER — qui a soutenu sur cet auteur sa thèse d'Etat en 1979 —, *Pour une lecture de la tragédie humaniste*, Université de Saint-Etienne, 1979, p. 20). HARDY, *Didon se sacrifiant*, publ. 1624 (fantôme, oracle, malédiction) ; *Mariamne*, publ. 1625 (fantôme). MAIRET, *Sophonisbe*, 1635 (fantôme, oracle, malédiction). TRISTAN, *Mariamne*, repr.1636, publ. 1637 (fantôme, malédiction). CORNEILLE, *Horace*, repr. 1640, publ. 1641 (oracle, malédiction).

7. Pour l'état présent des connaissances historiques sur ce parcours, voir, par exemple : M. LIVERANI, « Las bases formativas de los imperios » in *Historia Universal*, 2, Barcelona, Salvat, 1980 ; G. RICCIOTTI, *Historia de Israel, desde la cautividad hasta el año 135 d. de J.C.*, Barcelona, Miracle, 1966³ (pour ce qui est des sources anciennes, une thèse a été soutenue en 1981 à la Faculté de Philologie de l'Université de Barcelone, par P. VILLALBA I VARNEDA, sur *El método histórico de Flavio Josefo*) ; A.H.M. JONES, *Augustus*, trad. esp., Buenos Aires, Eudeba, 1974 ; F. DÉCRET, *Carthage ou l'empire de la mer*, Paris, Seuil, 1977. — Pour la période plus ancienne, G.S. KIRK, « El fondo histórico de los poemas homéricos », Parte I de *Los poemas de Homero*, trad. esp., Buenos Aires, Paidós.

8. Voir E. BALMAS, *La scoperta dell'America e le lettere francese del Cinquecento*, Milano, Viscontea, 1971, ainsi que mon article « Retòrica del Nou Món a la literatura francesa del segle XVI », in *Història i antropologia a la memòria d'Angel Palerm*, Barcelona, Abadia de Montserrat, 1984, pp. 455-75.

9. Acte I, scène I (éd. Stengel, réimpr. Slatkine, 1967, p. 17). Le rideau tombe à la fin de la pièce sur le héros hasardeusement « emporté de l'onde », comme l'héroïne l'a été « de son fer » à lui (*ibid.*, p. 64).

10. « I'ay vécu, i'ay construit vne belle Cité,/ [...] & ores ma *grand ombre,*/ Sous terre ira des morts croistre le dolent nombre. » (*Ibid.*, p. 60. C'est moi qui souligne.)

11. « Tu n'es plus qu'vn flambeau débile, qui s'éteint : / les roses, les œillets, disparus de ce teint... » (*ibid.*, p. 61). Cf. GARNIER, *Hippolyte :* « De ses yeux etherez la luisante prunelle/Morte se va couvrant d'une nuit éternelle. » (Éd. Lebègue, Paris, Les Belles-Lettres, 1974, p. 198, vv. 2127-8). Voir aussi MONTREUX, *Sophonisbe*, vv. 2615-22 (éd. Stone, Genève, Droz, « T.L.F. », p. 143).

12. « Reste le teint / Qui n'est esteint ; / Mais la mort blesme / L'ostera mesme. » Acte v, chœur final (JODELLE, *Œuvres complètes*, éd. Balmas, Paris, Gallimard, II, 1968, p. 142).

13. Jodelle l'exprime dès sa *Cléopâtre* (v. le prologue et la fin). Tristan, plus baroque, le développera avec sa glorification hagiographique de Mariamne, que F. ORLANDO a souligné dans son travail « Il sogno di Erode e i motivi della *Mariane* », in *Saggi e ricerche di letteratura francese*, II, 1971, pp. 31-79. Voir aussi D. DALLA VALLE, « Son nom seul est resté » (*La Mariane*, v. 1751) », in *Cahiers Tristan l'Hermite*, IV (1982), pp. 15-17.

14. Voir mon « Ronsard et l'histoire : autour de Cassandre et la *Franciade* » in *Quaderni di filologia e lingue romanze*, 4 (1982), pp. 71-86.

15. Sur la vogue de l'Egypte au XVIe siècle, voir P. CASTELLI, *I geroglifici e il mito dell'Egitto nel Rinascimento*, Firenze, Edam, 1979.

16. Voir art. cit. (*supra*, n. 13) de D. Dalla Valle.

17. GARNIER, *Porcie*, vv. 569-72 (éd. Lebègue, Paris, Les Belles-Lettres, 1973, p. 81).

18. Éd. cit., t. VI, pp. 40-43, et t. X pp. 362-370 (pour les fantômes, voir les vv. 5-64 et 57-136 respectivement).

19. *Ibid.*, t. XVIII, pp. 143-147 (pour la malédiction, voir les vv. 1-18).

Claudie BALAVOINE
(Université de Poitiers)

Le monstre apprivoisé :
sur quelques figures emblématiques du Temps à la Renaissance

La mise en perspective de trois figures emblématiques du Temps qui va être ici proposée ne prétend pas rendre compte de la perception du Temps à la Renaissance dans toute sa labile complexité. Si l'étude du symbole constitue pour le chercheur un fascinant raccourci épistémologique, elle doit, pour avoir quelque validité, s'imposer de strictes frontières chronologiques et culturelles. Choisissant mes exemples parmi la production savante d'images et de commentaires d'images de la fin du XVᵉ siècle à la fin du siècle suivant, et privilégiant le milieu humaniste italien, grand pourvoyeur, durant cette période, de modèles symboliques, je n'entends point dire quelque chose d'une représentation « populaire » du Temps qui parrallèlement perdure, partageant avec la Mort faux et sablier[1].

Or en observant les icones du Temps dans la création savante de la Renaissance, j'ai été frappée par l'interruption momentanée d'une tradition et l'émergence concomitante de nouvelles figures, qui disparaîtront ou changeront de sens quand la conception positive du temps qu'elles véhiculaient s'effacera devant le retour en force du Temps Destructeur.

Car c'est précisément à la défaite provisoire de ce dernier que concourent les avatars des trois figures qui seront ici convoquées : le Vieillard-Temps, le monstre tricéphale et le serpent ouroboros.

I — LE DIVORCE DU TEMPS
ET DE LA MORT

A la fin du XVe siècle l'union du Temps et de la Mort paraît indissoluble. A la faveur de son assimilation avec Kronos-Saturne, Chronos a fini par se charger de toutes les caractéristiques négatives de la plus sinistre des planètes : dessèchement, lenteur, froideur trouvaient aisément leur traduction dans la vieillesse toute proche de la mort. L'attribut de la faux que Saturne devait à ses origines de dieu agraire et la Mort à l'iconographie du Moyen Age scellait en quelque sorte leur fatale entente[2]. Or l'on constate que simultanément, dans les évocations savantes du Temps à partir de la fin du XVe siècle, la Mort tend à disparaître et le Vieillard-Temps à rajeunir, tandis que sous une forme féminine renaît le jeune et beau *Kairos*.

1-1 *La Mort répudiée*

L'absence du squelette de la Mort dans les livres d'emblèmes est d'autant plus frappante que la conception éditoriale de ces nouveaux ouvrages s'inscrit dans la lignée des *Artes moriendi*, contamination dont témoigne superbement *Les simulachres et historiées faces de la Mort* qui paraît à Lyon en 1538 avec les gravures de Hans Holbein le Jeune. Or, malgré le sujet, malgré les quatrains édifiants, les citations bibliques et le ton prédicant des commentaires, la Mort conçue par l'artiste se déguise et s'amuse. Là même, donc, où elle *doit* apparaître, elle renonce à ses attributs lugubres, suaire et faux, pour les troquer contre des instruments de musique ou le costume du fou[3]. Mort facétieuse, acrobate et théâtrale qui plie son squelette aux exigences de la comédie et non à celles du sermon. Le sablier qui, sur presque toutes les gravures l'accompagne, se trouve pris dans son jeu : agité comme la marotte du fou, tenu comme une lanterne, debout, renversé ou brisé, il semble obéir à la fantaisie d'une devinette (trouvez le sablier) et non à l'inexorable rappel de la fuite du temps

Mort joueuse, sablier devenu jouet, le Temps n'est plus ce qu'il était. Sous sa forme saturnienne il sera durant près d'un siècle absent des livres d'emblèmes ; sa sœur la Mort n'y pénètrera guère[4]. Même le moralisateur Corrozet, qui se plaît à en développer le thème, négligera d'interpréter son squelette ou ses attributs dans son *Hécatomgraphie* (1540). A limiter l'enquête aux livres emblématiques, on constate donc que la Faux, symbole par excellence de la destruction, a disparu, fût-ce d'entre les mains de la Mort. Que la Mort elle-même, forcée de comparaître, donne le change et préférera l'avatar de la Gorgone ou du dieu Terme[5], symboles de pétrification et d'arrêt mais non de destruction. Si la Mort s'efface, le Vieillard-Temps qui lui est consubstantiellement lié, doit aussi changer.

1-2 *Le rajeunissement du Vieillard-Temps*

Une première constatation s'impose : le Vieillard-Temps est lui aussi absent des livres d'emblèmes jusqu'à la fin du XVIe siècle[6]. Cela ne saurait surprendre : le jeu emblématique ne consiste pas à donner d'un concept connu une traduction symbolique attendue. Mais cette explication générale ne saurait rendre compte de la transformation morphologique qui s'opère alors dans les autres lieux de figuration du Temps.

On ne saurait rêver, pour observer ces métamorphoses, exemple plus démonstratif que les illustrations des *Trionfi* de Pétrarque qui se succèdent depuis la fin du XVe siècle : Panofsky n'a pas manqué de les exploiter pour son archéologie du Vieillard-Temps incarnant « à la fois la grandeur abstraite d'un principe philosophique et la voracité maligne d'un démon destructeur »[7]. Or j'aimerais, en m'appuyant sur les mêmes exemples, suggérer que loin de s'accuser, la valeur destructrice de l'allégorie, pourtant exigée par le thème[8], s'estompe au fil des illustrateurs.

Si l'on se reporte à la gravure de 1493[9], force est de constater que le Temps est en piteux état et que son cortège ressemble à une danse macabre (fig. 1). Le vieillard s'appuie sur deux béquilles, sa barbe, signifiant habituel du grand âge, lui descend jusqu'à la taille ; son attribut est le sablier, le plus négatif des attributs du Temps, puisqu'il visualise le pur écoulement temporel sans la moindre connotation vitale. Le décor

FIG. 1. *Le triomphe du Temps*. 1493.

s'accorde parfaitement avec ces figures de la Mort : arbre sec, maisons en ruines, la destruction n'épargne rien.

L'illustration de 1508[10] apporte un premier correctif à cette vision totalement désespérée (fig. 2). Le paysage, il est vrai, est tout aussi désolé, mais les personnages ont, en quelque sorte, rajeuni. La faux, certes, tend à assimiler le temps à la Mort, mais sa présence, au moins, exclut les béquilles, et sa valeur originelle d'attribut du dieu moissonneur pouvait être, malgré tout, encore perçue, donnant au moins à l'instrument une ambivalence plus encourageante. C'est surtout

FIG. 2. *Idem*. 1508.

l'ouroboros qui marque un progrès dans ce que j'appellerai
la revitalisation de l'allégorie du temps. Ce dragon qui se mord
la queue et qui, les flammes en moins, vient tout droit de Martianus Capella, signifie chez cet auteur le cycle des saisons[11].
Brandi par le Temps à côté de l'arbre sec, il tend à transformer la signification de ce dernier et à suggérer que le retour
du printemps le fera reverdir à son tour.

Le troisième exemple que je citerai, en sautant quelques
étapes qui confirment l'évolution que je décèle[12], me paraît

démontrer avec vigueur qu'au milieu du XVIᵉ siècle le Temps
est (re ?)devenu un principe de vitalité (fig. 3). Dans les formes musclées qu'il déploie sur la gravure de 1560[13], je ne pense
pas qu'il faille voir un simple changement des canons esthéti-
ques, comme semble le penser Panofsky[14], car tous les détails
iconographiques concourent à cette impression d'élan vital :
l'arbre sec a disparu ; rien ne permet de penser que la ville
qui se profile à l'horizon soit en ruines[15] ; par contre le cortège est constitué de soldats dans la force de l'âge ; les cerfs
de l'attelage se cabrent dans un mouvement d'intense énergie ; et avec la même énergie le Temps dévore un enfant[16].
Je ne joue pas ici sur les mots. En 1560 un acte de canniba-
lisme, aussi choquant puisse-t-il être pour la sensibilité, n'en
est pas moins connoté comme une marque de la jeunesse du
monde[17].

FIG. 3. *Idem.* 1560.

Déjà corroboré par l'effacement concomitant de la Mort-squelette, le rajeunissement du Vieillard-Temps dont le diagnostic pourrait paraître trop subjectif, trouve un corollaire dans la présence insistante, dans l'iconographie de la Renaissance, d'une jeune image du Temps.

1-3 *Où Kairos triomphe de la Fortune*

En croyant retrouver sur les épaules du Vieillard-Temps les ailes du *Kairos* antique, ce jeune homme à la mèche offerte, qui avec sa balance et son rasoir signifie le moment opportun, Panofsky crée une trompeuse perspective : il laisse en effet supposer que de l'antiquité à la Renaissance, le Temps a vieilli, et s'est chargé de symboles du déclin et de la destruction[18]. Or si ce processus est indéniablement à l'œuvre du XIe au XVe siècle[19], il s'inverse ensuite, dans la création iconique savante.

Loin de céder la place à une figure antinomique, le *Kairos* est omniprésent dans la symbolique de la Renaissance : traduction oblige, en prenant le nom d'*Occasio,* il lui fallait changer de sexe. Mais il conserve tous ses attributs, comme le prouve la fidèle traduction de l'épigramme de Posidippe consacrée au *Kairos* dont Alciat fait l'emblème de l'Occasion[20]. Or il faut souligner la valeur éminemment positive de cette figure du Temps et se garder de n'y voir qu'une allégorie de sa rapidité fuyante[21]. L'Occasion peut bien échanger avec la Fortune certains de ses attributs[22], elle ne se confond pas avec elle. Leur ressemblance morphologique ne fait qu'accuser leur opposition sémantique. Tout se passe en effet comme si le changement de sexe du *Kairos* ne se réduisait pas à une nécessité grammaticale mais marquait aussi une emprise résolue sur la Fortune, obligée, désormais, d'offrir *une prise* à l'Homme jusqu'alors à sa discrétion.

Ainsi convergent vers une même espérance la mise à l'écart de la Mort, l'effacement de la Vieillesse et la féminisation séduisante et prometteuse de l'Instant favorable. Les images du Temps ne racontent plus la déchéance de l'homme et son impuissance. Elles disent même parfois sa maîtrise.

II — *TEMPUS* ET *PRUDENTIA*

Dès la fin du XVe siècle, on constate que le Temps et la Prudence tendent à partager certains détails de leur traduction iconographique. Signifiante confusion qui ramène la vertu cardinale aux dimensions de l'existence individuelle et range symétriquement le temps sous les lois d'une vertu humaine.

2-1 *Les figures de la Prudence*

Jusqu'au milieu du XVe siècle, les Vertus n'ont guère, en France, de signe morphologique distinctif[23]. Elles recevront par la suite certains attributs, dont le miroir semble être le plus fréquent[24]. Mais en Italie cette même vertu reçoit, dès le XIVe siècle, un double ou triple visage qui coexiste souvent avec les emblèmes traditionnels que sont le miroir et le serpent[25].

Or en se multipliant ainsi, le visage donne le Temps et le vieillissement à voir. Le plus souvent double, il est jeune par devant et vieux par derrière pour donner à entendre que la Prudence possède le sagesse du vieillard. Mais son avatar le plus éloquent est la triplicité, telle qu'elle apparaît, à la fin du XIVe siècle, dans le pavement de la cathédrale de Sienne (fig.4). Elle a beau signifier, en effet, que la Prudence ne doit pas être seulement attentive au présent mais également au passé et à l'avenir, elle n'en est pas moins également l'image des trois âges de la vie. Déclin qui se trouve, me semble-t-il, rendu plus frappant par le resserrement chronologique de l'évocation. L'artiste ne part plus du berceau, mais charge *un même visage* des marques du vieillissement.

Or un siècle plus tard, une autre représentation de la Prudence interfère avec la femme aux trois âges jusqu'à se superposer sur elle, celle qui substitue à l'allégorie féminine du Moyen Age l'antique divinité masculine Janus, dont Macrobe explique ainsi la biformité :

> *Certains pensent qu'on l'appelle* bifrons (*à deux visages*) *parce qu'il savait le passé et prévoyait l'avenir*[26].

Mais la bifrontalité de Janus est symétrique. En empruntant à l'antiquité cet emblème de la Prudence où l'avenir semble

FIG. 4. *La Prudence* (nielle). Fin du XIVᵉ siècle.

répéter le passé, les humanistes italiens immobilisaient le processus du vieillissement. Ils suggéraient aussi que l'avenir peut reproduire le passé. Cet effet d'arrêt ou, ce qui revient symboliquement au même, de retour cyclique, est particulièrement lisible sur le bas-relief attribué à l'école de Rossellino que cite Panofsky sans remarquer que le visage de gauche et celui de droite sont identiques, alors que celui du centre porte une petite barbiche, parfaite surimpression d'un Janus sur une Prudence tricéphale (fig.5).

Le recours à Janus pour signifier *Prudentia*[27] intéresse notre démonstration dans la mesure où chez Macrobe, Janus est étroitement lié à Saturne, à qui il donne l'hospitalité et qu'il associe à son pouvoir, et parce que son nom évoque le cycle perpétuel du monde[28].

Ainsi le Temps qu'offrent à lire, à partir de la fin du XVᵉ siècle, les figures de la Prudence semble s'arrêter ou revenir sur ses pas, soumis, en tout état de cause, à la juridiction humaine.

Mais, plus démonstrative peut-être à cet égard que l'ouver-

Fig. 5. *Prudenza*, fin du XVe siècle.

ture au Temps de l'iconographie de la Prudence, apparaît l'évolution vers Prudentia d'une figuration de Tempus transmise à la Renaissance par Macrobe.

2-2 *Le monstre tricéphale*

La description et l'interprétation de ce monstre qui resurgit dans l'iconographie à la fin du XVe siècle[29] sont données dans les *Saturnales* à propos de la statue du dieu Sérapis, à Alexandrie, accompagnée

> *d'un animal à trois têtes, dont celle du milieu en même temps que la plus élevée est celle d'un lion, celle de droite est celle d'un chien, à l'air doux et caressant ; mais la partie gauche du cou se termine par la tête d'un loup vorace. Ces images d'animaux un serpent les embrasse de ses replis et sa tête vient se placer sous la main droite du dieu, auquel obéit le monstre. Or la tête du lion figure le temps présent qui, placé entre le passé et l'avenir, puise dans son action même sa force et son ardeur. Mais le passé, lui, est représenté par la tête de loup parce que la mémoire des événements écoulés est enlevée et emportée loin de nous. De même l'image du chien qui flatte désigne l'avenir, dont l'espoir, tout incertain qu'il est, nous flatte[30].*

Quand Pétrarque, dans son *Africa*, ressuscitera ce monstre, oublié semble-t-il durant le Moyen Age[31], il mettra lui aussi l'accent sur la perte, voyant, pour conclure, dans ces figures animales les « signes du temps fuyant » (*et fugentia tempora signant*). Renchérissant même sur Macrobe à cet égard, puisqu'il commence sa description par le chien consolateur illusoire, au lieu de l'achever sur elle, il confirme la valeur en quelque sorte rétrograde de ce symbole du temps, où la dynamique est du côté du loup, l'avenir n'offrant que trompeuse espérance : coincé entre un passé qui fuit et un futur qui n'existe pas, le lion-présent est à son tour tiré vers le néant.

Or au XVIe siècle, cette perception négative du monstre s'inverse en subsumant sous le concept de *Prudentia* les trois composantes zoomorphes de *Tempus*.

Bien que Panofsky voie dans les *Hieroglyphica* de Valeriano, publiés en 1556, la première apparition de cette transformation[32], on peut se demander si le processus n'en était pas amorcé dès la fin du XVe siècle. Dans l'*Hypnéroto-machia Polyphili* de Francesco Colonna, parue en 1499, de curieux emblèmes sont portés par certains membres du cortège de Cupidon, dont malheureusement l'auteur n'explicite pas la signification. Le monstre tricéphale décrit par Macrobe apparaît au bout d'une hampe (fig. 6) : « C'était une tête de lion flanquée, à droite d'une tête de chien caressant, à gauche d'une tête de loup rapace ». Et pour que sa valeur de symbole du Temps ne fasse pas de doute, « cette effigie était entourée d'un serpent contourné en cercle, nimbé de rayons très aigus »[33]. Or la gravure traduit cette mention par le serpent ouroboros que nous retrouverons bientôt[34]. Colonna se réfère ici aux *Trionfi* de Pétrarque où l'amour se trouvait, au bout de la chaîne, vaincu par le Temps et il donne à l'Amour

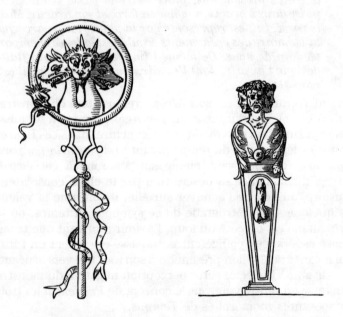

FIG. 6. Attributs portés au triomphe de Cupidon. *Hypneroto-machia* (1499).

sa revanche, puisque le Temps est réduit au rôle de figurant dans son propre triomphe. Première réduction de son pouvoir destructeur. Mais il y a plus étrange. Derrière cette effigie du Temps apparaît, dans le cortège, un buste ithyphallique à triple visage dont rien n'indique qu'il puisse s'agir de la représentation d'un Hermès. Si l'on songe qu'à la même époque on représentait *Prudenza* avec un triple visage masculin[35], on est en droit de penser qu'un renvoi irrévérencieux à cette vertu, elle aussi soumise à l'Amour, n'est peut-être pas à exclure. Rien ne prouve que Valeriano qui connaît l'*Hypnerotomachia*, ne l'a pas ainsi interprétée, projetant ensuite sur le monstre tricéphale cette même signification.

Je ne suis pas sûre non plus que, malgré l'autorité de Panofsky, le monstre gravé par Hans Holbein le Jeune pour le frontispice du *De primato Petri* de J. Eck (1521), signifie que le Temps « est dans la main de Dieu » (fig. 7). La main qui sort des nuages joue ici simplement, me semble-t-il, le rôle bien connu en héraldique de dextrochère. Nous aurions alors déjà là une image de la maîtrise du Temps par la sagesse, telle qu'elle sera entérinée par Cesare Ripa en 1593, à la rubrique « *Buono Consiglio* » de son *Iconologia*[36]. Je verrais même la preuve d'une filiation directe dans l'inversion du chien et du loup. On aura en effet remarqué que dans la gravure d'Holbein, la tête de chien regarde vers la gauche et celle de loup vers la droite. Or Ripa écrit que Bon Conseil tient dans la main gauche « trois têtes, une de chien tournée vers la gauche, une de loup tournée vers la droite, et une de lion au milieu, toutes issues d'un même cou », signifiant « les forces primordiales du temps : passé, présent et futur ».

C'est néanmoins avec les *Hieroglyphica* de Valeriano qu'apparaît pour la première fois de façon *explicite* l'utilisation du monstre tricéphale pour signifier la prudence, car c'est à cette rubrique qu'il est nommément cité :

> La Prudence n'examine pas seulement les choses présentes mais médite aussi celles qui sont passées et celles qui sont à venir, et les observe de loin comme d'une guérite [...], ce que l'on trouvera hiéroglyphiquement représenté par la figure tricéphale de la statue d'Apollon, aux pieds duquel était placé un serpent à trois têtes d'une immense

FIG. 7. Frontispice du *De primato Petri*
de J. Eck, 1521.

*grandeur ; ces têtes étaient l'une de chien, l'autre de loup
et la troisième de lion, animal que nous avons étudié
ailleurs et dont nous avons montré que c'était le symbole
de la Prudence*[37].

2-3 *La synthèse du Titien*

Cette interprétation n'est pas passée inaperçue et c'est
probablement sur elle que s'appuie Titien quand, dans les
années 1560-1570, il peint son énigmatique triple portrait
(fig. 8) que complètent une tête de loup, de lion et de chien
placées respectivement sous un profil de vieillard, un visage

Donna amor se de l'eternel, mi brama, adorte, serat loquate
logent ma hasta, l'inherme splende de la suprema privo post...
remonte cos a la prima.

FIG. 8. Tableau du Titien (vers 1560-1570).

d'homme mûr vu de face, et un profil d'adolescent. Un *motto*, inscrit au bas du tableau, s'appuie sur la signification du monstre donnée par Valeriano :

> Ex praeterito praesens prudenter agit ni futuram actionem deturpet *(en s'appuyant sur le passé, le présent agit de façon prévoyante pour ne pas entacher l'action future)*.

Sans préjuger pour le moment de la signification globale du tableau, on soulignera la radicale inversion des symboles constitutifs du monstre macrobien qu'opère ici le *motto*. Le loup cesse d'être l'animal qui ravit loin de nous nos souvenirs pour devenir le symbole de la mémoire ; le lion n'est plus simple emprise sur le présent, comme chez Macrobe, il est déjà sagesse, comme chez Valeriano ; quant au chien, loin de rester l'illusion consolatrice, pur mensonge, il accède au noble statut de finalité lucide et vertueuse. Le temps est donc devenu ce qui permet l'exercice de l'activité sage et efficace. La dynamique de la triplicité s'est, elle aussi, inversée : au lieu d'être entraîné par le loup-passé, le lion-sagesse rassemble ses forces pour mieux agir sur le chien-futur.

Je crois que la même perception positive du temps est à lire dans le triple portrait et je m'écarterai, ici encore, de l'interprétation proposée par Panofsky[38]. Celui-ci place en effet la prudentia du côté du vieux Titien qu'il reconnaît dans le profil de gauche. Pareille analyse me paraît en complète contradiction avec l'importance picturale de la figure centrale que souligne encore la syntaxe du *motto*[39]. Il est évident que dans le tableau du Titien, le présent est le réel sujet de l'image comme il est le sujet grammatical du *titulus*. Or il s'agit là d'un accent nouveau, dans la représentation de *Prudentia* comme dans celle de Tempus. Les figurations antérieures au XVIe siècle ignorent cette hiérarchie et à la fin du siècle *Prudentia*, chez Ripa, n'aura plus que deux faces. Symptomatique pour notre enquête sur la représentation du temps à la Renaissance, cette royauté du lion parle aussi pour le Titien. S'il faut bien reconnaître en effet dans le visage central, comme le fait Panofsky, le « bon » fils du peintre, Orazio, alors âgé de quarante-cinq ans environ, le tableau tout entier devient un hommage aux qualités de ce fils. Hommage et mise en garde.

Héritier en 1569 des patentes de son père, Orazio doit suivre l'exemple de celui-ci (*ex praeterito*) et veiller à ne pas frustrer le jeune Marco Vecelli traité par le Titien comme un petit-fils adoptif, bien que ce fût un parent éloigné.

Le tableau du Titien marque ainsi comme le point d'aboutissement du rapprochement de *Tempus* et *Prudentia* dont plusieurs indices se laissaient antérieurement repérer. Car le triple visage de la Prudence se laisse désormais lire dans le sens du temps, ici l'ordre des générations, alors que les Prudences tricéphales du XIVe siècle excluaient le temps individuel de la différence d'âge, purement symbolique, qui distinguait leurs trois visages. Quant à la signification pessimiste du monstre égyptien, on a suffisamment montré comment en cessant de dire seulement le temps pour signifier aussi la vertu de Prudence, elle avait radicalement changé de pôle. Désormais superposables autour de l'axe d'un présent dominateur, *Tempus* et *Prudentia* confondent leurs limites.

III — LE TEMPS ET LE MONDE

Si nous voulons à présent aborder les figures ophidiennes du Temps, fugitivement entrevues chez Martianus Capella et Francesco Colonna, il nous faudra distinguer deux hiéroglyphes majeurs, volontiers confondus, et chercher les raisons de leur fréquent amalgame. On pourra enfin s'interroger sur les connotations du serpent, érigé, dès la fin du XVe siècle, en emblème privilégié du Temps et de l'Eternité.

3-1 *Basilic et Ouroboros*

Les *Hieroglyphica* d'Horapollon qui paraissent chez Alde en 1505, mais dont le manuscrit nourrit la réflexion symbolique des humanistes italiens dès 1419[40], domineront, relayés par l'œuvre de Valeriano qui en reprend scrupuleusement tous les articles, la création emblématique du XVIe siècle. Or les deux premiers hiéroglyphes d'Horapollon, les plus célèbres à la Renaissance et les plus souvent commentés, sont respectivement consacrés à l'éternité et au monde. Une citation intégrale ne saurait ici être éludée :

Comment ils représentent l'éternité (Hiér. I, 1)
Pour représenter l'éternité, ils écrivent le soleil et la
lune, car ce sont là les principes éternels. S'ils veulent
figurer l'éternité d'une autre manière, ils dessinent un
serpent, dont la queue est cachée par le reste du corps
et que les Egyptiens appellent Uraeus, *ce qui correspond*
au basilic grec. Ils le confectionnent en or et en ceignent
(la tête des) dieux. Les Egyptiens disent qu'ils représen-
tent l'éternité au moyen de cet animal parce que, des
trois espèces de serpents qui existent, les (deux) autres
sont mortelles, mais celle-ci seule est immortelle ; et
aussi parce que, quand il lance son souffle contre
n'importe quel animal, il tue sans même avoir mordu.
Comme il paraît ainsi avoir puissance sur la vie et la
mort, ils le placent sur la tête des dieux.

Au quattrocento, l'hiéroglyphe a été interprété comme un serpent en cercle dont la tête cache l'extrémité de la queue. C'est
sous cette forme qu'il apparaît sur la médaille de Lorenzo Pier-
francesco de'Medici où l'on a vu l'influence de Marsile Ficin,
dont on connaît le cas qu'il faisait d'Horapollon[41]. Mais déjà
cette médaille, conçue à la lumière des *Hieroglyphica* confond, comme le prouve la devise « le temps revient », le premier hiéroglyphe avec le second qui, lui, fait allusion à un
retour cyclique des saisons. Mais *stricto sensu*, il concerne le
monde.

Comment ils représentent le monde (Hiér. I, 2)
Lorsqu'ils veulent représenter le monde, ils peignent un
serpent qui mange sa propre queue et dont le corps est
marqué d'étoiles variées : par les écailles ils font allu-
sion aux astres qui existent dans le monde. Cet animal
est très lourd comme la terre, mais aussi très glissant
comme l'eau. Chaque année, dépouillant sa vieillesse,
il se dévêt de sa peau ; de même dans le monde, le temps
qui compose une année ayant opéré une révolution se
renouvelle. Le fait qu'il se sert de son propre corps
comme nourriture signifie que toutes les choses qui sont
engendrées dans le monde par la providence divine se
dissolvent en elles-mêmes.

Valeriano, en reprenant ce texte, souligne l'appropriation du
signe serpent à cette seconde signification, puisque par sa
peau, son poids, sa viscosité, cet animal évoque les éléments

constitutifs du monde, le feu, la terre et l'eau[42]. Mais il constate lui-même, en la déplorant, la fréquente confusion de cet hiéroglyphe avec le premier.

3-2 *Une confusion parlante*

On pourrait certes traiter l'amalgame des deux hiéroglyphes comme un contresens involontaire et énumérer les éléments qui le favorisaient : le deuxième hiéroglyphe en évoquant le renouvellement des saisons et le cycle perpétuel de la création-dissolution des choses incluait bien la notion d'éternité ; Martianus Capella faisait expressément du serpent ouroboros un des emblèmes du dieu Saturne[43] ; mais ces explications paraissent légères, 1° parce que d'autres autorités rappelaient que le serpent ouroboros signifie le monde, 2° parce que coexiste une utilisation correcte des deux hiéroglyphes, enfin parce que leur superposition est le fait d'humanistes dont l'érudition ne saurait être mise en doute.

Ainsi dans les *Saturnales* Macrobe interprète sans ambiguïté l'ouroboros comme un symbole du monde. A propos de Janus dont le nom viendrait de *eundo,* parce que « le monde va (*eat*) sans cesse, tournant dans un cercle et partant de lui-même pour revenir sur lui-même », il évoque précisément le serpent du deuxième hiéroglyphe :

> *Pour la même raison les Phéniciens dans leurs temples l'ont représenté par un serpent roulé en cercle et dévorant sa queue afin de bien montrer que le monde se nourrit de sa propre substance et revient sans cesse sur lui-même[44].*

On citera simplement deux exemples d'une stricte application d'Horapollon. Sur un *Opus de conscribendis epistolis* d'Érasme édité à Anvers en 1521 par Michel Hillen, on peut voir un Tempus vigoureux brandissant d'une main une faucille et de l'autre un serpent dont la queue revient simplement sur la tête (fig. 9). D'autre part, Alciat, dans l'emblème *Ex litterarum studiis immortalitatem acquiri* (fig. 10), parle explicitement d'un serpent qui se mord la queue (*qui caudam inserto mordicus ore tenet*) pour désigner le monde où se déploie la gloire procurée par l'écrivain, comme le prouve la

FIG. 9. Marque de Michel Hillen (1470-1558) sur
un *Opus de scribendis epistolis* d'Erasme, 1521.

FIG. 10. Vignette de l'emblème CXXXII d'Alciat, édition de 1551.

reprise intentionnelle du mot *orbis,* employé d'abord pour
désigner la circularité du corps du serpent puis pour signifier
le monde. Mais ses commentateurs, prisonniers du *motto* qui
parlait d'éternité, et plus probablement d'une tradition déjà
invétérée, ont lu l'ouroboros de la gravure comme le symbole
de l'éternité[45]. Les marques d'imprimeurs prirent le relai et
diffusèrent cette signification à travers l'Europe[46].

L'érudition d'un Claude Mignault n'est pas en cause ; pas
plus que celle d'un Marsile Ficin ou d'un Érasme, premiers
responsables de la diffusion de cet amalgame hiéroglyphique[47].
Pourquoi donc des spécialistes de l'exégèse symbolique ont-
ils, en quelque sorte, éliminé le premier hiéroglyphe, repor-
tant en général son signifié sur le signifiant du second ?

De cet étrange déplacement je proposerai une explication[48]
qui recoupe, je crois, les conclusions que l'on peut tirer de
l'évolution du Vieillard-Temps ou de celle du monstre tricéphale. En effet, ce qui se trouve, de ce double hiéroglyphe,
totalement éliminé à la faveur de cette contamination, c'est
la destruction. Il me semble que, si le premier hiéroglyphe pouvait si mal servir tel quel d'emblème de l'éternité, c'est qu'il
traduisait en fait une immortalité relative, celle du basilic et
des dieux, dont la contrepartie était la mort foudroyante, et
surtout arbitraire, pour les autres créatures. Malgré le respect
religieux que les humanistes éprouvaient à l'égard d'un texte
salué comme la quintessence de la sagesse égyptienne, il leur
était apparemment difficile d'entériner une conception de
l'éternité qui leur laissât si peu d'espoir, et si peu de place[49].
Le soleil et la lune, première traduction hiéroglyphique de
l'éternité proposée par Horapollon, étaient certes plus
acceptables.

Mais elle était aussi inapte à traduire le dynamisme créateur que l'on souhaite alors prêter au Temps. Ce que permettait, par contre, le deuxième hiéroglyphe, un peu retouché.
Son intérêt symbolique était double : il inscrivait ainsi le
monde d'ici-bas dans l'éternité, donnant par là-même à l'activité humaine cette dimension que lui déniait le hiéroglyphe
précédent ; il offrait surtout l'image la plus opposée que l'on
puisse concevoir à un Vieillard-Temps condamnant le monde
à une inexorable décrépitude, celle du rajeunissement perpé-

tuel : « chaque année, dépouillant sa vieillesse, il se dévêt de sa peau »...

3-3 *La prudence du serpent*

Nous avons déjà rencontré le serpent, à deux reprises, comme attribut de la Prudence, et comme « lien » des trois têtes du monstre qui accompagne le dieu Sérapis. Or on a vu que ce serpent s'était transformé dans l'*Hypnerotomachia* en serpent ouroboros. Déjà chez Pierre Bressuire, le serpent en constituant le corps du monstre était devenu, lui aussi, symbole du temps[50]. Et c'est sous cette forme que, jusqu'à la seconde moitié du XVIe siècle, les artistes représenteront la bête tricéphale[51]. Forts indices, me semble-t-il, de l'étroite connexion, à la Renaissance, de *Tempus* et *Prudentia*.

Mais un emblème de Guillaume de La Perrière en donne une preuve éclatante. En effet, dans *Le Théâtre des bons engins*, publié en 1539, l'emblème LXXXIII fait du serpent ouroboros le symbole de la prudence. L'allusion aux « habitans de Phoenice » qui renvoie clairement à Macrobe, où le même signe signifie le monde, témoigne de la surimpression à cette époque du Temps, du Monde et de la Prudence, que le serpent à lui seul résume.

Mais il ne dit pas simplement que le temps n'excède pas les dimensions du monde et qu'il est soumis à l'organisation de l'intelligence humaine ; il dit aussi que le monde, et l'homme, sont jeunes. Sa circularité promet le retour, du printemps de l'année comme peut-être aussi du printemps de la civilisation ; et son autophagie comprise comme création perpétuelle ne pouvait qu'établir une relation implicite entre la dévoration et la jeunesse, éclairant d'une aurore prometteuse ce Saturne rajeuni qui, lui aussi, se dévore lui-même en avalant ses propres enfants.

Pour que la Mort revienne[52], pour que Saturne vieillisse à nouveau[53], pour que le monstre tricéphale soit définitivement entraîné par le loup dans l'éloignement sinistre de l'oubli[54], pour que le serpent ouroboros perde sa triomphante circularité qui fait encore, au début du XVIIe siècle, la couronne éternelle de toute noble activité[55], il faudra simplement que le temps passe. Que cet élan d'enthousiasme qui fit du Temps une force, de l'homme dans le présent un lion, du monde dans l'histoire un organisme susceptible de renaître perpétuellement de lui-même, retombe. Sur un frontispice qui pourrait assez bien visualiser cette rechute, François Perrier représente, en 1638, *Le Temps destructeur,* appuyé sur sa faux comme sur un bâton de vieillesse, courbé par l'âge. Il ne se nourrit plus de chair fraîche, mais grignote un moignon de pierre. A ses pieds se tortille le serpent ouroboros, réduit au rôle de comparse venimeux[56]. Rien, dans cette accablante allégorie, n'autorise l'espoir que suggère la coalition pacifique des monstres apprivoisés de la Renaissance : que le Temps se casse les dents.

NOTES

1. Opposer la culture savante à la culture populaire n'est plus de mode. Cette distinction reste néanmoins fondamentale dans le domaine emblématique où le langage symbolique joue comme code ésotérique.

2. Sur cette question on se reportera à l'article d'Erwin PANOFSKY, « Le Vieillard-Temps », in *Essais d'iconologie,* tr. fse. Paris, Gallimard, 1967, pp. 105-149. Nous utiliserons souvent ses références pour en discuter les conclusions.

3. *The Dance of Death by Hans Holbein the Younger,* a complete Facsimile of the Original 1538 Edition of *Les simulachres et historiees faces de la mort,* Dover publications, Inc., New York, 1971, pp. 18, 26, 40, 48, 50.

4. On peut citer une tête de Mort dans la *Picta poesis* de Barthélemy ANEAU (Emblème *Ex maximo minimum*), 1552 ; chez Gilles CORROZET un seul exemple comparable dans l'*Hécatomgraphie* (Emblème « L'heure de la mort incertaine »), 1540, alors que le thème de la mort y est récurrent.

5. Cf. dans les *Emblemata* d'André ALCIAT, l'embl. CLVI, *In mortem praeproperam* (1534) et l'embl. CLVII, *Terminus* (1546).

6. On le voit réapparaître dans les *Emblemata* de Jean MERCIER, 1592, Embl. IX.

7. PANOFSKY, art. cit. p. 117.

8. On se souvient de la chaîne des triomphes, où Amour est vaincu par Chasteté, vaincue par Mort, vaincue par Renommée, vaincue à son tour par Temps, vaincu enfin par Éternité.

9. Jacopo Capcasa di Codeca, PANOFSKY : illustr. n° 52.

10. Gregorio de Gregorii, cf. PANOFSKY : illustr. n° 53.

11. MARTIANUS CAPELLA, *De Nuptiis Mercurii et Philologiae*, I, 70 : « Mais leur semeur, Saturne, s'avance à pas lents, le Ralentisseur. Dans sa main droite il tenait un serpent cracheur de flammes, dévorant l'extrémité de sa queue qui, croyait-on, signifiait par son nom le nombre de l'année » (c'est-à-dire le cycle des saisons). Sur cet attribut du dieu, cf. M.W.DEONNA, « Le Saturne à l'ouroboros de Martianus Capella », in *Mémoires de la société nationale des Antiquaires de France*, Paris, 1954.

12. Cf. PANOFSKY, art. cit. : illustr. n° 54 et 55.

13. V. Valgrisi, cf. PANOFSKY : illustr. n° 56.

14. Cf. art. cit. p. 117 où il voit dans cette gravure « les tendances classiques de la Renaissance ».

15. La gravure n'est pas très lisible. Si ruines il y a, elles sont au moins reléguées, le plus discrètement possible, à l'arrière-plan.

16. C'est la lecture, probable, de Panofsky.

17. On pourrait également opposer le registre symbolique de la dévoration au registre réaliste de la décrépitude ; le premier donne à comprendre la destruction, avec toutes les références qui peuvent en adoucir la perception ; le second la donne inexorablement *à voir*.

18. PANOFSKY, art. cit., p. 109.

19. Cf. *ibid.*, p. 108. En fait l'antiquité n'offre pas du temps une image entièrement positive. Cf. MACROBE, *Saturnales*, I, x, 9-11 : « Quant à la faux, certains pensent qu'on la lui a donnée parce que le temps moissonne, tranche et coupe tout. »

20. Embl. CXXI (1531) ; cf. Guillaume de LA PERRIÈRE, *Le Théâtre des bons engins* (1539), embl. LXIII etc.

21. Ce que fait PANOFSKY, art. cit., p. 109, alors que *Kairos* et *Occasio* sont par définition la part du temps qui s'offre à la libre action de l'homme.

22. Sur les liens de *Fortuna* et *Occasio*, cf. R. WITTKOWER, « Chance, Time and Virtue », in *Journal of the Warburg Institute*, I, 1937, pp. 313-321.

23. Cf. Emile MÂLE, *L'art religieux de la fin du Moyen Age en France*, 6ᵉ éd., Paris, 1969, pp. 309 sq.

24. Cf. *ibid.*, p. 315, le cas de cette Prudence du manuscrit du Duc de Nemours (*circa* 1470), dont les attributs sont un crible, un miroir, un bouclier, un cercueil et un sac d'or.

25. Giotto, dans les fresques de l'Arena, avait déjà représenté la Prudence avec deux visages et un miroir.

26. *Saturnales*, I, ix, 4.

27. C'est Janus qui signifie la Prudence chez ALCIAT, Embl. XVIII, *Prudentes* (1546), chez LA PERRIÈRE, *Le Théâtre...*, Embl. I, etc.

28. MACROBE, *Saturnales*, I, ix.

29. La première occurrence iconographique semble être l'*Hypnerotomachia Poliphili* de Francesco COLONNA (1499).

30. *Saturnales*, I, xx, 13.

31. Sur la renaissance de ce monstre on consultera Erwin PANOFSKY, « L'*Allégorie de la Prudence*, un symbole religieux de l'époque hellénistique dans un tableau de Titien », in *L'œuvre d'art et ses significations*, tr. fse, Paris, Gallimard, 1969, pp. 257-277. où le passage de l'*Africa* (chant III, vv. 156 sq.) est cité.

32. PANOFSKY, 2ᵉ art. cit., pp. 270-271.

33. Francesco COLONNA, *Le songe de Poliphile ou Hypnérotomachie*, trad. par Claudius Popelin, Paris, 1883, Slatkine reprints, Genève, 1971, t. II, p. 218.

34. Cf. *infra*, § 3-1 sq.

35. Cf. fig. 2.

36. La première édition de l'*Iconologia* est de 1593. Texte et gravure sont reproduits par PANOFSKY, 2ᵉ art. cit., pp. 273-274 : illustr. n° 108.

37. PANOFSKY, 2ᵉ art. cit., p. 271 comprend « examinant tout cela comme un miroir », alors que le texte latin dit *e specula* et que Montlyart traduit par « guérite » (*Hieroglyphica*, XVI, v, *Pudentia*). La substitution d'Apollon à Sérapis remonte à Pétrarque.

38. 2ᵉ art. cit., pp. 275-277.

39. Le texte du *Reductorium morale* de Pierre BRESSUIRE cité par PANOFSKY p. 260, offre une symétrie d'un effet tout différent : (la Prudence consiste) *in praeteritorum recordatione, in praesentium ordinatione, in futurorum meditatione*.

40. Sur Horapollon, voir Karl GIEHLOW, « Die Hieroglyphenkunde des Humanismus in der Allergorie der Renaissance... », in *Jahrb. der kunsthist. Sammlungen des Allerh. Kaiserhauses*, t. XXXII, Wien u. Leipzig, 1915 et Ludwig VOLKMANN, *Bilderschriften der Renaissance*, Leipzig, 1923. Cf. mon article sur le modèle hiéroglyphique dans le volume sur *La notion de « modèle » à la Renaissance*, à paraître chez Vrin en 1985.

41. Sur cette médaille voir E.H. GOMBRICH, « Botticelli's mythologies, a study in the Neo-Platonic Symbolisme of his Circle », in *Symbolic Images. Studies in the art of the Renaissance*, Edinburgh, 1972, pp. 66.

42. VALERIANO, *Hieroglyphica*.

43. Cf. note 11.

44. MACROBE, *Saturnales*, I, ix, 11-12.

45. ALCIAT, Embl. CXXXII (1531) qu'on peut traduire ainsi : « Trompette de Neptune à queue de cétacé / mais à physionomie de dieu océanique, / Triton est enfermé dans l'orbe d'un serpent / qui mord sa queue qu'il tient enserrée dans sa bouche : / La Renommée s'attache aux hommes de génie / et aux exploits qu'à lire elle donne à notre orbe. » J'ai fait une étude de cet emblème, à paraître.

46. Cf. les marques des imprimeurs des Pays-Bas comme J. van Waesberghe.

47. ÉRASME dans l'adage *Festina lente*.

48. Je n'ignore pas que dans l'antiquité l'ouraboros a pu être un attribut de Saturne et un symbole d'éternité. A l'article cité note 11, on pourra ajouter celui de J. PRÉAUX dans les *Hommages à Waldemar Déonna*, Bruxelles, 1957, « Saturne à l'ouraboros », pp. 394-409. Mais il ne faut pas oublier qu'Horapollon est devenu à la Renaissance une référence absolue.

49. Dürer cependant avait donné du premier hiéroglyphe une traduction graphique très différente de l'ouraboros ; cf. les dessins prévus pour l'illustration de la traduction latine d'Horapollon faite par Pirkheimer reproduits par K. GIEHLOW, *op. cit.*, p. 174.

50. Dans le livre XV du *Reductorium morale*, publié à Paris en 1511 sous

le titre de *Metamorphosis Ouidiana moraliter...explanata* attribué à Thomas Wallensis.

51. Cf. PANOFSKY, 2ᵉ art. cit., pp. 267-268.

52. Les crânes se multiplient dans les *Emblemata* de Gabriel ROLLENHAGEN, Anvers, 1611, par exemple.

53. Outre l'exemple de MERCIER (cf. note 6), on citera Cesare RIPA dont les quatre descriptions de *Tempo* commencent par « *huomo vecchio* », la troisième étant la plus explicite « *e sta in prezzo d'una ruina ; ha la bocca aperta mostrando i denti, li quale sieno del colore del ferro [...] La ruina e la bocca aperta e i denti di ferro mostrano che il tempo strugge, gusta, consuma e manda per terra tutte le cose...*

54. Dans la frise du stad-huys d'Amsterdam, due à Artus Quellinus (2ᵉ moitié du XVIIᵉ siècle), citée par PANOFSKY (2ᵉ article cit. p. 274 : illustr. n° 110), il semble réduit au rôle de « motif égyptien ».

55. Cf. les marques de David Martens, Jacques II Mesens, Henri Aertens I etc.

56. Il s'agit du frontispice de *Cent statues romaines épargnées par l'envieuse dent du Temps,* reproduit par PANOFSKY, 1ᵉʳ art. cit. : illustr. n° 60.

Yvonne BELLENGER
(Université de Reims)

Temps mythique et mythes du temps dans les *Hymnes* de Ronsard (*Hymnes* de 1555-1556 et de 1563)

L'allégorie du Vieillard-Temps, dont Panovsky nous a appris qu'il s'agissait d'une création de la Renaissance, représente un vieillard quelquefois ailé, armé d'une faux, toujours destructeur, en qui l'image effrayante de Saturne se confond avec la personnification du Temps[1]. Sous cette forme, le Vieillard-Temps est absent des *Hymnes* de 1555-1556 et de 1563[2]. Le poète dont quelques-uns des plus beaux vers célèbrent la force dévastatrice du redoutable Vieillard :

> *Le tems s'en va, le tems s'en va, ma Dame...,*
> (VII, 152)
> *Ma douce jouvance est passée...,* (VII, 102)

celui qui a consacré un hymne à la Mort, un autre à l'Eternité, quatre aux Saisons, n'a jamais composé d'hymne du Temps. Est-ce à dire que l'obsession qui hante toute son œuvre, celle du « temps mangeard [qui] toute chose consomme »[3], déserte ces amples poèmes ?

Il n'en est évidemment rien et je me propose de montrer son importance dans les *Hymnes*.

Ainsi, dans l'*Hymne de l'Esté*, Ronsard montre le couple mal assorti de l'« amoureuse Nature » mariée au vieux Temps « descharné, deshallé, sans puissance ny force » (XII, 37), mais

fécondée par son jeune et brillant amant le Soleil. Ailleurs,
le temps devient fils du Ciel dans une énumération qui ne
laisse pas de rappeler celle des enfants de la Nuit dans la *Théo-*
gonie d'Hésiode[4] :

> *Toy comme fecond pere en abundance enfantes*
> *Les siecles, & des ans les suittes renaissantes :*
> *Les moys, & les saisons, les heures, & les jours,*
> *Ainsi que jouvenceaux jeunissent de ton cours.*
>
> (VIII, 148)

Malgré ces variations, la fonction des personnifications mythologiques et cosmogoniques demeure constante : offrir l'image
d'un cosmos bien ordonné[5]. Allons plus loin : dans l'*Hymne*
de l'Esté, Nature, la mal mariée, symbolise les forces de la vie,
de l'amour et de la fécondité. Dans les trois autre hymnes des
Saisons, le Temps, d'une manière ou d'une autre, se trouve
toujours associé, fût-ce *a contrario*, avec l'amour et la génération. *Les Quatre Saisons de l'An* célèbrent la naissance du
monde, donc un temps primordial qui est un temps sacré voué
à la répétition[6] : les saisons comme les jours reviendront, et
tous les matins le soleil éclairera un monde régénéré.

D'autre part, l'union de la jeune Nature et du vieux Temps
(qui rappelle l'autre union infortunée d'Aurore et du vieux
Tithon) suggère une opposition entre deux forces contradictoires et indissociables, puisque toute vie est vouée à la flé-
trissure et à la mort. Le Soleil est l'amant de la Nature, mais
le Temps est son mari.

Si elles n'apparaissent pas avec le même relief que dans
Les Quatre Saisons, les allusions mythologiques au temps ne
sont pas absentes des *Hymnes* philosophiques de 1555-1556.
Ainsi, dans l'*Hymne de la Justice.* Au début était l'âge d'or :

> *Dieu transmit la Justice en l'âge d'or çà bas*
> *Quand le peuple innocent encor' ne vivoit pas*
> *Comme il fait en peché...*   (VIII, 50)[7]

Age d'innocence et de loisir où les « champs [...] produisoient,
de leur gré, toutes choses » et qui connaissait un printemps
perpétuel ; mais la méchanceté humaine détruisit tout cela,
comme le rappelle Justice en lançant à l'homme sa terrible
malédiction :

> *Le printemps, qui souloit te rire tous les jours,*
> *Pour ta méchanceté perdra son premier cours...*
>
> (VIII, 55)

C'est la création des saisons (autre version que celle de 1563) :

> *...Et sera departy en vapeurs chaleureuses,*
> *Qui halleront ton corps de flammes douloureuses,*
> *En frimatz, & en pluye, & en glace, qui doit*
> *Faire transir bientost ton pauvre corps de froid...*
>
> (VIII, 55)

Autrement dit, nous sommes conviés à contempler l'irruption catastrophique du temps dans l'histoire mythique de l'humanité[8] :

> *Ton chef deviendra blanc en la fleur de jeunesse,*
> *Et jamais n'ateindras les bornes de vieillesse.*
>
> (VIII, 55)

Là encore, nous avons affaire à un mythe primordial, fréquemment repris par la Pléiade[9]. L'âge d'or est le passé heureux, *in illo tempore*, mais le présent qui nous cerne est un « siècle de fer » — l'expression revient souvent au XVIe siècle. Toutefois, l'âge d'or reviendra : s'il ne s'agit pas d'une croyance, c'est à tout le moins une assurance conforme à la conception du temps sacré, cyclique et réversible, dont nous avons parlé. De plus, c'est un des arguments de l'éloge. Ainsi, à la fin de l'*Hymne de la Justice* :

> *Et lors le siecle d'or en France retournera*
> . . . .
> *Soubz Henry...*   (VIII, 71)

Cela appelle la remarque suivante : si l'âge d'or est l'âge heureux des commencements, l'âge de fer est non seulement l'âge présent mais, par opposition au temps du mythe, le temps de l'histoire. Le temps des hommes après le temps des dieux : rien d'étonnant à ce qu'on rêve du dernier ou, parfois, qu'on ironise à son propos. Dans l'*Hymne de l'Or*, Ronsard joue amèrement sur l'ambiguïté du prestigieux métal. Symbole, l'or est perfection et pureté ; matière, il est source de corruption. D'où l'éloge paradoxal d'un âge d'or rien moins qu'idéal :

> *Qui veut faire un bel acte, il faut la bourse pleine,*
> *Car rien d'expedient (comme dit Demosthene)*

> *Ne se peut commencer ni achever sans luy,*
> *D'autant que l'âge d'or regne encor aujourd'huy.*
>
> (VIII, 186)[10]

*

* *

Temps mythique, temps non mythique : si, dans les *Hymnes*, Ronsard emprunte souvent à la tradition mythologique, le temps des événements évoqués ou des anecdotes racontées n'est pas toujours celui de l'épopée légendaire ou de la cosmogonie. La différence existe entre temps du mythe et temps de l'histoire. Voyons comment le poète en rend compte, en particulier dans la poésie encomiastique.

Evoquant les Croisades au début de l'*Hymne de la Justice*, il le fait sur le mode épique :

> *Un plus sçavant que moy, & plus chery des Cieux,*
> *Chantera les combats de tes nobles Ayeux,*[11]
> *Dira de Godeffroy la merveilleuse armée,*
> *Et la palme conquise en la terre idumée.*   (VIII, 47)

Dans le même poème, la conquête de la Sicile par les Français est chantée de façon encore plus irréaliste : il est question de

> *... vaincre cette terre*
> *Qui d'une grand' montaigne un grand Geant enserre,*
> *Lequel luy fut jadis par les Dieux envoyé*
> *Quand il tomba du Ciel à-demy foudroyé.*   (VIII, 48)

Mais de date : point, et d'autant moins que toute cette héroïsation familiale et hyperbolique est largement fictive. On ferait des constatations analogues en relisant l'*Hymne du roy Henry II* ; le poète doit louer son personnage, mais il ne peut le faire vraiment qu'en obéissant à une double exigence rigoureusement contradictoire : d'une part l'idéaliser autant que faire se peut — c'est-à-dire, dans bien des cas, le diviniser —, d'autre part célébrer ses hauts faits réels, en les embellissant certes, mais en les rappelant néanmoins avec suffisamment d'exactitude pour qu'on les reconnaisse. Autrement dit, il faut arracher le personnage glorifié à la contingence pour obéir à la première loi, mais le maintenir dans la temporalité pour respecter la seconde.

De plus, Ronsard, qui a ses idées sur l'histoire, s'en est fort clairement expliqué[12]. La tâche de l'historien, selon lui, consiste à rendre compte de la réalité ; au poète, le privilège de l'inspiration, de la fantaisie, de la libre invention. Si le poète rencontre l'histoire, qu'il s'en serve, mais ne la serve pas. Le temps qui l'intéresse est irréductible à celui de l'historiographe. « Le Poëte », écrit Ronsard,

> ... *a pour maxime tresnecessaire en son art, de ne suivre jamais pas à pas la vérité, mais la vray-semblance, & le possible : Et sur le possible & sur ce qui se peut faire, il bastit son ouvrage, laissant la veritable narration aux Historiographes, qui poursuivent de fil en esguille, comme on dit en proverbe, leur subject entrepris du premier commencement jusques à la fin.* (XIV, 336)

Autrement dit, ce que le poète ne trouve pas à l'état de mythe, il le « mythifie ». Ainsi dans les *Hymnes*, tout phénomène apparaît comme un signe, tout accident comme un avertissement. Dans un tel univers, rien n'est gratuit[13]. Lisons l'*Hymne du roy Henry II* : le temps vécu par le roi est un temps sacré, à l'image du personnage dont il ponctue les faits et gestes. La sacralisation du temps concourt à la glorification, au moyen de la comparaison :

> *Il n'y eut jamais Prince* en l'antique saison,
> Ny en ce temps icy, *mieux garni de raison,*
> *Ny d'aprehension, que toy... ;* (VIII, 14)

par le recours aux patronages célestes : dès ta naissance, dit au roi le poète,

> ... *en te baisant, prophetisoient ces Dieux,*
> Quand un Aigle volant *bien haut dedans les cieux*
> *(Augure bon aux Roys) trois fois dessus ta teste*
> *Fist un grand bruit... ;* (VIII, 24)

en rapprochant les univers céleste et terrestre :

> *O mon Dieu que de joye, & que d'aise reçoit*
> *Ta Mere,* quand du Ciel ça bas elle te voit
> *Si bien regir ton peuple...* (VIII, 23)[14]

D'où, tout naturellement, une conclusion qui met la dernière touche à l'entreprise d'héroïsation :

> *Et bref, c'est presqu'un Dieu que le Roy des François.*
> (VIII, 33)

Même mouvement dans *Le Temple de Messeigneurs le Connestable & des Chastillons* (pièce insérée dans les *Hymnes*) : le poète entreprend par ses vers de sacraliser le temps en instaurant une fête commémorative.

> *Je veux fonder les jeux d'une feste sacrée,*
> *Chommage tous les ans...*   (VIII, 73)

Relisons là encore Mircea Eliade, le grand mythologue : « Une fête se déroule toujours dans le Temps originel et sacré qui différencie le comportement humain *pendant* la fête de celui d'*avant* ou d'*après*. [...] L'homme religieux croit qu'il vit alors dans un *autre* Temps, qu'il a réussi à retrouver l'*illud tempus* mythique »[15]. Il convient certes de faire chez Ronsard la part du procédé — disons le mot : de la flatterie et du mensonge. Il n'empêche qu'on retrouve ici un comportement, fût-il feint, conforme aux attitudes essentielles de l'homme religieux[16].

Fondant la fête, annonçant la gloire du roi ou célébrant celle des Anciens, le poète constate donc que l'homme aimé des Muses peut dans certaines circonstances s'affranchir du Temps. Dispensateur d'immortalité, il engage le futur à partir du présent. Poète-prophète : on comprend que l'association entre les deux mots ait été un lieu commun au XVIe siècle. Comme le prophète, le poète domine le temps. Il reçoit ce don des dieux, mais c'est un don périlleux. La Muse l'avait annoncé au jeune Ronsard : le candidat-poète serait moqué des foules.

> *Mais courage, Ronsard, les plus doctes poëtes,*
> *Les Sybilles, Devins, Augures & Prophetes,*
> *Huiez, siflez, moquez des peuples ont esté :*
> *Et toutesfois, Ronsard, ils disoient verité.*   (XII, 49)

Quant aux prophètes anciens, on sait qu'ils ont parfois connu des destinées cruelles. Ronsard évoque dans les *Hymnes* celle du pauvre Phinée, puni pour avoir désobéi aux dieux en révélant l'avenir aux hommes, c'est-à-dire pour avoir brisé les limites marquées par le temps :

> *J'ai peché lourdement autrefois de vouloir*
> *Faire aux hommes mortels de point en point sçavoir*
> *La volonté des Dieux, qui veullent leurs oracles*

> *Estre tousjours voilez de ne sçay quels obstacles...*
>   (VIII, 285)

Tant il est vrai que, si les dieux n'aiment pas que les hommes se haussent au-dessus de leur condition, ceux-ci ne se lassent pas d'en rêver.

*
*   *

Mythologique ou ordinaire, le temps n'existe pas comme un tout indécomposable. Il se fractionne en périodes, en saisons, en jours, en heures, en moments. Voyons la nuit : c'est le moment du mystère. C'est pendant la nuit que se manifeste le plus souvent l'inquiétante proximité du sacré. La nuit, hurlent les Démons « acompaignez de chiens, d'un effroyable bruict » (VIII, 127). Dans l'hymne qui porte son nom, Justice, en apparaissant devant les hommes d'abord le jour puis la nuit, signale la dégradation de l'humanité et la séparation progressive de la terre et du ciel. A l'âge d'or, Justice

> *S'apparoisoit au peuple, & ne fuyant la presse*
> *Des hommes de jadis les assembloit de jour*
> *Dedans une grand rue, ou dans un carrefour.*
>   (VIII, 51)

A l'âge d'argent, elle prend ses distances :

> *Et plus visiblement de jour parmy la rue*
> *Les hommes ne preschoit...*   (VIII, 52)

mais

> *... toute la nuict la Justice crioit*
> *Sur le haut des Citez...*   (VIII, 53)

Nouvelle dégénérescence : c'est l'âge de fer. Comment franchir un nouveau degré et passer de la nuit à plus inquiétant que la nuit ? Ronsard y parvient en utilisant, après l'imparfait qui décrivait Justice criant de nuit ses exhortations à l'humanité corrompue de l'âge d'argent, un passé simple qui suggère la précarité de la durée à l'âge de fer : Justice, « ardante de fureur »,

> *Vint encore de nuict se planter sur les villes*

> *Où plus, comme devant, le peuple ne pria,*
> *Mais d'une horrible voix, hurlante, s'ecria*
> *Si effroïablement, que les murs & les places*
> *Et les maisons trembloient de peur de ses menaces.*

(VIII, 54)

Et c'est alors que Justice quitte la Terre en abandonnant les hommes.

Certes, il n'y a pas dans ce passage de représentation mythologique des moments, mais les fractions du temps se rapportent à une chronologie mythique de l'humanité.

Toute différente est, par exemple, la présentation personnifiée des Heures, dans l'*Hymne des Astres*. Les Heures sont des figures du temps conformes à la tradition homérique[17] mais elles se comportent en personnes autonomes et agissent, comme le remarque Malcolm Quainton, en « instruments de l'ordre cosmique »[18] :

> *Quand le Soleil hurtoit des Indes les barrieres*
> *Sortant de l'Ocean, les Heures ses portieres*
> *Couroient un peu devant son lumineux flambeau*
> *R'amasser par le Ciel des Astres le troupeau.*

(VIII, 151)

On voit comment se répartissent les deux sortes d'allusions au temps qu'on trouve dans ces récits mythiques. Ou bien — rarement dans les *Hymnes* — c'est le Temps lui-même qui est personnifié et qui agit (l'époux de Nature ; les Heures bergères des Astres), ou bien le temps n'est que le cadre d'une action elle-même mythique : cadre tantôt pourvu d'une valeur sacrée et traditionnelle (l'âge d'or, l'antique saison), tantôt neutre mais sacralisé par le contexte (la nuit porteuse de mystères).

Tel est en particulier le cas des durées, fréquemment signalées dans les *Hymnes* et de valeur variées. Certaines entrent dans la catégorie des durées mythiques : durée épique d'une prouesse surnaturelle comme celle de Calaïs et de Zethès vainqueurs des Harpies[19] ; durée légendaire à propos du deuil d'un héros :

> *Un pleur se fist neuf jours parmy la Ville*
> *...........*
> *Pour le trespas d'Hector... ;*   (VIII, 110)

durée sacrée quand il s'agit de sa naissance, en l'occurrence
celle d'Hercule conçu en

> ...*trois nuittées*
> *Que Jupiter tint en une arrestées*
> *Quand il voulut son Alcmene embrasser.*   (VIII, 215)

Toutes ces durées exceptionnelles sont des durées longues, au
moins relativement. Voyons si l'on peut en dégager une signification ou une valeur constante.

L'un des thèmes favoris de la Pléiade est l'exaltation de
la renommée — la gloire[20] — qui vainc et accomplit la durée :
elle vainc la durée en empêchant l'oubli, elle l'accomplit en
assurant le souvenir.

> *Les anciens Herôs du sang des Dieux venuz,*
> *Sont encore aujourd'huy, maugré les ans, congnus*
> *Pour avoir fait chanter aux Poëtes leurs gestes*
> *Qui les ont de mortelz mis au rang des celestez.*
>
> (VIII, 6)

La durée longue apparaît alors comme l'un des éléments fondamentaux de la mythification. Elle constitue la preuve de
la gloire et manifeste ce qu'on appelait au XVIe siècle
« l'immortalité poétique » (immortalité au demeurant relative,
qui n'engage que la mémoire des hommes).

Non mythifiée, la durée longue a une valeur bien différente ; elle représente l'ennui d'une existence prosaïque si
terne que la Mort apparaît comme une délivrance :

> *On dit que les humains avoient au premier âge*
> *Des Dieux reçeu la vie en eternel partage,*
> *Et ne mouroient jamais, toutesfois plains d'ennuy*
> *Et de soucys vivoient, comme ilz font aujourdhuy.*
>
> (VIII, 175)

De sorte que Jupiter

> ... *ne peut jamais penser*
> *Plus grand don que la Mort, & leur en fit largesse*
> *Pour un divin present, comme d'une Deesse.*
>
> (VIII, 175)

Nous sommes encore tout près de l'Olympe. D'autres situations dévalorisent plus radicalement la durée longue : elle est
l'un des biens de l'avare[21], elle produit peine et douleur et

accompagne le souci[22], elle constitue le châtiment du prisonnier[23]. Et pourtant, on surprend dans l'*Hymne de la Mort* l'expression d'une nostalgie de la durée terrestre :

> *S'il y avoit au monde un estat de durée,*
> *Si quelque chose estoit en la terre asseurée,*
> *Ce seroit un plaisir de vivre longuement :*
> *Mais puis qu'on n'y voit rien qui ordinairement*
> *Ne se change, & rechange, & d'inconstance abonde,*
> *Ce n'est pas grand plaisir que de vivre en ce monde.*
>
> (VIII, 172-173)

Ne nous méprenons pas : cet « estat de durée » est un rêve d'immobilisation du temps plutôt qu'un découpage temporel. Ronsard aspire au « toujours » et se résigne difficilement au « longtemps » ; il lui arrive ailleurs de laisser aller à ce fantasme d'un temps arrêté qui ne serait pas l'Eternité et qu'il appelle la durée[24]. Le terme est sans doute impropre, mais l'impropriété est révélatrice.

A regarder l'ensemble des exemples qu'on peut relever dans les *Hymnes,* on entrevoit peut-être un principe de répartition. La mauvaise durée longue est celle qui livre l'homme à ses insuffisances, à sa contingence. La bonne durée longue enlève l'homme à lui-même. Le premier bienfait de la Loi (qui est chose divine[25]) est justement d'assurer la constance des choses et des êtres naturellement instables ; cela revient à valoriser la durée comme les hommes laissés à leurs propres forces seraient incapables de le faire :

> *La Loy sert aux Citez & au peuple qui est*
> *Inconstant en pensée, & n'a jamais d'arrest.*
>
> (VIII, 69)

C'est aussi leur durée et leur stabilité qui font la grandeur des dynasties par-delà les individus qui les composent :

> *Plus de mille ans y a que les Roys des François*
> *Gouvernent sans changer la France souz leurs loix.*
>
> (VIII, 195)

Les durées brèves offrent la même variété de signification. Parfois fâcheuse. De la Justice, Ronsard écrit :

> *... on ne sçauroit sans elle*
> *Vivre une heure en repos...*   (VIII, 69)

La durée brève (« une heure ») est ici le signe de l'instabilité, lot de la créature. En revanche, dans d'autres contextes, la durée brève est valorisée parce qu'elle signale la puissance, donc la surhumanité. Puissance du nouveau roi Henri II :

> Au bout de quinze jours *France fut esbaye,*
> *Que tu avois desja l'Angleterre envahye*   (VIII, 36)

— éloge qu'on pourra juger un peu outrancier ! Puissance de Jupiter qui peut, s'il le désire,

> ... *tout ce Monde deffaire*
> En moins d'un seul clin d'œil.   (VIII, 62-63)

Puissance de la Richesse,

> *Car si quelqu'un [...] la loge en sa maison,*
> *Il aura* tout soudain *toute chose à foison.*
>   (VIII, 183)[26]

Autrement dit, la valeur de la durée ne procède pas de sa longueur ou de sa brièveté. Longue ou brève, elle pèse sur l'homme abandonné à lui-même et condamné à vivre un temps « prosaïque » et malheureux :

> ... *l'homme n'est sinon, durant le temps qu'il vit,*
> *Qu'une mutation qui n'a constance aucune,*
> *Qu'une proye du temps, qu'un joüet de Fortune...*
>   (VIII, 170-171)

Mais si elle manifeste une transcendance, la durée a une tout autre signification, généralement positive.

*
* *

Les mythes du temps et les allusions mythiques au temps dans les *Hymnes* s'ordonnent en deux catégories : il y a le temps mythique et le temps non mythique. Au premier, se rattachent les mythes du commencement (âge d'or, mythe du temps créé pour l'homme[27]) et les mythes de la répétition, du temps cyclique, de l'éternel retour[28]. Au second, les allusions à la prophétie interdite dans l'*Hymne de Calaïs et de Zethès*, qui évoquent à propos d'un récit mythologique un temps linéaire qui ressemble au nôtre.

Ce temps linéaire, ce temps irréversible, constitue d'ailleurs l'un des thèmes ronsardiens essentiels. J'ignore si l'on peut à ce propos parler sans abus de langage de mythes du temps, mais il s'agirait alors de mythes sans transcendance et généralement hors de tout récit[29]. Mythes, motifs ou thèmes, ces obsessions ronsardiennes se réduisent en somme à deux : le pari pour l'immortalité, l'effroi devant le temps qui passe.

Ronsard en est convaincu, en tout cas il le dit : le poète dispense l'immortalité à ceux qu'ils chantent. Il est donc maître du temps :

> *Un roy, tant soit-il grand en terre ou en proüesse,*
> *Meurt comme un laboureur sans gloire, s'il ne laisse*
> *Quelque renom de luy, & ce renom ne peut*
> *Venir apres la Mort, si la Muse ne veut*
> *Le donner à celluy qui doucement l'invite...* (VIII, 44)

A ce sujet, on notera avec intérêt que si Ronsard a lu les *Triomphes* de Pétrarque, il en inverse l'ordre puisque chez Pétrarque, c'est le Temps qui triomphait de la Gloire. Le pouvoir du poète, chez Ronsard, est grand !

Le temps qui passe, le temps instable forme le motif complémentaire du précédent. Hanté par le rêve de défier et de dominer le temps, Ronsard sait aussi — mieux que personne, à mon avis — chanter l'effroi qu'inspire la fuite inexorable du temps. L'inconstance universelle condamne tout ce qui vit, à commencer par ceux que Ronsard appelle quelquefois « les pauvres journailliers »[29] — les hommes :

> *» Si donq tout est suget à se muer souvent,*
> *» L'homme qui n'est sinon que fumée, & que vent,*
> *» Comme le filz du Temps, ne doit trouver estrange*
> *» Si quelquefois d'estat comme son pere il change.*
>
> (VIII, 225)

« Fils du Temps », voué à la mort : Ronsard se résigne difficilement à cette destinée et sa poésie est un perpétuel contrepoint entre la nostalgie d'un temps étale, surhumainement inerte : « S'il y avoit au monde un estat de durée... », et l'amour passionné et sensuel pour ce monde si beau, pour la vie inséparable de la mort, mais aussi la tristesse de ne rien en retenir. Parfois, le poète semble trouver un équilibre entre ces deux aspirations contradictoires, par exemple dans ce passage magnifique de l'*Hymne de la Mort* :

> *Mais tout ainsi que l'onde à-val des ruisseaux fuit*
> *Le pressant coulement de l'autre qui la suit,*
> *Ainsi le temps se coulle, & le present faict place*
> *Au futur importun qui les tallons luy trace :*
> *Ce qui fut se refaict, tout coulle comme une eau,*
> *Et rien dessous le Ciel ne se void de nouveau :*
> *Mais la forme se change en une autre nouvelle,*
> *Et ce changement là, VIVRE au monde s'appelle,*
> *Et MOURIR, quand la forme en une autre s'en va.*

(VIII, 178)

Mais l'équilibre est de courte durée et la tension renaît. Pour le grand bonheur de la poésie.

NOTES

1. E. PANOVSKY, *Essais d'iconologie. Les thèmes humanistes dans l'art de la Renaissance*, trad. fr., Paris, Gallimard, 1967. Chap. III, « Le Vieillard Temps », pp. 105 ss. Voir toutefois la critique de cette interprétation dans l'article précédent de Claudie Balavoine.

2. Soient, dans l'éd. des *Œuvres complètes* de Ronsard p.p. Laumonier (Paris, S.T.F.M.), le tome VIII et les pp. 27-86 du tome XIX (pour *Les Quatre Saisons de l'An*), qui constituent mon corpus. — Toutes les références à Ronsard dans les notes qui suivent renvoient à l'édition Laumonier ; le chiffre romain indique le numéro du tome, le chiffre arabe la page.

3. I, 81. Voir aussi M. QUAINTON, *Ronsard's ordered chaos*, Manchester Univ. Press, 1980, p. 93

4. « Nuit enfanta l'odieuse Mort, et la noire Kère, et le Trépas. Elle enfanta Sommeil et, avec lui, toute la race des Songes » (vv. 211-212).

5. Voir QUAINTON, p. 95.

6. Voir Mircea ELIADE, *Le Sacré et le profane*, trad. franç., Paris, Gallimard, coll. « Idées » [1971] ; chap. II, « Le Temps sacré et les mythes », p. 71.

7. Ce temps d'innocence est aussi le premier âge de l'humanité dans la tradition biblique. Voir J. FRAPPIER, « L'inspiration biblique et théologique de Ronsard dans l'*Hymne de la Justice* », in *Mélanges Chamard*, 1951, pp. 97-108.

8. Voir QUAINTON, p. 104.

9. Voir E. ARMSTRONG, *Ronsard and the Age of Gold*, Cambridge University Press, 1968.

10. Cf. « Ha, bel aage doré, où l'or n'avoit puissance ! » (XII, 102)

11. Ronsard s'adresse au cardinal de Lorraine.

12. Notamment dans la préface posthume de *La Franciade*, XVI, 336 et 337.

13. Voir Robert LENOBLE, *Histoire de l'idée de Nature*, Paris, A. Michel, 1969, 2e partie, chap. III, en particulier les pp. 299-307. Et Jean CÉARD, *La Nature et les prodiges*, Genève, Droz, 1977, chap. VIII.

14. Souligné par moi.

15. *Op. cit.*, p. 74. Souligné dans le texte.

16. Voir ELIADE, *op. cit.*, p. 76.

17. Voir QUAINTON, p. 95.

18. *Ibid.*

19. VIII, 280-289.

20. Voir Françoise JOUKOVSKY, *La Gloire dans la poésie française et néo-latine...*, Genève, Droz, 1969.

21. VIII, 180-181 (vv. 17-19).

22. VIII, 100 (v. 265-268).

23. VIII, 164-165 (vv. 51-52).

24. Voir en particulier dans les *Amours* de 1552 (Cassandre) le sonnet 20 (IV, 23-24). — Ici je me sépare de Fr. Joukovsky qui, dans une très remarquable étude, « Quelques termes du vocabulaire philosophique dans les *Hymnes* de Ronsard », in *Histoire et littérature. Les écrivains et la politique* (publications du Centre d'étude et de recherche d'histoire des idées et de la sensibilité de l'Université de Rouen, Paris, P.U.F., 1977, pp. 247-263), note que dans les *Hymnes*, « *durer* ne signifie pas persister dans la même forme, mais subir des métamorphoses successives » (p. 258). C'est certainement vrai de la *durée* considérée comme vécue sur terre, mais non de la *durée* idéale ou rêvée. Dans l'exemple que je cite, l'« estat de durée » inaccessible dont parle Ronsard s'oppose précisément aux « change, rechange & inconstance » qui sont le lot de la créature.

25. VIII, 70 (v. 495).

26. Souligné par moi.

27. Voir VIII, 61 (vv. 289-290).

28. Voir VIII, 65 et 82.

29. VIII, 170 (v. 149), 253 (v. 117).

Marie-Madeleine de LA GARANDERIE
(Université de Nantes)

La méditation philosophique sur le temps au XVIᵉ siècle : Budé, Montaigne

Le problème du temps n'est sans doute pas à la Renaissance le problème premier. Je suggérerais que la grande interrogation du siècle est celle qui s'attache à l'idée de Nature, et, corrélativement, aux notions de Hasard (*fors, fortuna*) et de Providence, c'est-à-dire au rapport entre les lois de la création et les plans que le créateur dessine (au double registre de l'histoire et de la vie individuelle) pour sa créature privilégiée, l'homme. Or c'est dans le temps que s'opère l'articulation entre les déterminismes de forces aveugles et le dessein providentiel. Le temps est donc, pour ainsi dire, le lieu du « religieux ».

Ces quelques mots suffisent à indiquer que mon exposé ne s'attachera pas au temps subjectif, le temps de la vie qui passe vite, ou trop vite (le *tempus fugit*, le *carpe diem*), ou qui au contraire dure douloureusement sous le poids oppressant des « longs ennuis » ; ni non plus au jeu des interférences du souvenir et de la perception. Il ne concernera pas le vécu en tant que tel, mais seulement dans la mesure où, pensé ou représenté, il peut prétendre à une valeur objective. Le champ reste encore bien vaste, et inclut trois types de réflexion, dont la troisième seulement sera notre objet privilégié.

1. *Le temps abstrait*

Tenter de définir le temps, c'est d'abord évidemment le relier aux notions de *mouvement* et d'*espace*. Le mouvement des astres, les révolutions du ciel sont la première horloge. Le texte de base est, comme on sait, celui d'Aristote (*Physique,* IV, 10-14), où il est dit que le temps n'est pas le mouvement, mais « le nombre du mouvement selon l'antérieur et le postérieur ». C'est à cette source que se réfère Érasme dans son célèbre commentaire de l'adage *Festina lente* (*Ad.* 354). Rappelons qu'il s'agit là de rendre compte du dessin emblématique qui est la marque d'imprimerie d'Alde Manuce, l'ancre et le dauphin, symboles des deux notions contradictoires, lenteur et rapidité, que concentre l'adage, — eux-mêmes inscrits dans un cercle, symbole d'éternité, *tempus sempiternum.* Érasme s'emploie fort laborieusement à montrer « qu'il y a une certaine analogie et ressemblance entre la grandeur (*magnitudo*), le mouvement (*motus*) et le temps (*tempus*) ». « Ce qu'est le point (*punctum*) pour la grandeur, l'instant (*momentum*) l'est pour le temps, l'élan (*impetus*) pour le mouvement ». Or, tandis que, sur un segment de droite, tout point a un statut ambigu, étant à la fois commencement et fin selon qu'on le rapporte au point de départ ou à l'extrémité, cette ambiguïté disparaît dans le cas du cercle (ou de la sphère). Le cercle signifie donc grandeur, mouvement, temps sans commencement ni fin.

Érasme me semble exercer dans ce texte, sur des notions scientifiques, le même esprit de simplification qui lui fait ailleurs traiter allégrement, dans une fausse clarté, des notions théologiques. Qu'il y ait entre grandeur, temps, et mouvement, « une certaine analogie et ressemblance », soit, —mais quelle et comment ? Et qu'est-ce donc que cet *impetus,* ce *minimum indivisibile,* sorte de point, ou de grain, de mouvement ? Érasme ne se soucie pas de l'expliquer, ajoutant avec désinvolture qu'il ne faut point s'embarrasser des mots pourvu que cela corresponde bien à la chose ». Voire ! Car la réflexion érasmienne passe à côté de distinctions aussi fondamentales que celle d'isotropie / anisotropie (le temps est orienté, et ne s'assimile pas exactement à l'espace ; et Aristote l'avait bien souligné), ou celle de continu / discontinu.

Érasme toutefois est excusable. Car le texte n'a pas de prétention scientifique. Ainsi est-il question de tout dans les *Adages*. Il ne s'agit après tout ici que de la marque d'un imprimeur ; et c'est de problèmes d'édition qu'il va être débattu ensuite... Notons, pour conclure sur ce point, que le temps dont il vient d'être question est un temps vide, uniforme, et éternel. De conception purement mécaniste, il n'est pas plus le temps de Dieu que le temps de l'homme.

2. *Le temps de Dieu,* ou *l'éternité*

Le modèle ici serait Plutarque (*Que signifie* εἰ), — que je n'ai guère besoin de citer, puisque Montaigne l'a repris presque textuellement (à travers Amyot, bien sûr) à la fin de l'*Apologie de Raymond Sebond*. L'éternité, dans ce second cas, n'est plus une simple représentation figurée. Elle est, par le moyen d'une description antithétique, indéfiniment variée et dramatisée, du devenir, pressentie comme une plénitude. Ce que l'on peut résumer ainsi avec des bribes de citations : Rien ne demeure. On ne voit pas deux fois le même fleuve. L'être changeant « devient tousjours autre d'un autre ». « Car c'est chose mobile que le temps, qui apparoit comme en ombre avec la matière coulante et fluente tousjours »... « Parquoy il faut conclure que Dieu seul est,non poinct selon aucune mesure du temps, mais selon une eternité immuable et immobile, non mesurée par le temps, ny subjecte à aucune declinaison ; devant lequel rien n'est, ny ne sera apres, ny plus nouveau ou plus recent, ains un realement estant, qui, par un seul maintenant emplit le tousjours » (*Essais*, II, 12, fin).

On sent bien que l'éternité est ici tout autre chose qu'un *sempiternum* ou un *infinitum tempus*. Elle est d'un autre ordre. Elle est à proprement parler la transcendance. De la même façon, dans la pensée de Plotin, le surgissement du temps coïncide avec l'écartement de l'âme par rapport au divin, et avec la production du sensible. La méditation du temps et de l'éternité est donc méditation sur les niveaux de l'être.

Cette perspective se retrouve dans le célèbre Livre XI des *Confessions* de saint Augustin, où la réflexion se fait médita-

tion, et la méditation prière. Augustin certes y philosophe ;
il y évoque le temps du dieu des philosophes, mais toujours
sous le regard et comme sous l'aile du dieu de Jésus-Christ :

> *Maintenant mes années sont dans les gémissements, et*
> *toi, Seigneur, ma consolation, mon père, tu es éternel ;*
> *mais moi je me suis dispersé dans des temps dont l'ordre*
> *m'est inconnu, et mes pensées, les entrailles de mon âme,*
> *sont déchirées de variations tumultueuses, jusqu'au*
> *jour où, purifié et fondu au feu de ton amour je m'écou-*
> *lerai en toi. (Conf. XI, XXIX, 39)*

Le temps sur lequel médite Augustin n'est pas un temps vide :

> « *si rien ne passait, il n'y aurait point de temps passé ;*
> *si rien n'arrivait, il n'y aurait point de temps à venir ;*
> *si rien n'était, il n'y aurait point de temps présent* »
> *(Conf. XI, XIV, 17)*

Mais, au regard du temps de Dieu (qui en vérité n'est pas le
« temps », qui est inexplicablement, inconcevablement
« autre »), bref au regard de l'éternité, le temps humain est
zéro. Tout ce qui a l'infini comme dénominateur est zéro.

3. *Le temps des hommes*

Nous venons de parler successivement d'un temps vide,
purement abstrait, puis d'un temps dérisoire. Il faut en venir
maintenant au temps des hommes (de l'humanité), au temps
de l'homme (sa vie, sa mort), conçus comme temps plein, et
— car on ne peut échapper au jeu de l'analogie — comme
espace d'existence. Temps plein parce que marqué, jalonné,
qualitativement varié. Tel est le temps des *chroniques,* lequel
implique les notions de *repères,* ou d'*accents* (événements),
de *périodes*, et aussi ce que j'appellerai la notion de *courbe*.
J'entends par là la transposition graphique des idées de progrès, ou de décadence, ou de retour cyclique, etc. ; transposition qui a son équivalent dans les métaphores littéraires
récurrentes, comme celles des différents âges (l'âge d'or étant
situé soit en arrière, soit en avant), ou évidemment celle de
Renaissance...

Toutes ces notions ont en commun le fait d'impliquer un
point de vue, donc un regard. Regard prospectif (tourné vers

une finalité, un *dessein*), ou rétrospectif (tourné vers un *destin*), — à partir d'un repère ou d'un système de repères. Toutes démarches qui correspondent à la recherche d'un *sens* (et qui peuvent aussi bien aboutir à conclure au non-sens, ou à l'impossibilité de la quête elle-même ; — mais n'anticipons pas). Nous dirons donc qu'il y a une *lecture du temps*. Lecture du temps hors de nous (celui du cosmos, ou de notre univers, ou de notre nation, ou de notre canton). Lecture du temps qui est nôtre, à l'échelle de notre vie, — le sens de notre vie. Les deux lectures s'articulant, et se projetant en quelque sorte de l'une en l'autre. Ce sont ces lectures du temps que nous allons demander à Budé et à Montaigne.

4. *Budé et Montaigne*

Plus d'un demi-siècle les sépare. Pour jeter néanmoins un pont de l'un à l'autre on pourra remarquer qu'ils sont l'un et l'autre de condition sociale voisine (charges de l'Etat, magistratures : maître des Requêtes pour l'un, maire de Bordeaux pour l'autre). Ils ont ressenti l'un et l'autre avec acuité le cas de conscience du sage (le *philosophe*, — car ce mot garde à l'époque son sens étymologique), confronté à la corruption de leur époque. Aussi leurs vies comportent-elles un va-et-vient de retraite studieuse et d'activité au service du prince et du pays, — la méditation et l'étude l'emportant de très loin sur l'engagement politique ; ce dernier ayant toujours été mis au service de la modération et de la justice.

— Leurs œuvres essentielles se situent bien au-delà du seuil de la maturité, et presque dans la vieillesse. Rappelons que Montaigne donne la première édition des *Essais* à 47 ans. Et que c'est au même âge que Guillaume Budé publie le *De asse*[1] (qui, bien loin de n'être qu'un livre sur les monnaies, est une sorte d'« œuvre totale » où s'amorcent tous les aspects de la réflexion philosophique ultérieure[2]). Il en a 53 quand il donne le *De contemptu rerum fortuitarum*, méditation sur les notions de hasard, ou de fortune, et de providence (dont je notais l'importance au début de cet exposé), et à bien des égards ébauche du *De transitu hellenismi ad christianismum*, l'ouvrage sur lequel je devrai bientôt et longuement revenir,

— car il constitue le couronnement de son œuvre philosophique et son testament spirituel, — et qu'il publiera en 1535, à 67 ans. Montaigne, lui, meurt à moins de 60 ans sans avoir jamais cessé de grossir et ruminer son livre.

— Enfin, — et ceci justifiera mieux encore le rapprochement, — le décor où se déploient leurs méditations est fort sombre. C'est celui du «malheur des temps » : corruption, confusion, cruauté. Ceci renvoie à toute l'œuvre de Montaigne[3], ou peu s'en faut. Notamment à ces lignes du chapitre *de la vanité :*

> *« Nous sommes tantost par la longue licence de ces guerres civiles envieillis en une forme d'estat si desbordée (...) qu'à la verité c'est merveille qu'elle se puisse maintenir »,*

et un peu plus loin :

> *« Je vois, non une action, ou trois, ou cent, mais des meurs en usage commun et reçeu si monstrueuses en inhumanité sur tout et desloyauté, qui est pour moy la pire espece des vices, que je n'ay point le courage de les concevoir sans horreur... »*

et encore plus sombre, ajouté après 1588 :

> *« Il semble que les astres mesme ordonnent que nous avons assez duré outre les termes ordinaires. Et cecy aussi me poise, que le plus voysin mal qui nous menace n'est pas alteration en la masse entiere et solide, mais sa dissipation et divulsion, l'extreme de nos craintes. »*

Sans doute, s'agissant de Guillaume Budé, faudrait-il nuancer. Il y a plusieurs périodes et divers registres : un 1515 d'espérance, un 1532 de triomphe éphémère (le sentiment d'un progrès chargé de plus grande espérance encore). Mais, peu d'années après pourtant, le *De transitu* intervient alors que les espoirs, attachés à Luther et aux efforts de retour à l'Evangile de « beaucoup d'hommes pieux et savants », ont tourné au désenchantement et à un bilan de désordre, de licence, de corruption, de dissension. Et surtout alors que le scandale des Placards contre la messe a consacré dans la double horreur du sacrilège et de sa répression, la déchirure de l'Eglise. Ainsi peut-on finalement parler d'un même décor, malgré l'écart chronologique.

Avant d'aller plus avant, je tiens à préciser que rien de ce que je dirai sur Montaigne ne prétend à l'originalité. Je n'ai fait qu'utiliser des textes des *Essais* connus de tous, et souvent même par cœur. C'est donc Budé, plus méconnu, que je placerai sur le devant de la scène. Et c'est pourquoi je me suis permis de prendre une liberté que Platon réserve à Kronos[4], et parlerai de Montaigne d'abord, puis ensuite, « the last but non the least », comme on dit, de Guillaume Budé.

MONTAIGNE

Pour Montaigne l'histoire est sans structure. Impossible en effet d'embrasser l'ensemble des choses et des faits, — comme il est magnifiquement dit au chapitre *Des coches* :

> « *Quand tout ce qui est venu par rapport du passé jusques a nous seroit vray et seroit sçeu par quelqu'un, ce seroit moins que rien au pris de ce qui est ignoré. Et de cette mesme image du monde qui coule pendant que nous y sommes, combien chetive et raccourcie est la cognoissance des plus curieux ! Non seulement des evenemens particuliers, [...] mais de l'estat des grandes polices et nations, il nous en eschappe cent fois plus qu'il n'en vient à nostre science. [...] Si nous voyons autant du monde comme nous n'en voyons pas, nous apercevrions, comme il est à croire, une perpetuele multiplication et vicissitude de formes. Il n'y a rien de seul et de rare eu esgard à nature, ouy bien eu esgard à notre cognoissance [...]* »

Multiplication et *vicissitudes* de formes. Tous repères nous échappent : « Nostre monde vient d'en trouver un autre (et qui nous respond si c'est le dernier de ses freres ? ». Il est donc impossible de tracer quelque courbe que ce soit. Tout ce qu'on peut imaginer en ce genre est illusoire ; que l'on veuille prouver progrès ou décadence, c'est toujours d'après des critères subjectifs, transitoires, illusoires :

> « *Comme vainement nous concluons aujourd'hui l'inclination et decrepitude du monde par les arguments que nous tirons de nostre propre foiblesse et decadence [...] ainsi vainement concluoit cettuy-là[5] sa naissance et jeunesse, par la vigueur qu'il voyoit aux espris de son*

temps, abondans en nouvelletez et inventions de divers arts. »

Le monde de Montaigne est un monde décentré, ou plutôt un monde où le centre est partout et nulle part. Nous n'y pouvons jamais alléguer qu'une « loi municipale », comme il est dit dans l'*Apologie*. Le dessin de l'ensemble est irrémédiablement embrouillé.

A l'échelle au-dessus on trouverait chez Montaigne l'idée, très moderne, d'une terre qui ne cesse de se déformer et transformer. L'Atlantide a été « engloutie par le déluge »

> *« comme on tient que la mer a retranché la Sycile d'avec l'Italie, [...] Chipre d'avec la Surie, l'Isle de Negrepont de la terre ferme de la Bœce ; et joint ailleurs les terres qui estoyent divisées, comblant de limon et de sable les fosses d'entre-deux »*

et « ma riviere de Dordoigne » elle-même,

> *« en vingt ans [..] a tant gaigné et desrobé le fondement à plusieurs bastimens [que] je vois bien que c'est une agitation extraordinaire... »,*

pouvons-nous lire au chapitre *Des Cannibales*.

Et, à l'échelle au-dessus encore, on trouverait enfin l'idée (non moins moderne) de l'altération du ciel. C'est, on s'en souvient, au chapitre *Des Boyteux* :

> *« Quoy, ce que disent aucuns, que les cieux se compriment[6] vers nous en vieillissant, et nous jettent en incertitude des heures mesme et des jours ? et des moys, ce que dict Plutarque, qu'encore de son temps l'astrologie n'avoit sçeu borner le mouvement de la lune ? Nous voylà bien accommodez pour tenir registre des choses passées. »*

Il n'y a plus d'étalon, pourrait-on dire, et c'est la mesure même du temps qui est incertaine. Qu'on se souvienne aussi que le scepticisme de l'*Apologie* entrechoque aussi bien Ptolémée et Copernic que toutes métaphysiques. Dans un monde qui « n'est qu'une branloire perenne », où « toutes choses branlent sans cesse » (on reconnaît ici le célèbre passage du chapitre *Du repentir*), nous ne pouvons appréhender que le *passage* ; ou plutôt nous ne l'appréhendons pas, car il nous coule et échappe.

Telles sont les données : l'homme, dans un décor noir, sans aucun point fixe qui puisse lui servir de repère ; Dieu certes existe, mais entrevu négativement, et loin, infiniment loin. Evocations qui donnent le vertige. Chez Pascal ce sera le jeu des proportions qui fera sentir la fragilité de l'homme. Ici c'est en quelque sorte le tremblement de toutes choses, l'effacement des systèmes de référence, qui eux-mêmes bougent, et tremblent.

Mais l'homme n'en est pas moins là, avec sa durée de vie. Du vertige qui vient d'être évoqué, force est de tirer une conclusion *pratique*, force est de s'en accommoder, et le mieux possible. Et là on échappe au pessimisme. Car, dans la parcelle de vie dont il dispose, l'homme est libre d'aménager en quelque sorte son temps, de le goûter en en développant l'appréciation subjective. Est-il besoin de rappeler les célèbres pages du chapitre *De l'expérience* ?

> « *Je passe le temps quand il est mauvais et incommode ; quand il est bon, je ne le veux pas passer, je le retaste, je m'y tiens. Il faut courir le mauvais et se rassoir au bon.* »

Il y a *du mesnage* à jouir de la vie ;

> « *car la mesure en la jouyssance depend du plus ou moins d'application que nous y prestons [...] Je veux arrester la promptitude de sa fuite par la promptitude de ma saisie, et par la vigueur de l'usage compenser la hastivité de son escoulement ; à mesure que la possession du vivre est plus courte, il me la faut rendre plus profonde et plus pleine.* »

A quoi fait écho, vers la fin de L'Essai : « *Mesnageons le temps.* »

Ainsi l'homme, à titre individuel, a prise sur le temps. C'est là sa revanche en quelque sorte. Ce qu'on ne peut arrêter, du moins peut-on le ralentir ; ce qui est mauvais, ne pas s'y attarder ; ce qui est bon, le retâter. Cette stratégie du bonheur n'est pas sans analogie avec les stratégies de la vertu proposées ailleurs par Montaigne : garder la liberté du refus, maintenir avec prudence, et tant bien que mal, entre l'utile et l'honnête, son intégrité, etc.. Dans les deux domaines, il s'agit de développer au maximum la marge de manœuvre dont on dispose.

Reste la limite inesquivable de la mort. Mais elle n'est que le bout (non le but) ; et la limitation même qu'elle signifie peut-être un ingrédient dans la stratégie de la jouissance.

Quand à l'angoisse du salut, je n'en vois pas trace.

*

*   *

BUDÉ

Pour Guillaume Budé, l'histoire de l'humanité s'ordonne selon une architecture qui est l'œuvre de Dieu dans son principe comme dans son déroulement. Le sacré pénètre l'histoire. Les étapes sont bien connues :

— la création : Adam.
— la promesse : Abraham, Moïse.
— l'Incarnation : Jésus, son évangile, l'intervention de l'Esprit qui donne sa dynamique à la transmission.

Et au bout le retour du Christ. Il y aura une fin, comme il y eut un début :

> « *Depuis lors [= l'Ascension du Christ, et la Pentecôte] les recrues rescapées du naufrage, et restées fidèles durant tant de campagnes à l'esprit de la race des Abrahamides, sont rassemblées par la même philosophie[7], qui les guide et accompagne vers la lampe même du salut, étincelante de lumière. Jusqu'au jour où la divine Providence aura rempli les rangs des inscrits destinés à sa colonie céleste et éternelle. Ce jour-là verra l'achèvement, tant de fois prédit, de la vicissitude des choses et des temps [...]* »[8]

Il est donc bien clair que la vision de Budé est théologique, et christologique. Aussi bien le nom du Christ revient-il constamment sous la plume[9] : plusieurs fois dans maintes et maintes pages du *De transitu* (à moins qu'il ne s'agisse de synonymes, ou de dérivés). On le retrouve fréquemment aussi sous les transpositions qu'appellent les noms d'Hercule, ou de Mercure. Car la pensée de Budé procède par figures[10]. Tous les attributs (positifs, il s'entend) des dieux s'appliquent au

Christ, et l'on peut faire de la très bonne théologie en méditant les mystères païens[11]. Le Christ est aussi l'*autos* des
Grecs[12], celui qui est par lui-même, qui est en soi. Il est le Sau-
veur de l'humanité, et comme tel il est au centre de l'histoire.
L'arbre de la Croix est le mât du navire où, sur la mer du
temps, et fortement attaché pour échapper aux Sirènes des
tentations ou aux illusions des Circé (le monde, la cour, etc.),
l'Ulysse chrétien[13] navigue vers la cité céleste. Etapes aux mul-
tiples épreuves. Car Satan, le prince de ce monde (souvent
figuré par Orcus entouré des Furies infernales) ne cesse de
le ronger et travailler ; et il trouve un allié au cœur même de
notre nature. C'est cela le péché, un poids qui tire vers le bas
et chaque homme, et le monde[14]. Mais Dieu n'est pas absent.
La puissance du verbe divin est si grande qu'elle relie, telle
la chaîne d'or de Zeus chantée par Homère, la terre aux
cieux[15]. Elle aimante la terre. L'histoire est agonistique.

Tout ce qui vient d'être dit est, — Budé le répète maintes
fois, — d'une vérité *axiomatique*. Ce sont choses plus que certaines, *certiora certis,* écrites dans le livre de Dieu, appuyées
par les témoignages les plus sûrs, contresignées par le sang
des martyrs, etc.

Et quant à l'histoire particulière, celle de nos rois, celle
de l'Eglise à la Renaissance et à la Réforme, — elle est, quelles que puissent être les apparences du moment, commandée
par le même schéma. Les mêmes forces la traversent. On
pourra donc la dessiner tantôt selon des lignes ascendantes
(le progrès des études, l'espoir représenté par l'évangélisme,
et jusqu'à Worms, par Luther), tantôt selon des lignes descen-
dantes (à des échelles différentes : la dégradation de la foi
depuis le temps des apôtres et des martyrs, la corruption de
l'Eglise ; puis plus proche, la détérioration de ce qui avait été
l'espérance de réforme, — multiplication des doctrines, confusion des esprits, licence des mœurs encouragée par l'interprétation populaire et simpliste de la doctrine de la liberté
chrétienne, etc.). Sur cette triste trajectoire, un point critique, fulgurant, traumatisant : l'affichage des Placards du 17
octobre 1534, — éclatement du scandale. Alors le *De transitu*
qui devait être (et qui est effectivement) un cri de foi, un appel
à la conversion, un hymne chrétien destiné à enrôler au ser-

vice du christianisme les beautés de l'« hellénisme »[16], est traversé de cris d'indignation, de menaces, et de terreurs. L'événement à deux reprises entre dans le livre[17]. Il en accentue
le caractère baroque. Il en magnifie la vision tragique.

Car c'est bien de tragédie qu'il s'agit. De la tragédie telle
que ce siècle (et notamment les *Juives* de Garnier) la célébrera.
Avec — immolant les hommes, — les forces antagonistes de
Dieu et de Satan. Car il est nécessaire qu'il y ait des scandales ; Dieu l'a permis ; et malheur certes à ceux par qui les scandales arrivent[18]. Mais Dieu tirera nécessairement du mal le
bien. Et c'est souvent au plus noir de l'histoire qu'il intervient.
Ainsi conçue, l'histoire fait songer à ces spectacles de théâtre, où la convention du genre appelle, on le sait d'avance,
un dénouement heureux, — dénouement qui semble pourtant
logiquement imprévisible. Et plus les situations sont horribles,
plus l'heureuse fin sera ressentie comme admirable... Ainsi
Dieu semble dormir (comme le Christ sur le bateau, dans la
tempête[19]). Mais la foi chrétienne, envers et contre tout, inscrit toute l'histoire dans les coordonnées immuables et sacrées
du plan divin (que Budé appelle *theurgia*). Seules les données
temporelles lui échappent. Qui peut savoir à quel acte de la
pièce nous sommes parvenus[20] ? Dieu a le temps à son service.

Tel n'est pas, en revanche, le cas de l'homme qui, inséré
dans le même système théurgique, doit se sauver en temps
limité, et sous la menace d'une mort dont il ignore l'heure.
Le temps se définit donc surtout par sa *pression*. Cette pression du temps est déjà magnifiquement traduite par Budé dans
cette page du *De contemptu rerum fortuitarum* (1521) :

> ... *il viendra un moment où tous les biens dont les hom
> mes font commerce auront finalement même valeur [...]
> Finalement, ai-je dit ? comme si je te renvoyais à cet
> embrasement qui doit se produire un jour ! Mais ce sera
> prochainement, bientôt, tout près, à l'instant, aussi bien
> dans quelques mois que dans quelques années, aussi
> bien demain qu'après-demain. Quoi de plus court ? Cha
> que moment à son tour s'en va, aussi bien pour l'adulte
> que pour l'adolescent, pour le vieillard que pour le jeune
> homme, pour le bien portant que pour le malade, pour
> l'homme debout que pour l'homme couché, en lieu de
> paix comme en lieu de guerre, en lieu salubre comme*

en lieu malsain. La condition de leur naissance et celle de leur mort met tous les hommes à égalité. » (Livre I)

Le temps nous talonne, et nous presse de prendre la bonne route, — tel Hercule à la croisée des chemins[21]. Mais, tandis que l'Hercule de Prodicos devait choisir entre vertu et volupté, l'Hercule chrétien se trouve devant l'alternative infiniment plus dramatique du salut et de la damnation. C'est ce risque (où l'infini du temps est jeté dans la balance) qui donne au *De transitu* sa constante tension. D'où la véhémence de ces adjurations :

> « *Pour moi je serais près de penser que le dernier jour a commencé à tomber, et que le monde, déjà au déclin, et vraiment en décrépitude et en délire, nous indique, présage, signifie, sa chute prochaine et son trépas. [...] Qu'est ceci sinon déraison, et pure démence ? Nous nous plaisons à fréquenter les vestibules d'Orcus, et nous continuerions à espérer passer dans le sein d'Abraham, comme des Abrahamides*[22] *? Il nous faut donc une bonne fois* (Aliquando igitur...) *prendre le parti d'établir en nous le christianisme, tandis que nous en avons encore le temps* (dum in spatio sumus, dum... dum...), *tandis que notre vieillesse est encore fraîche et droite, tandis qu'il reste encore à Lachesis quelque chose à filer. L'occasion n'est pas seulement ailée et rapide ; c'est une sorte d'animal sauvage [...]* » (f° 66 v°)

Et , au f° 109, ce passage plus dramatique encore :

> « *La certitude des démonstrations théurgiques (qui sont plus sûres que les preuves de la géométrie et des mathématiques) nous entoure, — et elle nous laisse en suspens ; nous lui donnons notre accord, mais non notre assentiment. Ou bien attendons-nous pour confirmer notre opinion ce temps où ce ne seront pas les arguments les plus solides de la vérité, mais l'horreur de la mort toute proche qui nous convoquera au jugement ? Lorsque le juge suprême lui-même, en vertu de son pouvoir souverain, de sa puissance dictatoriale, et peut-être avec une sévérité d'un censeur ou d'un Cassius, ordonnera aux licteurs de l'Erèbe, futurs bourreaux de notre corps et de notre âme, d'exercer sur nous la loi d'Adrastrée*[23] *? Croyons donc, je vous en conjure, [...] croyons ce qui a été prédit et divinement révélé sur l'éternité au ciel et*

> *en enfer ; et ne pensons pas devoir remettre notre assen-*
> *timent jusqu'à ce que nous soyons mis devant le fait,*
> *avec la multitude innombrable des sceptiques ; jusqu'à*
> *ce que (l'esprit frémit de le dire) nous soyons pris au col-*
> *let, et traînés, et arrachés. Or, je le crains, il ne sera*
> *plus temps de nous repentir quand l'enveloppe de notre*
> *âme, épuisée, brisée par l'âge ou rompue prématuré-*
> *ment, ne pourra plus la retenir ».*

Toutefois ce n'est pas tant du salut de l'homme en général que Budé nous entretient ; c'est du salut de l'humaniste,
du lettré, de l'intellectuel, dirions-nous. C'est là le problème
central de son œuvre. C'est, aussi bien, le sien propre. Comment accomplir son salut, non seulement sans renier sa culture, mais avec sa culture, — par sa culture. Toute notion
d'éclectisme ou de dilettantisme est évidement exclue. La culture ne saurait être ornementale ou mondaine. Elle est forme
même de l'esprit. Comment réaliser en soi l'unité d'esprit ?
C'est le problème (dans les méandres duquel je n'ai pas le
temps d'entrer ici, et dont j'ai amplement traité ailleurs[24]) du
transitus. Le *transitus* est le mouvement, — qui s'opère dans
le temps de la vie, — par lequel le chrétien passe d'une foi
morte à une foi vivante, d'une culture profane et savante à
l'étude des textes saints et à la contemplation du plan de Dieu.
La vie intellectuelle est un voyage. Passage. Cheminement
mystique, qui implique que l'esprit, lui-même converti, con-
vertisse sa culture profane, c'est-à-dire en fasse passer le profit
et les richesses aux études sacrées. C'est une sorte de consé-
cration, — comme celle des vases ramenés d'Egypte et de
Babylone par les Hébreux pour l'ornement du temple de Jéru-
salem (selon une image chère aux Pères de L'Eglise). De même
l'*hellénisme* doit être consacré au christianisme (et ne doit surtout pas y déborder pour le corrompre). Difficile juste point,
qui implique que le voyage de la vie comporte des ruptures,
des attentes, des élans ascensionnels, — bref des discontinui-
tés dans la continuité d'un cheminement, ou d'un envol.

Mais qu'advient-il, — pourrait-on demander malicieuse-
ment, — de l'humaniste, de l'intellectuel, qui meurt à trente
ans, ou avant ? A la première page du *De transitu*, Budé peut
écrire qu'il s'est tourné vers l'étude « des lettres divines » plus

tard sans doute qu'il n'eût fallu, mais tout de même enfin, une fois pour toutes (*serius quidem quam oportuit, sed tamen aliquando*). Parce qu'il a réussi à écrire le *De transitu*, Budé a réussi son voyage, — comme Montaigne mettant en 1588 le point final à la dernière page des *Essais*.

* * *

Deux accomplissements, fruits de deux vies studieuses et méditatives. Deux lectures du temps. Deux usages du temps. Et (bout ou but de la vie[25]) deux accueils de la mort.

Budé, dans un décor médiéval (mais qu'il convient plutôt de rapporter, comme c'est aussi le cas chez Luther, aux Pères de l'Eglise) ranime de son souffle prophétique, avec une extraordinaire puissance incantatoire, les lambeaux de nos vieux catéchismes. Le temps pour lui est la chance que nous octroie la Providence d'accomplir un cheminement mystique.

Montaigne, lui, éprouve une difficulté de plume, et certainement d'esprit, — dans un univers qui tremble et qui vacille, — à employer le mot de Providence. Ses censeurs romains, comme on sait, lui en feront reproche. Dans un décor d'une stupéfiante modernité, Montaigne est seul. Sans angoisse toutefois. Délivré d'elle par l'écriture. Le temps pour lui est une chance à cueillir... pour qui sait cueillir.

Les *Essais* s'achèvent par l'image d'Apollon. Vision non point païenne, mais de perfection *divine* à mesure d'homme : « C'est une absolue perfection et comme divine, de sçavoyr jouyr loiallement de son estre. »

Le *De transitu* est couronné par l'image (empruntée à saint Paul) des « vases d'élection ». Ces vases d'or et d'argent, choisis par le Seigneur lui-même pour l'ornement de son temple, sont les symboles des esprits cultivés « tout emplis de la liqueur des belles et bonnes lettres » consacrées enfin au service et à l'honneur de Dieu.

Deux vieux messieurs qui ont su, chacun selon son mode, ménager le temps, et trouver le bonheur.

NOTES

1. *Les Annotationes ad Pandectas,* qui avaient consacré la gloire de Budé huit ans auparavant comme philologue et comme juriste, ne sont pas évoquées ici où seules nous importent les œuvres philosophiques.

2. Comme je l'ai exposé ailleurs : « L'harmonie secrète du De asse », in *Bull. de l'Ass. G.B.,* 1968, n° 4 p. 473-86 ; et *Christianisme et Lettres profanes,* Lille & Paris, 1976, t. II, p. 94-97 et 121-160.

3. Cf. G. NAKAM, *M. et son temps ; — les événements et les Essais,* Paris, 1982 ; et *Les Essais de M., miroir et procès de leur temps,* Paris, 1984, 2ᵉ partie (« Un temps malade comme cettuy-cy »).

4. Cf. *Politique,* 288 sqq.

5. LUCRÈCE, V, 331-5.

6. L'hypothèse plus souvent admise est celle toute contraire de l'expansion de l'univers. Mais les deux théories sont, comme on sait, concurrentes.

7. *Philosophia* est employé chez Budé au sens premier de sagesse. Il y a deux philosophies, la profane (celle des Anciens) et la sacrée (la Révélation) ; c'est évidemment de celle-ci qu'il est question dans notre texte.

8. *De transitu Hellenismi ad Christianismum,* éd. R. Estienne, Paris, 1535, f° 13 et v°. La seule traduction dont on dispose actuellement, celle de M. Lebel, Sherbrooke, 1973, reproduit le texte original, mais sans sa foliotation (f° 13 v° = p. 26).

9. Est-il besoin de rappeler combien rarement il vient sous celle de Montaigne ?

10. J'ai déjà traité ailleurs de la question du *figuratus stylus* : « La correspondance de Budé et de More », in *Moreana,* 19-2 & 1968, p. 50-68 ; « Le style figuré de G.B. et ses implications logiques et théologiques », in *L'Humanisme français* (colloque de Tours 1970), Paris, 1973 ; *Chr. et les Lettres profanes,* t. II, ch. 2, et passim ; Document préparatoire au colloque Mercure (Lille, oct. 84).

11. L'idée qu'il y a chez « les anciens poètes et théologiens » une préfiguration de la vérité chrétienne est exprimée par Budé dans le *De studio* (éd. de 1532, f° XX, f° XXVI v° —XXVII).

12. *De transitu,* l. III, f° 98 v°.

13. Ce thème est longuement développé au l. II du *De transitu.* Mais on sait que cet usage du mythe d'Ulysse date de l'Antiquité et des Pères et a traversé tout le Moyen Age.

14. *De transitu,* l. III, f° 127 v° : « natura comparatum est depravata et viciata ut vita & mundus in peius deteriusque veterascant. »

15. *De transitu,* Introduction, f° a III.

16. C'est-à-dire les beautés de la culture antique. Mais le mot *hellenismus* a dans le *De transitu* une signification plurielle. Cf. *Chr. et Lettres profanes,* l. II, p. 222 sqq.

17. *De transitu,* f° 51 et f° 55.

18. *ibid.*, f° 23 v° —24.

19. MATTHIEU, 8, 23-27 ; MARC, 4, 35-41 ; LUC, 8, 22-25. Cf. *De transitu,* f° 26.

20. *De transitu,* f° 25 v° —26. Sur la certitude d'un dénouement heureux, et la fidélité indéfectible de Dieu, cf. f° 50 et f° 74. Cf. aussi le chœur final des *Juives* de Robert Garnier.

21. La référence à l'Hercule de Prodicos se trouve au livre II du *De contemptu* ; Le *De studio* (f° III —IV v° de l'éd. de 1532) donne la traduction latine de la fable telle qu'elle est rapportée dans les *Mémorables* de Xénophon. Cf., dans le *De transitu* : f° 19 v° (*ad vitam agendam duas vias... salutis alteram & immortalitatis beatissimae, alteram internicionis aeternae »*), f° 124 et v° (*« vias duas... alteram sursum versus spectantem... asperam, angustam, pedestrem ; alteram... pronam, planam, curulem, equestrem... »*), f° 126 v° (*« in eo tandem viarum divortio Hercules... pietate Christianismi instinctus atque imbutus... »*)

22. C'est-à-dire comme les dignes fils d'Abraham. Allons-nous continuer à jouer double jeu, servir deux maîtres, et tergiverser ?

23. Ou de Némésis. Le juste châtiment.

24. *Chr. et Lettres profanes,* l. II, p. 195 sqq. et « Le *transitus* budéien ou le changement vécu », in *L'imaginaire du changement en France au XVIe s.,* Bordeaux, 1984.

25. S'agissant de Budé, le mot but conviendrait certainement, non que l'on désire mourir, mais parce qu'elle est l'entrée dans la communion mystique. Cf. *De transitu,* f° 100 : « La mort est la levée d'écrou, le terme de l'exil, la conclusion d'un voyage épuisant, l'accès au port très désiré. [...] Là est la fin des soucis et des anxiétés, [...] la sortie du brouillard et des ténèbres, l'acheminement et l'entrée dans la patrie et dans la lumière. »

Eva KUSHNER
(Université McGill, Montréal)

Le rôle de la temporalité dans la pensée de Pontus de Tyard

La temporalité est-elle plus signifiante chez Pontus de Tyard que chez d'autres écrivains et penseurs de son époque ? Ce qui nous incite à répondre affirmativement, c'est que le traitement du temps, et la manière dont il évolue au sein de l'œuvre tyardienne, constitue une véritable pierre de touche pour l'étude de celle-ci et donc, dans une certaine mesure, du mouvement intellectuel des années 1550.

Parmi les poètes de son temps Pontus de Tyard se distingue tout d'abord par une période initiale de six ans au cours desquels il est et demeure obstinément platonicien, et qui correspond exactement aux années de développement de la Pléiade (1549-55). Aux trois livres des *Erreurs amoureuses* datant respectivement de 1549, 1551 et 1555, *canzonieri* adressés à une mystérieuse Pasithée, s'ajoutent, au cours de la même période, une traduction des *Dialoghi d'amore* de Léon l'Hébreu (1551), ainsi que les deux premiers Discours philosophiques en forme de dialogue, le *Solitaire premier*, consacré à la fureur poétique comme introduction à l'entière encyclopédie du savoir, et le *Solitaire second*, consacré à la musique. L'ensemble de ces œuvres repose sur une vision du monde nettement platonicienne. Qu'on l'aborde à travers le chant poétique ou à travers l'échange dialogué entre le Solitaire et Pasithée (doublé dans la traduction des *Dialoghi d'amore* par celui qui a lieu entre Sophie et Philon), il s'agit d'un monde dominé par un idéal dont l'intemporalité, précisément, fait problème.

Qui chercherait à survoler de la même manière très synthétique l'étape suivante de la pensée et de la création tyardiennes la trouverait centrée sur la connaissance de l'univers à travers la discussion des doctrines et des connaissances scientifiques existantes ; d'abord dans les deux discours qui forment *L'Univers,* et qui s'étaient d'abord intitulés *Premier curieux* et *Second curieux* (1557) ; ensuite dans un débat pour et contre l'astrologie intitulé *Mantice* (1558). Cette phase, axée sur le discours scientifique, s'ouvre et se referme par deux ouvrages portant directement sur le temps : c'est d'abord, en 1556, le *Discours du temps, de l'an et de ses parties* qui du point de vue chronologique fait charnière entre les deux périodes principales de la pensée de Tyard, ainsi que nous tenterons de le montrer ; et, en 1562, les *Ephemerides octavae spherae,* liées à l'astrologie et à l'astronomie sous l'angle spécifique du passage du temps, puisqu'il s'agissait là d'évolution astrale (non seulement, dans le système ptolémaïque déjà, les astres engendrent le temps humain ; mais, depuis Ptolémée, la précession des équinoxes a dissocié, peu à peu, les signes du zodiaque des constellations auxquelles ils doivent leurs noms ; d'où l'hypothèse arabe d'une neuvième sphère qui serait constituée par les signes eux-mêmes, indépendamment des étoiles fixes. Si toutefois il n'y a pas de neuvième sphère ainsi constituée de signes immobiles, il faut revenir d'autant plus attentivement à l'étude de la huitième sphère et de ses variations selon les positions de la planète sur le Zodiaque affectées par le rayonnement que cette planète « reçoit sous une étoile fixe » (*Mantice,* f. 194 a). L'état du ciel ayant changé depuis Ptolémée, il faut revoir les fondements même des jugements astrologiques, c'est-à-dire l'état nouveau du ciel, ce que Pontus fera en suivant les tables de Johannes Stadius).

Ainsi, on voit immédiatement, par l'ouvrage qui l'ouvre et celui qui la clôt, à quel point la seconde période de la création tyardienne est étayée par une méditation sur le temps, commençant en 1556 par la notion même du temps et finis-

sant en 1562 par des considérations précises sur la transformation, objectivement constatable, du système qui génère le
temps. Le reste de la carrière de Tyard comporte encore
d'autres écrits, notamment, en 1573, ses *Nouvelles œuvres poétiques* ; et, en 1585, 1586 et 1588, à la suite de son accession
à l'évêché de Chalon, quatre volumes d'*Homilies ;* ainsi qu'au
cours des dernières années de sa vie, des traductions et un
traité d'onomastique, *De recta nominum impositione.*

A qui tente de comprendre la pensée de Pontus de Tyard
au travers de son évolution, la question se pose de savoir si
cette pensée est dotée d'unité ou du moins de cohérence,
depuis la période platonicienne, en passant par la longue phase
de rassemblement de tant de données scientifiques contemporaines sur l'homme et le cosmos, jusqu'aux prises de position théologiques de la toute dernière phase. Il est à la fois
significatif et symbolique que ce soit le *Discours du temps,
de l'an et de ses parties* qui en 1556 mette fin à la période platinicienne, et inaugure celle de l'enquête scientifique.

Mais d'abord, comment le temps est-il traité au cours de
cette période platonicienne ? L'histoire littéraire nous a habitués à glaner, entre autres, dans les sonnets amoureux de Ronsard, Du Bellay, Baïf et Tyard lui-même, les indications susceptibles de fournir sur ces poètes les détails qu'eux, de leur
côté, souhaitaient souvent occulter. Sur le plan littéraire, cette
occultation ne constitue pas un simple jeu de cache-cache ;
peut-être ne l'était-elle déjà plus dans la poésie lyrique médiévale. Le *senhal* est signe de la personnalité poétique de la bien-
aimée ; c'est un procédé d'éternisation qui, comme tout autre
procédé poétique, ne nie pas le temps du vécu, mais le transforme en le dotant de formes communicables au-delà du
moment et du lieu de ce vécu. Les *canzonieri* pétrarquistes
ont à cet égard une temporalité appartenant à leur convention littéraire, à tel point que l'on peut étudier, pour chacun
d'eux, la manière dont il met en œuvre ce modèle ; ceci reste
vrai dans le cas de Pontus de Tyard. En l'occurrence, chez
Tyard comme avant lui chez Pétrarque et chez Scève, le temps
de la référence — le temps à transformer — est scindé par le
moment de la rencontre amoureuse. De nombreux poèmes des
Erreurs amoureuses instaurent un mouvement dialectique

entre ces temps, ainsi que le montre par exemple l'étude des temps verbaux. Bien que Tyard finisse par s'insurger contre tout abus de la prédication astrologique et toute croyance naïve en l'influence des astres, il ne dédaigne pas de faire appel poétiquement à ce ciel qui préside à la naissance des êtres humains, déterminant ainsi d'une manière générale leur bonheur ou leur malheur. Ce temps scindé en deux se double d'un temps poétique (ou temps mythique du poème), temps dans lequel le poète naît sous une étoile défavorable, la dame sous une étoile favorable :

> *Pourquoy me fut (ô Ciel), ta cruauté,*
> *Tant ennemie au jour de ma naissance,*
> *Que mon destin ne peut avoir puissance,*
> *Pour me payer de ma grand'loyauté ?*[1]

Le jour de la naissance de la dame est acclamé comme un jour faste en un sonnet qui en apparence suit de près le sonnet LXI des *Rime sparse* de Pétrarque (en réalité, bien que les structures des deux sonnets soient rigoureusement parallèles, l'objet des « béatitudes » diffère chez Pétrarque, car celui-ci bénit l'instant de la rencontre amoureuse). Chez Tyard, le cosmos entier semble collaborer à la conjoncture de la naissance de la dame :

> *Heureux le mois, heureuse la journée,*
> *Heureuse l'heure, et heureux le moment,*
> *Heureux le siecle, heureux le Firmament*
> *Souz qui ma Dame heureusement fut née.*
>
> *Heureuse soit l'heureuse destinée*
> *De l'Astre heureux, qui feit heureusement*
> *Ce jour heureux son heureux mouvement,*
> *Sur toute estoille en bon aspect tournée.*
>
> *Heureux ce monde auquel elle sejourne*
> *Et le Soleil, qui autour d'elle tourne...*[2]

Le passé simple, temps historique par excellence, marque le début, sacralisé, du déroulement du temps poétique. Il coïncide harmonieusement avec le temps cosmique, et, dans la mesure exacte où cette coïncidence prévaut, le temps du poème connote le temps cosmique. C'est pourquoi, aux moments privilégiés d'harmonie humaine, il y a accord avec

l'*harmonia mundana* dont parle le *Solitaire second*[3], et que
la vie humaine coexiste avec la marche du cosmos en une sorte
de pérennité heureuse. Nous en avons un exemple dans le
poème *Favorite*[4] où le passé figure le malheur de l'amant privé
de celle qu'il aime, et le présent, un moment de grâce — bref
instant au sein du vécu, mais longue durée parce que temps
cyclique poétisé, par suite de la connotation de paix cosmique. Voici donc le passé malheureux :

> *Ces tristes Seurs me vouloient mettre au nombre*
> *De ceux, ausquels, elles trenchent la toille*
> *Et n'estois plus qu'errante, et nocturne ombre.*[5]

Et voici le présent, où il est donné au poète de coïncider non
seulement avec l'harmonie universelle mais avec lui-même ;

> *Je voy, apres si noire nuit, l'Aurore,*
> *Qui pour ce jour plus gracieux me luire,*
> *Son front serein de mille beautez dore...*[6]

Mais le contraire est également possible, et il est un autre
poème qui en *terze rime* ressent au présent le désaccord cosmique, alors que le passé réfère à un état heureux antérieur :
c'est le poème *Disgrâce*. La descente selon Ficin dans le monde
du temps et de la matière fait appel au passé verbal, et le présent figure l'ère du désaccord :

> *La haute Idee à mon univers mere*
> *Si hautement de nul jamais comprise*
> *M'est à présent tenebreuse Chimere.*[7]

La situation est inversée par rapport à celle qui existe dans
le poème *Favorite* (malheur passé, bonheur présent) : le sujet
lyrique s'imagine au passé — un passé mythique correspondant au mythe d'Er dans la *République* — dans un état eupho-
rique ; et au présent, après la chute dans la matière, dans un
état dysphorique. La comparaison de ces deux poèmes sous
l'angle du temps montre que tout dans un *canzoniere*, y compris l'« avant » et « après » d'une vision platonicienne, subit
les contraintes du schéma pétrarquiste articulé selon les phases de la souffrance du poète. C'est elle finalement qui régit
les mises en scène du temps, qui organise passé, présent et
futur du temps poétique, lequel oriente et réorganise le temps
du vécu, ou de la pensée, extérieurs au poème. En d'autres

termes, il s'instaure dans le poème et aussi à l'intérieur de chaque recueil une interaction entre le temps de l'histoire et le temps du discours, entre temps vécu et temps mythique[8].

Chez Pontus de Tyard, et notamment au *Troisième livre des Erreurs amoureuses* où l'aventure sentimentale est reprise surtout sur le registre du souvenir, on assiste constamment à ce jeu entre temps vécu et temps mythique, chacun pouvant se rapporter au passé ou au présent. L'enjeu en est la libération du poète, au bout de ses errances. Le *Troisième Livre* incarne à cet égard une sorte de passage du « temps perdu » au « temps retrouvé ». Dans les deux livres précédents des *Erreurs amoureuses* s'instaurent déjà de nombreux et intentionnels procédés de transformation du vécu. Au *Troisième Livre* cet apprentissage est terminé. S'instaure un temps cyclique permettant le retour périodique d'un présent éternisé dans lequel chaque élément de l'histoire amoureuse assume sa place idéale. C'est en cela qu'il y a création mythique. Pasithée continue à être célébrée ; dans un nombre considérable de poèmes elle l'est *au présent*, alors que d'autres éléments (possibilité, pour le poète, d'autres rencontres féminines ; possibilité d'une Pasithée insincère ; ingérence de tierces personnes...) révèlent une mésentente et sans doute la séparation définitive des amants. Pasithée se survit à elle-même dans le temps (mythique) du poème. Idéalisée, elle le fut non seulement au *Troisième Livre* mais aux trois stades des *Erreurs* ; ce n'est donc pas seulement au *Troisième livre* que son image emblématique diverge de ce que l'on peut deviner de son comportement. Ce qui est nouveau ici, c'est que Tyard traite cette divergence comme définitive et *par là-même* productrice de poésie.

Si nous revenons au sonnet liminaire du *Troisième livre*, avec ses antithèses pétrarquistes, nous constatons qu'il est trop outré pour n'être pas ironique, en réponse sans doute à l'antipétrarquisme que Du Bellay venait d'afficher dans la deuxième édition du *Recueil de poésie* (1553) ; mais en démasquant, en quelque sorte, le pétrarquisme comme source de procédés plutôt que comme disposition psychologique, Tyard fixe aussi la Dame dans son rôle de source d'images, de matériau poétique. Il se situe au présent de la mémoire poétique, et donne ainsi le ton à tout cet aspect du recueil : tout en développant la louange qu'il déclare être au centre de sa poésie, et dont il attend lui-même la gloire, il déconstruit la dame en attributs poétiques, et ce sont *eux* qui deviennent les principaux actants du poème. Ce glissement métonymique est d'autant plus significatif qu'il s'agit d'un sonnet liminaire : à l'œil de la dame, à son sourcil, sa main et plusieurs autres éléments du corps féminin blasonnés individuellement par la poésie de l'époque, et dont chacun dans ce sonnet produit son propre jeu de réactions contraires (« A l'œil brillant, qui m'englace et m'enflamme, etc. »), le poète consacre sa vie, c'est-à-dire son cheminement poétique qui prend source dans son renoncement à la vie d'amour tant espérée :

> *Pour compenser la douce mort, et vie*
> *Que je pren d'eux, et qui d'eux m'est ravie*
> *De mon Avril au plus verdoyant lustre,*
>
> *Je voy trompant en leur faveur la barque*
> *Du vieil nocher, et l'impiteuse Parque,*
> *Par mes escris, d'une cautelle illustre.*[9]

A la limite, Pasithée devra se trouver dépersonnalisée afin de pouvoir accéder au royaume du souvenir où elle aussi peut mourir afin de revivre transformée. Aussi les sonnets suivants parlent-ils, dans un présent qu'il faut rapporter au temps cyclique des mythes poétiques, de la beauté de Pasithée et de son emprise sur le poète. Tous ces sonnets ont en commun une syntaxe contrastive opposant soit les quatrains aux tercets, soit les onze premiers vers aux trois derniers. La première et plus longue partie représente Pasithée et son emprise ; la seconde, la réaction du poète à cette emprise. En comparant entre elles ces réactions de sonnet à sonnet on constate que chacune d'elles représente une mise en question, non de la Pasithée de toujours, désormais emblématisée, mais de l'injustice du lien qui tient le poète assujetti. Par là elles figurent un rétablissement de la situation, c'est-à-dire de la dignité du poète, en même temps qu'une revanche du temps concret sur le présent mythique. Au sonnet II, Pasithée est comparée successivement à Hélène de Troie, Lucrèce et Cléopâtre. En résumé,

> *L'esprit, la grace, et tout ce que les cieux*
> *Peuvent monstrer de parfait à nos yeux,*
> *Est peint au front de ma toute divine.*[10]

La réaction du poète est double, et en quelque sorte irrésolue ; il ne lui sert de rien d'aimer cet être parfait et même de mourir en l'aimant, puisqu'il se sent indigne d'être aimé en retour. Se constitue une double temporalité qui incarne bien le conflit intérieur du poète : le temps humain dans lequel il continue à vivre et à lutter s'insurge contre la pérennité qu'il prête à Pasithée.

Le sonnet III est sans doute le plus bel exemple, chez Tyard, du fonctionnement de la mémoire poétique. Il y redit la naissance de l'amour selon ce que l'on pourrait décrire comme la quintessence même du genre et le cheminement idéal sur lequel s'entendent Platon, Ficin, Léon l'Hébreu, sans compter Pétrarque. C'est d'abord la beauté qui attire l'amant, mais c'est la vertu de la personne aimée qui l'« embrase » ; puis Antéros rend mutuelle leur ardeur. Le premier tercet renforce ces trois éléments par un jeu de métaphores : la beauté est le fusil, la vertu l'étincelle, Antéros la flamme. Le tout se situe dans le temps indéfini du mythe de l'amour. Mais à la fin du premier tercet survient un quatrième élément qui n'a pas son équivalent mythique dans les quatrains : « mon cœur, la meche esprise » — et ce cœur devient l'holocauste qui, pour rendre possible la merveilleuse flambée, se consume, sacrifié. La « meche » devient charnière entre le premier tercet et le second, c'est-à-dire aussi entre le temps du mythe et le temps humain du poète qui réclame, non l'éternité — loin de là — mais simplement la perpétuation de sa jeune ardeur.

Il arrive également que, par un mouvement d'inversion qui constitue la contre-épreuve de la double temporalité sous-jacente au *Troisième livre*, ce soit Pasithée qui se trouve précipitée dans le temps concret, délaissant le poète en plein mythe. C'est le cas des poèmes où le poète perçoit ou imagine une Pasithée inconstante. Alors fusent les questions, l'interrogation étant chez Tyard une approche iconique du concret :

> Qui *est l'objet de tes pensers plus beaux ?*[11]

Aucun mot de la langue ne saurait être aussi précis que ce pronom interrogatif ici. Si précis qu'il faut suspendre la réponse et revenir au mythe : Pasithée est-elle l'inconstante Argire ? Alors, tel le berger Selemne, le poète se transformera en un fleuve qui donne l'oubli.

Ainsi se constitue chez Tyard une temporalité poétique qui à première vue pourrait apparaître comme un mécanisme d'auto-défense contre l'amertume du présent concret que le présent mythique servirait à guérir, de même que le passé mythique berce nos imaginations. Mais ce serait mal comprendre à la fois Tyard et l'imaginaire de la Renaissance que d'escamoter ainsi le présent concret. Celui-ci entre fréquemment dans le poème, même si c'est à titre antithétique, ou précisément parce que c'est à titre antithétique ; et c'est sa charge émotive, et l'énergie de la réaction du poète, qui chaque fois réactualisent le temps mythique. Il est, en outre, d'un bout à l'autre des *Erreurs amoureuses*, un élément dont il faut tenir compte : c'est la notion platonicienne de la beauté. La beauté est de maintenant comme aussi de toujours, et c'est le passage continuel du maintenant au toujours, de la personne à l'essence, qui dynamise la poésie tyardienne. La temporalité poétique n'est donc jamais, chez Tyard, déni, mais toujours transmutation de la temporalité concrète.

Cette constatation nous aidera à interroger rapidement les autres œuvres de la période platonicienne afin de déterminer leur apport à la vision du temps. Le *Solitaire premier*, ce dialogue sur la poésie où Pasithée est à la fois disciple et amante du Solitaire, va-t-il reléguer entièrement la temporalité au royaume du vécu, précaire et inconstant face à l'immortalité intemporelle et sereine ? A première vue, le royaume temporel semble décourageant pour l'esprit d'élite méditant sur le sort de ceux qu'emprisonne la matière :

> *Il s'est trouvé par le passé et en ces jours encor se trouve grand nombre d'hommes qui, trop vivement piquez du corporel, se sont en lui entierement arrestez, et diffinissans la douleur, la volupté, l'indolence, et les poignantes affections corporelles, ont osé (les miserables) loger en si vil lieu la fin, et le terme du souverain bien, et derniere felicité, rendans par trop delicate sensibilité du*

> *corps leurs ames estourdies, comme d'une paralisie stu-*
> *pide, et insensee. Mais aillent tels pourceaux, aillent tels*
> *ventres gourmans et paresseux se touiller en la bauge*
> *de leurs ordes voluptez : et là se souillent... voire... s'y*
> *ensevelissent éternellement, pendant que ceux, qui sont*
> *soustenuz de meilleures aesles, et guidez par plus fide-*
> *les esprits, hausseront le vol, et la veüe, pour... discou-*
> *rir, admirer, aspirer, et en fin attaindre à la jouissance*
> *de la lumiere eternelle, et vraye félicité.*
>
> *Laquelle... l'Entendement eslevé est capable*
> *d'appercevoir.* [12]

Tyard énumère ici tous les penseurs chez qui il a puisé cette
dichotomie de l'âme et du corps, concevable seulement en
relation avec une temporalité elle aussi divisée car le maté-
riel est nécessairement sujet au changement, et l'intelligible,
au sens où l'entend Platon, par essence immuable. Les Stoï-
ques, Héraclite, Varron, Anaxagoras lui servent de caution ;
mais aussi, et surtout, il s'appuie sur l'expérience personnelle
— corroborée par deux autorités pour lui majeures — de « la
profonde contemplation, qui conduit l'âme purifiee en reve-
rente admiration de la non jamais comprinse immesurable
grandeur de la sourse de bonté, beauté et sapience de l'unique Soleil divin, selon Platon, et Pythagore. » [13]

Selon la perspective chrétienne qui fait ainsi son entrée
chez Pontus de Tyard, la division des destinées humaines
s'opère dès ici-bas sur la base de choix moraux. C'est pour toujours que ceux désignés par lui comme « pourceaux » seront
livrés à leurs mornes voluptés ; et que les contemplatifs se
voueront à la contemplation. Leurs seules récompenses sont,
d'ailleurs, leurs activités respectives elles-mêmes : libre à chacun de passer son temps comme il le souhaite. (Ce que l'on
n'a jamais remarqué, c'est l'intertextualité évidente entre ce
texte et certains passages-clefs de Rabelais, tels : l'inscription
à la porte de l'abbaye de Thélème, la description de Quares-
meprenant, l'emploi du temps « médiéval » de Gargantua par
opposition à son emploi du temps « humaniste »). Il semble y
avoir une philosophie du temps humain et de son usage sur
terre que tous les humanistes acceptent explicitement ou non ;
et qui relie aux valeurs intemporelles fondées sur la croyance
en l'éternel le temps de l'activité quotidienne. La valorisation

de la recherche et de la contemplation qui se fait jour dans
le *Solitaire premier* ne renie en rien le temps concret de la
vie, bien au contraire : elle exige qu'il soit exploité et réo-
rienté. L'entière encyclopédie du savoir ne sera dévoilée
qu'aux yeux du voyageur qui aura longuement et péniblement
gravi les pentes de l'expérience humaine. Tout effort implique une victoire sur l'espace et le temps ; et chaque être la
conquiert et accède à la connaissance par des voies
différentes.

C'est ainsi que le passage suivant, ordinairement considéré comme un des plus représentatifs de la philosophie tyardienne de la connaissance, connote une morale de l'effort, du
développement, de la conquête dans le temps et sur le temps.
Nous y soulignerons les expressions dénotant cette lutte avec
le temps : « De tous ceux... qui ont *tasché de s'acquerir* l'intelligence des choses celestes et divines, et *acheminer* leurs
entendemens *jusques au plus hault siege,* où repose l'objet
de l'eternelle félicité, les *voyes* ont esté diverses, comme les
doctrines, disciplines, sciences, et arts leur ont esté devant les
yeux diversement presentez. Qui fait doute que les sciences
ne servent de trespropres *degrez* pour *s'eslever à la plus haute
cime* ? et que sans elles mal aisément l'Entendement humain
pourroit *se desvelopper de ses vestemens pesans,* pour *se haus-
ser dextrement à l'exercice,* auquel il est appelé ? »[14] Bien
entendu, les fureurs dont il sera question plus loin dans le dialogue, à commencer par la fureur poétique, sont des états inspirés ; et les Muses qui occupent toute la seconde partie du
dialogue sont inspiratrices. Pourtant, ainsi que nous le rappelle Françoise Joukovsky, elles sont aussi chercheuses ou
« indigatrices » ; et c'est la conjonction de ces deux fonctions,
représentant respectivement l'art et la nature dans la disposition de l'artiste ou de tout être créateur, qui l'incite à investir
le temps de la vie et à s'investir dans le temps de la vie.

La musique forme le lien entre le *Solitaire premier* et le
Solitaire second. Dans le *Solitaire premier,* le lecteur se
trouve dès le début en présence de Pasithée jouant du luth,
ce qui fait partir de la fiction minimale dont se nourrit un dialogue littéraire, et forme en même temps un symbole instaurant l'harmonie musicale dans la discussion, ainsi que dans

la disposition intellectuelle qui est discutée. Le Solitaire trouve Pasithée « assise, et tenant un Leut en ses mains, accordant au son des cordes, que divinement elle touchoit, sa voix douce et facile : avec laquelle tant gracieusement elle mesuroit une Ode Françoise, que desja je me sentois ravi comme d'une celeste harmonie... »[15]

Mais ce n'est pas uniquement l'harmonie de l'âme en elle-même, ni l'harmonie interpersonnelle en soi, ni même comme reflet de l'harmonie universelle, qui sont symboliquement représentées ainsi ; il y a un peu de tout cela dans la poésie et dans le dialogue platonicien, mais ce serait infléchir Pontud de Tyard vers une sorte d'angélisme sans consistance philosophique que de le limiter à cela. A vrai dire, ses visions symboliques de l'encyclopédie du savoir s'incarneront bientôt de deux manières : 1. dans les discours de type scientifique, à commencer par le *Discours du temps, de l'an et de ses parties* et 2. dans le travail de deux Académies successives, celle qui sous Charles IX fut, sous le nom d'Académie de poésie et de musique, l'académie de Baïf et de Courville, et, sous Henri III, l'Académie du Palais. Frances Yates affirme, d'une manière sans doute dogmatique mais que l'on peut maintenant étayer par des textes précis, que Tyard fut un des principaux idéologues des deux académies, voire sans doute le principal. Dans un récent ouvrage, Robert Sealy[16] prouve avec précision que Tyard a joué ce rôle, du moins, sous Henri III. Or, ce qu'il ne faut pas oublier, c'est que dans la philosophie du savoir que les deux académies incarnèrent successivement, à travers leurs différences même, la musique et la poésie séparément ainsi que dans leurs relations réciproques sont du temps maîtrisé, harmonisé et accordé au rythme de l'harmonie universelle, grâce à la science des « nombres ». Attitude fort compatible avec celle de Platon lui-même dès que l'on songe, non au passage bannissant le poète de la république, mais à tous les textes où véritablement la musique construit la cité et où assument tant d'importance les modes musicaux, sans compter les effets théurgiques de la musique. Tempérer, c'est dominer le temps, aurait pu dire Tyard, qui aimait attribuer un sens à l'aspect physique des mots. A la limite, au stade du *Solitaire second,* la musique rend compte de toute philosophie : « Premierement toute l'Encyclopédie, et par Platon, voire (avant luy) par Pythagore, de ce nom l'universelle Philosophie estoit appellée. Il est quelque-fois mis en usage pour ce que vous diriez une proportion, symmetrie, concorde, et amitié des corps celestes et de Nature universelle, tant en l'Univers universellement que particulierement d'un particulier à un particulier corps, d'où procedent, sous les noms de Musique mondaine et Musique humaine, certaines [...] necessaires considerations. »[17] « Musique humaine » a trait, dans ce contexte, à l'harmonie de l'homme et du cosmos ; « musique mondaine », à l'harmonie du cosmos lui-même.

Jusqu'ici, toutefois, non seulement à cause de cette vision du cosmos comme musique mais à cause d'une cosmologie issue du *Timée*, nous avons affaire à un univers où la temporalité est double ou plutôt duelle : quand il y a harmonie entre les « sphères » et l'âme de l'homme en ce qu'elle a de plus contemplatif, le temps est maîtrisé, homogène, cyclique. Dans la mesure, au contraire, où l'homme-pourceau plonge dans la matière, le temps de sa vie est, en termes platoniciens, du non-être, irrécupérable pour l'histoire de l'esprit si tant est qu'on puisse alors parler de l'esprit en termes historiques ; le devenir est flux mais non histoire. Quand est-ce que Tyard rencontre une *irréversibilité* qui ne soit pas dévalorisée par le dualisme de l'esprit et de la matière ?

Nous avons vu que dans les *Erreurs amoureuses* ainsi que dans le *Solitaire premier* des attitudes se font jour qui, pour peu que le poète les développe, seront susceptibles d'accueillir une temporalité plus réconciliée avec la réalité indivisible de l'homme. En première instance, la rencontre de Léon l'Hébreu y est pour quelque chose, même si sa réelle influence est postérieure à la méditation que Tyard lui consacre en le traduisant. Chez l'Hébreu l'amour, qui rend compte de tout dans l'univers, est toujours rencontre de deux niveaux de réalité, à commencer par le sensible et l'intelligible. Celui-ci, qui au niveau le plus haut est la divinité elle-même, ne consent pas à subsister seul mais souhaite rencontrer un être différent, lui fût-il inférieur. Puis commence le cycle de la différenciation du principe mâle et du principe féminin. Mais, dès la première rencontre entre l'Un et son vis-à-vis autre que lui, il y a événement et cet événement, parce que voulu par la divinité, devient histoire irréversible ou du moins est perçu comme tel par l'être humain ; le temps cyclique est alors remplacé par le temps historique. En ceci, la pensée judéochrétienne s'oppose radicalement au platonisme et à ses séquelles, d'une manière générale ; mais différents penseurs de la Renaissance se saisissent à différents moments, et de manières divergentes, de cette opposition. C'est à partir de 1555-56 que Pontus de Tyard choisit de s'intéresser au temps historique, au *hic et nunc*. Kathleen Hall attribue ce changement à la brouille du poète avec Pasithée.[18] A notre avis les raisons en sont beaucoup plus philosophiques : abandon d'un platonisme par trop ficinien et curiosité de plus en plus soutenue vis-à-vis de l'aspect concret des problèmes cosmologiques et astronomiques.

Le début du *Discours du temps, de l'an et de ses parties* insiste surtout sur la précarité humaine, thème qui reste compatible avec le platonisme, dans la mesure où il reste lié à la double nature de l'homme. Ce qui est nouveau, c'est qu'au lieu de s'en détourner, par désapprobation moralisatrice, pour passer rapidement à l'ascension intellectuelle et spirituelle de l'âme, ainsi qu'il le faisait dans le *Solitaire premier* et implicitement aussi dans le *Solitaire second,* Tyard fixe son regard sur la vie de l'homme dans sa précarité, donc sa temporalité même. « Celui qui dit premier, la vie de l'homme estre pertinemment comparable, à la fable representée par une Tragédie, ou Comédie, me semble avoir depeint de toutes les couleurs, et avec singuliere industrie, l'estat de nostre vivre, tant inconstant, et incertein, que fable (tant soit elle fabuleuse) ne me semble moins avoir de verité ou vray semblance, qu'il s'en rencontre en nous... »[19] Discours relativisant l'existence de l'homme, et en cela, proche déjà de Montaigne ; et qui, loin de détourner son attention de cette humanité rongée par l'inconstance et l'incertitude, prend la peine, au contraire, de la contempler comme un spectacle ; et de s'attarder sur le dépaysement intellectuel que cela implique pour un esprit ayant si longuement préféré considérer l'immuable.

Comme la tragédie, l'âge de l'homme se divise en cinq « actes » dont chacun incarne un processus de changement :

« Les âges de certeins en certeins ans (mais d'un en autre jour,
ou d'heure en heure) nous transforment la personne, la santé,
les mœurs et les affections ; et ne se voit joueur de Tragédie,
qui en plus divers habits se desguise, ores en Dieu, ores en Roy,
ores en Filozofe, ores en personne vulgaire [...] que nous,
transformez de moment en moment, ou par vraye mutation
de nos opinions ou, souvent, par feinte et dissimulation. »[20]
Lieu commun baroque déjà que cette perception de l'inconstance ; mais surtout, conscience de ce que la vie est changement par définition, que le temps, par conséquent, en est le
tissu même ; ce qui implique que loin de se détourner de la
temporalité, la philosophie doit commencer par elle, fût-ce
pour la surmonter. Enfin, Tyard semble assumer une attitude
moins normative que dans les *Solitaires,* et plus attentive à
la psychologie humaine : « Car le cours de noz ans, ores en malheur, ores en joye, ores en dueil, ores d'une humeur, ores
d'une autre... nous laisse si peu en un estre durable, que ce
qui aujourd'huy nous semble vray ou bon, demain nous sera
en reputation de mensonger et meschant... »[21]

Il n'y a pas à s'y tromper : le nouveau discours ne s'arrête
pas aux lamentations communes sur l'assujettissement de
l'homme au temps, et sur la mutabilité qui en résulte ; il con-
cède que la vérité elle-même est inséparable de son contexte
temporel. Il est vrai que cette constatation désole Tyard ; mais
on pourrait difficilement considérer ce cri du cœur qu'elle lui
arrache comme jaillissant uniquement d'un regret moral :
« Donq ne saurions-nous arrester cette vie sur la plinthe de
quelque solide et cubique seurté ? Il faudroit (croy-je) retren-
cher l'esle du Tems, duquel l'invisible, mais insensible fuite,
entreine continuellement toute notre assurance. »[22] La plainte
du poète rejoint ici la réflexion du philosophe sur l'insécurité
foncière de la vie humaine.

L'entretien portera donc sur la « mutacion des fortunes »
et la « diversité des siecles ». Il mettra en présence Tyard lui-
même, Maurice Scève, et un personnage à l'esprit conservateur et selon toute apparence ecclésiastique : Hieromnime. La
distribution des rôles intellectuels, c'est-à-dire, somme toute,
l'aspect actanciel du dialogue, dramatise bien le conflit intérieur que traverse Pontus de Tyard à ce tournant de sa car-

rière. L'auteur lui-même est le narrateur, et le savant apportant des précisions historiques et philologiques aux propos des autres devisants. Maurice Scève est au sein de ce dialogue tel que le voit Verdun Saulnier[23] : proche du personnage réel que connaissait Tyard dans les milieux lyonnais et à Bissy même, savant, entièrement vraisemblable dans le rôle de penseur de l'érudit. Il est tout à fait concevable qu'à Lyon et Bissy Tyard l'ait entendu mentionner Ovide, Macrobe, Pline, Plutarque, Chalcidius, Platon en *Timée*, Ptolémée, Galien, Hippocrate, Pausanias, Quinte-Curce, Lucien, et bien sûr, Copernic ; qu'il ait tenu ce mélange de propos, proche de la compilation et parfois du catalogue, mais dépourvu de vocabulaire scientifique et technique, qu'est le *Discours du temps* ; et que Pontus l'ait aidé à hiérarchiser les problèmes et à trouver l'étymologie des vocables pertinents. En tout cas, les deux poètes partagent plusieurs perceptions cruciales pour notre sujet. C'est tout d'abord le fait que le vrai savoir est difficile, et qu'il faudra abandonner les facilités de l'astrologie pour conquérir une astronomie véritable. En second lieu, c'est la nécessité d'abandonner toute superstition, y compris celle, multiforme, qui s'attache à l'astrologie, ainsi que le dira plus précisément le *Mantice*. C'est, enfin et surtout, la vision du temps comme faisant partie intégrante de la nature et de la condition de l'homme.

Ce qui ne semble pas avoir frappé Verdun Saulnier à propos du *Discours du temps,* et du rôle qu'y joue Scève ainsi que de la réflexion commune aux deux poètes, c'est, quelques années plus tard, la simultanéité de la publication des *Ephemerides octavae spherae* par Tyard et du *Microcosme* par Maurice Scève (1562). Il est clair que Scève place la création dans un temps irréversible ; et c'est aussi dans le temps de l'histoire humaine qu'Adam sera co-ouvrier avec Dieu. Au commencement n'existait que la déité

> *... en soymesme amassee,*
> *Sans lieu, et sans espace en terme compassee,*
> *Qui ailleurs ne se peut, qu'en son propre tenir*
> *Sans aucun tems prescrit, passé, ou avenir,*
> *Le present seulement continuant present*
> *Son estre de jeunesse, et de vieillesse exent :*
> *Essence pleine en soy d'infinité latente... »*[24]

L'adverbe « soudain » marque plus loin l'extraordinaire point sans précédent où, au sein de cette perpétuelle contemporanéité, le vouloir divin suscite l'événement premier. Les puissances qui dormaient au sein du Chaos, connues de Dieu seul, sont alors révélées aux « créees Essences » ; et c'est l'instant de la création du cosmos avec son espace et son temps :

> *Toute ceste Courtine en mille, et mille pars*
> *De nouveaux feux brillans distinctement espars*
> *Fut semee en clarté assés plus evidente,*
> *Que le bas Monde auroit pour sa chapelle ardente*
> *Ornee tost apres de deux grands luminaires*
> *Au jour laborieux, et nuict coye ordinaires*
> *En signes, tems, ans, mois, semaines, jours, et heures*
> *Que tu estens, Chronos, et avec eux demeures...*[25]

A partir des conversations de Bissy, dont le *Discours sur le temps* est une représentation (littéraire plutôt que littérale, comme c'est le cas de tous les dialogues de la Renaissance), il est raisonnable de penser que l'imagination de Scève a œuvré, sans doute dans le silence et la solitude, pour enfin inventer la grandiose mise en scène cosmique des idées abstraites échangées naguère avec Pontus de Tyard.

Quels sont, plus spécifiquement, les éléments marquants du *Discours du temps* dénotant une transformation véritable chez Tyard à partir de sa période platonicienne, et susceptibles du même coup d'avoir contribué, chez Scève, à une transformation parallèle ? C'est tout d'abord la perception psychique du temps, et l'importance de celle-ci pour l'homme en général, en particulier pour le philosophe. De fait, l'entretien débute sur une note mélancolique précisément à cause du passage du temps. Scève note la tristesse de Tyard ; il est concevable qu'ils aient partagé des pensées sur le vieillissement, préoccupation constante des poètes de leur génération. Après avoir tant misé sur l'intemporalité, Tyard reconnaît la difficulté *d'imaginer* une complète indifférenciation au sein de l'être ; et il fait dire à Scève : « Les Anciens... assez vainement se sont opiniatrez, qui soutenant cette, qui l'autre opinion : si l'Eternité, le Tems, et ce que les Latins nomment *Aevum*, sont tout un ou non : si l'on peut imaginer un estat eternel auquel il n'y ait ny Avant ny Après, ny devant, ny derrier, ny Maintenant : et que tout soit confuz en eternité, sans passé, present ny avenir ; mais telles considerations me semblent de bien difficile apprehension à nous principalement qui sentons couler le tems plus sensiblement que cette eau : et qui par le souvenir prompt, le penser certein, et l'imaginaire espoir, avons memoire du passé, connoissance du present, et attente de l'avenir. »[26]

C'est de cette appréhension psychique de la différenciation entre parcelles du temps que Tyard déduit la nécessité d'un temps créé qui dès l'instant de la création commence à se séparer de l'éternité et à constituer le cadre et la condition de la vie humaine. L'expérience du présent implique un passé et un avenir ; c'est donc que le temps, à la différence de l'éternité, connaît un commencement et une fin (et la perspective judéo-chrétienne, qui valorise le temps historique, l'emporte du même coup sur la conception platonicienne). Il est vrai que cela ressort des propos de « Scève », tandis que « Tyard » tire de la succession indéfinie des moments présents la conclusion opposée, c'est-à-dire l'identification du temps avec l'éternité. Mais à mesure que le discours se développe, le temps différencié et relatif l'emporte : en effet, les deux poètes s'accordent sur l'importance du mouvement des astres. L'hypothèse d'un mouvement parfaitement circulaire et toujours recommencé, engendrant un temps homogène, retient un instant encore l'attention de Tyard : « Si l'on ne peut imaginer aucun tems sans present : et si le present est entre le passé et l'avenir : j'entens fin du passé et commencement de l'avenir : il est evidemment necessaire, que le Tems soit eternel, qui ne peut faillir d'estre present, & ayant ses deux extremitez les va perpetuellement et continuellement estendant, coulant sans cesse, le present en passé, & l'avenir en present : ... et par ainsi l'estre se transmue et change d'un perpetuel mouvement, en avoir esté : & en devoir estre, en estre, ou essence de present. Or de cette eternelle revolucion seriez vous contreint de conclure l'eternité du Ciel, si le Ciel, le Tems et le mouvement sont inseparables. »[27] Les devisants sont bien d'accord pour dire que ciel, temps et mouvement sont inséparables. Mais Scève va de plus en plus loin dans le sens d'un temps qui se serait, lors de la création, scindé de l'éternité, qui est « espace du mouvement » et surtout « durée du monde »[28]. Et c'est par cette concession philosophique que le temps devient théâtre et substance du transitoire, ce qui oriente la discussion à la fois dans le sens de l'extrême relativisme caractéristique des appellations du temps et de ses parties dans différents pays, sujet qui occupe la majeure partie du discours mais n'aboutit, sur le plan philosophique, qu'à mettre en relation ère de la diversité et ère de la Chute ; et dans le sens de la scientificité en matière d'astronomie. Car si l'effet de la précession des équinoxes est en soi une preuve indiscutable de ce que le cosmos trace dans l'espace une vaste histoire apparemment irréversible, le savant ne doit pas se contenter de voir dans cette découverte un obstacle aux pronostications et superstitions. Il doit réduire le désordre qui règne dans la désignation et l'enregistrement du temps par des calculs précis et par des comparaisons philologiques montrant, sous la diversité des nomenclatures et des croyances, l'identité des phénomènes relatifs au temps. Ainsi l'an solaire sera clarifié, et sa mathématisation aidera à aménager la vie humaine. C'est ainsi que l'humanisme de Pontus de Tyard acquiert dans le *Discours du temps, de l'an et de ses parties* une dimension scientifique, mais d'une manière compatible avec la théologie de l'Incarnation qui sera la sienne à l'époque des *Homilies* ; car le temps créé y sera aussi le théâtre, et l'objet, de la Rédemption.

NOTES

1. Pontus de Tyard, *Œuvres poétiques complètes,* éd. critique John Lapp, Paris, S.T.F.M., Didier, 1966, p. 17.

2. *Ibid.,* p. 48.

3. Pontus de Tyard, *Le Solitaire premier,* éd. critique Silvio Baridon, Genève, Droz, 1950, p. 3.

4. *Œuvres poétiques complètes,* p. 107.

5. *Ibid.*

6. *Ibid.,* p. 108.

7. *Ibid.,* p. 19.

8. J'emploie à dessein cette épithète discutée lors du colloque. Il faut bien entendu distinguer, dans notre métalangage critique, ce qui appartient à l'ensemble des mythes en tant que récits sacrés constituant les mythologies de diverses civilisations ; et ce qui touche à une dimension permanente de l'imaginaire, créatrice de mythes nouveaux ou renouvelés, et intéressant en cela la critique et la théorie littéraires, et l'anthropologie culturelle. Mais la poésie de la Renaissance, comme l'on montré diversement Françoise Joukovsky et Guy Demerson parmi bien d'autres, fait de la mythologie antique ses propres mythes et parfois, sur sa lancée, continue à penser mythiquement en l'absence de tout matériau mythologique. C'est le cas ici.

9. *Œuvres poétiques complètes,* p. 129.

10. *Ibid.,* p. 130.

11. *Ibid.,* p. 140. C'est nous qui soulignons.

12. *Le Solitaire premier,* p. 2.

13. *Ibid.*

14. *Ibid.,* p. 3.

15. *Ibid.,* p. 5.

16. *The Palace Academy of Henry III,* Genève, Droz, 1981.

17. *Le Solitaire premier,* p. 79.

18. « Pasithée has gone ; so has the Neoplatonic aesthetic and educational theory of Solitaires… » (*Pontus de Tyard and his Discours philosophiques,* Oxford University Press, 1963 ; p. 136).

19. *Discours du temps, de l'an et de ses parties,* Lyon, Jean de Tournes, 1556, p. 1.

20. *Ibid.,* p. 2.

21. *Ibid.,* p. 3.

22. *Ibid.*

23. «Maurice Scève vu par Pontus de Tyard », *Mélanges d'histoire littéraire offerts à Jean Bonnerot,* Paris, 1954.

24. *Le Microcosme,* texte établi et commenté par Enzo Giudici, Cassino, Editrice Garigliano, et Paris, Librairie philosophique Vrin, 1976, p. 147.

25. *Ibid.,* p. 148.

26. *Discours du temps,* p. 4-5.

27. *Ibid.,* p. 7-8.

28. *Ibid.,* p. 9.

INDEX DES NOMS DE PERSONNES

TABLE DES MATIÈRES

Photocomposé en Century de 10 et achevé d'imprimer en janvier 1986
par l'Imprimerie de la Manutention à Mayenne
N° 9334